Karin Pfolz
AutorInnen „Farbspiel“

Weiß

Karina Publishing
Vienna

Impressum:

www.karinaverlag.at
Texte © :
Karin Pfolz, AutorInnengruppe „Farbspiel"
Lektorat: Werner Diefenthal
Layout, Textüberarbeitung © Karin Pfolz
Covergestaltung © Karin Pfolz, Nicole Bleck
© 2016, Karina Verlag, Vienna, Austria,
ISBN: 978-3-903056-97-8

Teil 1 der 9-teiligen Reihe „Farbspiel"

Weiß

BELJA Artur, BERTRAM Sally, BEUTEL Andrea C, BLECK Nicole, DELANEY Stella, DIEFENTHAL Werner, DUTZ Veronika M, EMS T.B., ERDIC Christine, FINGER Dagmar, FOLTIN Sandra Karin, FRÖHLICH Leopold, GÖRLITZER Sebastian, GÖTHLING Maria, GROSS Angelika, GRÜNEWEG Verena, HANELT Marlies, HENGY Steve W, JOVIC Marena, KAISER Michaela, KAUFMANN Bernadette Maria, KIDD Beate, KNISATSCHEK Florian, KOHLER Markus, KÖTZ-TINTELNOT Ursula, KRAEMER Katharina, KÜHNE Evelyn, LANG Waltraut, MARQUARDT Peter, MOSER Roland, NICOLAI Sabrina, PANKOW Freimund, PEIN Luzie Irene, PENNA Ilona, PETZ Andreas, PFOLZ Karin, PULAND Sara, PULLETZ Sandra, ROTH Gerhard, RÖTHLISBERGER Erich, SCHAEFER Marianne, SAUER Bo, SCHÖNBERG Michael, SCHREIER Michaela, STEHLE Elfride, TEAR Asmondina, THIEKE Werner, TREIBER Rudi, ULENSPEEL Tilli, URBAN Alexander, WEISE Petra, WIEGAND Tamara, ZAWREL Renate.

Inhalt:

wie Anfang und Ende 7

Die Königin der Farben 9

Regenbogen 12

Ist der Gottesbart wirklich weiß? 13

Karla will ins weiße Licht 17

Rückkehr der toten Seelen 31

Das kosmische weiße Licht 36

Die Möwe 42

Das Haus am Meer 52

Wie eine weiße Leinwand 59

wie das Leben 63

Verenas Farbspiel 64

Weißes Universum 69

Bibliothek der Farben 70

Nur Weiß geht gar nicht 72

Weiß umspielt 76

Blanco 77

‚Weiß wie Schnee' – Unsere Katze Tosca 84

Der weiße Garten 88

Das Taschentuch 93

Die ›Weiße Lady‹ 94

Weiß ... bizarr ... kalt 106

Käfer 110

Weiße Wäsche 116

Schwarz-Weiß 122

Alb-weiß 124

Körpersprache 126

Das weiße Tuch 131

Eine weis(s)e Entscheidung 144

Weiß 149

wie der Tod 150
Ins unendliche Weiß 151
Nebel - Weiß 156
Der Tot schenkt dir ein weißes Erbe 160
Die schneeweiße Schuld 164
Vaters Beerdigung 167
Weiß die friedliche Farbe 172
Johann und Johanna 174
Spuren im Schnee 177
Wasser auf Eis 186

wie der Winter 189
Schnee - Fall 190
Alpendodln, Schnaxln, Jagatee 191
Einkaufstour – oder: »Wie bescheuert muss man sein« 194

wie die Liebe 199
Ganz in Weiß 200
Das Brautkleid 203
Dein Herz so rein 205
Sie war wieder glücklich 207
In beiden Welten vereint 211
Der Holunderbusch 216
Weiß! 220
Heut Nacht 221

wie im Märchen 222
Der Riese Gerneklein und der Jammerwind 223
Winter 227
Geheimnisvoller Besuch in der Nacht 233
Sunyva ~ Das Licht des Lebens ~ 238
Der weiße Spiegel 243
Eisbären und Blaubeeren 251
Die Legende der weißen Wölfin 257

Die AutorInnen 261

Weiß

wie Anfang und Ende

Die Königin der Farben

Andreas Petz

Eines Tages, am Ende des Winters, besuchte der kleine Leon seinen Großvater, der auf dem Land lebte, während Leon ein Stadtkind war. So war es für Leon immer ein großartiges Ereignis, wenn er seinen Großvater besuchen durfte. Zum einen gab es auf dem Land unglaublich viel Natur. Bäume auf die man klettern konnte, Wiesen mit herrlichen Blumen und große Felder, auf denen die unterschiedlichsten Pflanzen wuchsen. Dann waren da noch die verschiedenen, interessanten Tiere und zudem war der Großvater von Leon ein Maler. Er malte herrliche Bilder auf große Leinwände und davon war Leon einfach fasziniert.

Diesmal durfte Leon sogar zwei ganze Wochen bei seinem Großvater bleiben, denn er hatte zum ersten Mal in seinem Leben als Schüler Osterferien.

An den ersten Tagen war das Wetter ziemlich schlecht, es war kalt und regnete. Deshalb saßen Leon und der Großvater in der beheizten Stube, spielten Karten oder verschiedene Brettspiele.

Irgendwann jedoch hatten sie genug vom Spielen und beschlossen, ein wenig zu malen. Der Großvater hatte in einer Ecke der Stube ein Holzgerüst, eine sogenannte Staffel, aufgestellt, auf dem eine Leinwand stand, die schon einige Farben trug. Aber es war für Leon noch nicht erkennbar, was das Bild einmal darstellen sollte.

Er bekam von seinem Großvater einen Zeichenblock und ein Etui mit vielen verschiedenfarbigen Holzmalstiften. Es gab Grün, Blau, Gelb, Rot, Orange, Violette, Braun, Rosa, Schwarz, Weiß und noch weitere Farben. Leon nahm zunächst alle Buntstifte aus dem Etui, dann jedoch legte er den weißen Stift wieder zurück und begann mit den anderen Stiften zu malen.

Ganz konzentriert zeichnete Leon aus dem Kopf heraus ein Bild von der Stadt, in der er wohnte. Sein Großvater stand ebenso konzentriert vor der Leinwand und strich mit einem feinen Pinsel fast zärtlich über die Leinwand. Hin und wieder trat der Großvater ein paar Schritte zurück, betrachtete das Bild, trat wieder näher heran und verbesserte, was ihm noch nicht gefiel.

Irgendwann legte der Großvater den Pinsel zur Seite und trat zu Leon, um zu schauen, was dieser gezeichnet hatte. Leon erklärte dem Großvater alle Einzelheiten, die auf seinem Bild zu sehen waren. Der Fernsehturm, das Fußballstadion, große Einkaufszentren, verkehrsreiche Straßen und vieles mehr. Da entdeckte der Großvater, dass Leon den weißen Stift wieder in das Etui zurückgelegt hatte. Er nahm den weißen Stift heraus und fragte Leon: »Warum hast du denn den weißen Stift wieder zurückgetan und benutzt ihn nicht?«

»Och«, antwortete Leon, »den brauch ich nicht. Der ist unnütz!«

»Hmmm«, brummte der Großvater, »unnütz meinst du. Na dann lass dir mal was erzählen.« Der Großvater setzte sich neben Leon, hielt den weißen Stift in die Höhe und sagte bedeutungsvoll:

»Weiß ist die Königin der Farben!«

Leon betrachtete ehrfurchtsvoll den weißen Stift in der Hand des Großvaters und wiederholte: »Die Königin der Farben.«

Der Großvater nickte und begann zu erzählen:

»Es war einmal vor langer, langer Zeit, da wurden die Farben geboren. Ein liebliches Rot, ein dunkles Blau, ein helles Gelb und ein sattes Grün flitzten plötzlich durch die Welt und verbreiteten sich überall. Schon bald fingen die Farben, wie freche Kinder, damit an, sich gegenseitig zu übermalen. Da sich die Farben dadurch vermischten entstanden daraus bald viele weitere Farben, wie zum Beispiel Orange oder Violett.

Die Farben flitzten den ganzen Tag umher und bemalten alles, was sie entdeckten. Da sie sich immer wieder gegenseitig übermalten, waren die Blätter der Bäume einmal Grün, dann wieder Gelb und am nächsten Tag sogar Blau. So ging das eine lange Zeit und nicht selten führten die Farben einen

regelrechten Krieg gegeneinander.
Irgendwann, da erkannten die Farben dass es nicht gut war, wenn sie sich ständig gegenseitig übermalten. So setzten sie sich eines Tages zusammen und beschlossen, dass es gut wäre, wenn sie eine Königin hätten, die auf sie aufpasst und bestimmt, wer was und wann bemalen durfte.
Jede der Farben gab einen Teil von sich, die Teile der Farben wurden vermischt und so wurde aus Violett, Blau, Grün, Gelb, Orange und Rot ein strahlendes Weiß. Die Farben krönten das Weiß zu ihrer Königin.
Da es gerade Frühling war, bemalten sie die Blüten an den Bäumen mit Weiß. Die Blüten waren von da an so etwas wie die Krone ihrer Königin. Die Königin bestimmte nun, welche Farbe was bemalen durfte und so herrschte Friede und Einigkeit.
Da die Königin sehr schlau war und gut regierte, sorgte sie dafür, dass jede Farbe für sich genug zu tun hatte. Die Farben mochten ihre Königin und so huldigen sie ihr. Und auch die Königin vergaß nicht, woher sie kam. Hin und wieder zeigt sie hoch oben am Himmel, wem sie ihr Leben und ihre Macht verdankt. In einem wundervollen Regenbogen zeigt sie all die Farben, aus denen sie besteht, Violett, Blau, Grün, Gelb, Orange und Rot.«
Leon nahm nun voller Ehrfurcht den weißen Stift aus der Hand des Großvaters und malte damit mehrere weiße Wölkchen an den blauen Himmel über seiner Stadt. Als er fertig war und aufschaute, sah er das Bild, dass der Großvater gemalt hatte. Über einer wunderschönen Landschaft strahlte in herrlichen Farben ein kunterbunter Regenbogen. Leon stand auf, stellte sich vor das Bild des Großvaters, betrachtete es voller Freude und dann flüsterte er:
»Weiß, die Königin der Farben!«

Regenbogen

Katharina Kraemer

Die letzten Regentropfen
gleiten das Fenster hinab
und verdursten in den
ersten Sonnenstrahlen,
die den Kampf mit
den Wolken gewinnen.

Der Regenbogen
breitet sich aus
und
verbindet den Horizont
mit meinen Träumen.

Doch je mehr die Wolken
den Kampf verlieren,
desto mehr verblassen
die Farben des Regenbogens
zu einem kalten Weiß.

Ist der Gottesbart wirklich weiß?

Marlies Hanelt

Gottlieb sitzt auf dem roten Ledersofa des Wohnzimmers und schaut stumpfsinnig auf den Fernsehschirm. Eine neue Telenovela soll ihm etwas Abwechslung in den eintönigen Alltag bringen. Ihm vermitteln, dass es noch etwas Besseres gibt als die belanglose, immer wiederkehrende Arbeit. Leider stellt sich in seinem Gehirn nicht der gewünschte Effekt ein, der ihn von dieser herunterkommen lassen sollte. Auf dem Couchtisch vor ihm steht die noch halbgefüllte Bierdose, die den Inhalt des schon warm gewordenen alkoholischen Getränkes schal schmecken lässt. Daneben der Rest der kalten, angeknabberten Gemüsepizza. Wie jeden Tag. Sein Eheweib hat sich einfach aus dem Staub gemacht, weil es langweilig mit Gottlieb gewesen ist und sich bis heute nichts daran ändern würde. Denn wer wollte schon auf Dauer einen biertrinkenden pizzamampfenden Göttergatten, dem nichts anderes mehr einfällt, als eben jener Fastfood-Kultur zu frönen? Diese Telenovela wird daran wohl nichts ändern können, denn in seinem Kopf sind jedwede Fantasien verflogen und auf Eis gelegt. Wirken nebulös. Fast schon schemenhaft. Lösen sich auf und schwirren jetzt in anderen Welten herum. In Himmelswelten?

Gottlieb streicht sich genüsslich über seinen bereits ziemlich lang gewordenen, weißen, strubbeligen Bart und hängt den neu aufkeimenden Gedanken nach. Wozu, und vor allem für wen noch pflegen, wenn es in niemandem mehr Interesse erweckt? Plötzlich gesellt sich eine kalte, frostige Geisterstimme in seinem Gehirn dazu. Im Timbre ziemlich heftig bibbernd. Gleichsam zitternd wie Espenlaub, durch das unaufhaltsam der Herbststurm rast. Will ihn necken und auf die Probe stellen. Vielleicht auch hilfreiche Unterstützung anbieten? »Gottfried, wahrlich, ich sage dir, du siehst aus wie der liebe Gott über des Firmamentes Wolken. Wirkst zwar entspannt, aber nicht besonders arbeitsam«, dröhnt es in seinem biergetränkten Kopf. »Wenn du so weitermachst, ergeht es dir schlecht.« Gottfried erhebt sein müdes, weißes, zum Bart deckungsgleich passendes Haupt und glaubt, seinen Fantastereien aufgesessen zu sein. »Wer spricht mit mir?« »Ist das wichtig, mein lieber Gottlieb? Hier geht es nicht um mich, sondern um deine zerrüttete Gegenwart, die du noch bis weit in die Zukunft tragen wirst, wenn du nicht innehältst und etwas daran änderst. Glaube mir, das hat Folgen für dich.« Gottlieb schaut sich aufgeschreckt um und entdeckt niemanden, der auch nur ansatzweise mit ihm hätte schwatzen können. Trotzdem stellt er sich dieser urkomischen abstrusen Konversation und setzt das Gespräch fort. »Wenn du offensichtlich nicht da bist, beende ich das Gerede um meine Wenigkeit.« »Nicht doch, Gottlieb, wer wird denn gleich aufgeben? Es gibt noch viel zu tun für dich. Pack es einfach an.« Die Geisterstimme wirkt nun nicht mehr eisig kalt, sondern eher fest und standhaft. Dennoch kommt sie mit monotonem Gehabe daher. So wie ein Chef, der sich wissentlich wähnt, alles unter Kontrolle zu haben. »Gottlieb, du erinnerst mich irgendwie an den lieben Gott. Weißt schon, der Boss im Himmel. Er hat das Sagen und ackert sich die Seele aus dem Leib. Ist dabei, die Welt zu erschaffen, und liegt ausgepowert auf einem watteweichen Wolkenbett. Ruht etwas aus. Denn die Arbeit ist sowohl immens anstrengend als auch kräftezehrend. Hat seine Nerven mürbe werden lassen. Siehst ihm ohnehin zum Verwechseln ähnlich. Wie ein eineiiger Zwilling. Na ja, fast. Nur das Gewicht stimmt nicht. Dein Gesicht ist aufgedunsen und der wohlgenährte Wanst benötigt etwas weniger Pizza. Klare Ansage von mir. Aber das regeln wir noch später. Manna ist das Brot des Himmels und schmeckt himmlisch köstlich. Dazu etwas Ambrosia, und dein überflüssiges Gewicht weicht dem einer göttlichen Normfigur. Die Pfunde werden regelrecht purzeln.« Die Stimme gackert vor Belustigung über den Vorschlag und macht sich dabei in die

nichtvorhandene Hose. »Könntest ihm ruhig etwas tatkräftig zur Seite stehen und diese höllische Tortur von Weltschaffung fortsetzen. Nur, einen Grundlehrgang kannst du knicken. Hatte der Meister auch nicht. Sind ja nur noch vier Tage, und dann mögest du endlich am Sonntag ruhen. Den kreativen Meister täte es riesig freuen. Na, wie wäre es? Eigentlich hast du keine andere Wahl, wie ich finde.« Die Stimme scheint richtig zu geifern. Reibt sich diebisch die nichtvorhandenen Hände. Bei dieser ist nichts vorhanden. Reineweg gar nichts. Nur eben die flötende Geisterstimme.
Gottlieb fühlt sich in die Enge getrieben und auch veräppelt. Er glaubt nicht an den lieben Gott. Trotzdem antwortet er gehorsam. »Was wäre, wenn ich dein Angebot annehme? Bezahlst du mich auch dafür?« Daraufhin folgen keine Fragen mehr. Nur ein wütendes Donnern, gleich einer auf den Tisch niedersausenden Faust, tönt laut in seinem Oberstübchen. Gefolgt von knisternden Blitzen. Einem urplötzlich einsetzenden Gewitter nicht ganz unähnlich. Leider mit dem Unterschied, dass es in seinem Gehirn ausgelöst wird und sowohl den weiß behaarten Kopf als auch den Bart auf die vor ihm stehende Pizza knallen lässt. Die Bierdose kippt, bedingt durch den heftigen Aufprall, um und der Inhalt derselben ergießt sich, als Vollendung eines Picasso Gemäldes, über diese reich dekorierte vollbesudelte »Pferdecke«. Ein Bild für Götter. Wohlwollend und irgendwie belustigt schaut der weise weiße Meister vom Himmel und seiner Wolke zu. Betrachtet es als logische Konsequenz, für das durchaus verkehrte Tun seines Erdenschäfchens. Gottlieb besitzt jetzt einen abartig tunkenreichen Mix von Gemüsepizza und Bier, sowohl in und auf seinem einst weißen Bart als auch Haaren. Der Unterschied zum lieben Gott ist klar erkennbar. Da Gottlieb der Ansicht gewesen ist, er könnte für den Ersatzjob des Bosses Geld verlangen wollen, hat dieser zurückgeschlagen und ihm gehörig die Leviten gelesen. Hat Gott ihn nun lieb oder nicht, den Gottlieb? »Es gibt nur einen Gott, und der bin ich.« Lacht höllisch und tief. Gurgelt förmlich dabei.

»Ein unnachahmliches Unikat mit weißem Bart und Haupt. Du siehst, ich dulde keine Nachahmer und Nebenbuhler an meiner Seite. Niemals. Zur Hölle noch mal. Jetzt hast du die Pizza und dein geliebtes Bier. Steht dir irgendwie recht gut und wirkt passabel für deine Wenigkeit. Du bist eben ein eigener Gott. Oh Gott, oh mein Gott!«

In diesem Moment des sich verbalen Erleichterns knattert eine mächtige Wolke mit hoher Geschwindigkeit auf den lieben Gott zu. Weiße Auspuffgase aus einem hinteren Rohr vernebeln das göttliche Ambiente und wollen Eins sein mit der Gotteswolke. Sie verschlingen. Auf ihr hockt der dämonische Teufel und giert nach allem, was sich ihm in den Weg stellt. Verzehrt sich nach des Gottes reiner unbefleckter Seele und will sie vereinnahmen. In sich hineinziehen, wie ein süffiges Getränk oder eine Droge. Schafft es auch, sich ihrer zu bemächtigen. Seitdem kämpfen Gut und Böse in uns Menschen und geben sich den heftigsten Schlagabtausch. Mal gewinnt das Gute und dann wird eine schmerzvolle Boshaftigkeit in uns die Oberhand haben. Will heraus und die Welt regieren. Demzufolge ist der Gottesbart weiß, aber auch manchmal dunkel. Finster wie des Teufels Höllenschlund, aus dem es kein Entrinnen gibt. Seht ihr das anders?

Karla will ins weiße Licht

Verena Grüneweg

Manchmal schaue ich mir die Welt an und betrachte das Geschehen um mich herum. Häufig bin ich überrascht, aber auch erschüttert, was aus ihr geworden ist. So viel Neid und so viel Missgunst! Diese Hektik und Lügen!
Ich sehe, wie ihr umherrennt, immer auf der Suche nach dem Erfolg und dabei das Träumen vergesst. Euren Glauben an Wunder Stück für Stück verliert.
Dabei ist er das, was das Leben ausmacht. Ihr müsst nur wieder lernen, euch zu öffnen für das Unglaubliche. So wie ich es einst tat. Doch lasst mich euch erzählen, wie es dazu kam:
Mein Name ist Karla, eine Frau, die ihr Leben bereits gelebt hat. Ich bin sehr alt und habe vieles erlebt und gesehen. Nicht immer war es leicht und dennoch gibt es für mich keinen Grund, mich zu beschweren. Meine Jahre waren wunderschöne und ich würde alles wieder genauso machen, wie ich es getan habe. Nichts war falsch, alles hatte seinen Grund!
Wenn ich heute an die Kindheit zurückdenke, huscht ein Lächeln über mein Gesicht. Ich sehe meine lieben Eltern vor mir. Einfache Leute, hart arbeitend, um ihre Existenz kämpfend. Sie waren gute Menschen, die ihre fünf Kinder, zwei stramme Jungs und drei hübsche Mädchen, zu rechtschaffenen Menschen erzogen.
Langweile? Die gab es bei uns nie. Auch wenn wir kein Internet oder diese ganze andere neumoderne Technik besaßen, dennoch wussten wir uns sehr wohl zu beschäftigen. Wann immer es die Zeit zuließ, wir nicht zur Schule mussten oder den Eltern bei der Hofarbeit halfen, verbrachten wir die Freizeit draußen in der Natur. Wir erklommen Bäume und erlebten Abenteuer. Wir waren Indianer, Cowboys, Prinzessinnen, König und Königinnen. Häufig musste Mutter die Kleidung flicken, da wir wieder einmal zu wild herumtobten und sie zerrissen.
Natürlich gab es auch in meiner Kindheit Ängste und

schlimme Zeiten. Ganz besonders die, in der Hitler an die Macht kam. Ich hatte Glück, dass wir in einem Dorf weit ab von dem Geschehen in Berlin lebten. Dennoch verschonte der Krieg auch unser Dorf nicht. Wie überall schlossen sich Männer und Frauen der NSDAP an. Sei es, weil sie sich Vorteile erhofften, sei es aus Angst oder eben, weil sie wirklich daran glaubten, was jeden Abend im Radio propagiert wurde. Später, nach dem Ende des Krieges, leugneten sie, dass sie etwas von den grausamen Taten wussten. Aber jeder von ihnen hatte in Wahrheit mitbekommen, wie Menschen von der Gestapo abgeholt wurden.
Selbst uns Kindern blieb das grausame Geschehen nicht verborgen. Ich erinnere mich gut an den Nachmittag, als Hitlers Handlanger in unserer Straße vorfuhren und den alte Opa Grünebast in ihren Wagen zerrten. Man munkelte, er hätte Juden in seinem Keller versteckt und sein eigener Sohn habe ihn an die SS verraten. Doch damit nicht genug! Mitschüler verschwanden, Nachbarn flohen, Lehrer wurden verhaftet, ehemals gute Freunde trugen einen Judenstern und wurden so zu Außenseitern, die man streng mied. Geschäfte schlossen und oft klebte ein Plakat mit der Aufschrift: »Kein Deutscher kauft bei einem Juden ein!«, an der Tür. Das Leben in unserem Dorf war düster und für viele seiner Bewohner lebensgefährlich.

Oft lauschte ich heimlich den Gesprächen der Erwachsenen und das, was ich hörte, ängstigte mich. Als unser Hofknecht Hannes fort in den Krieg zog und bevor er ging, zu mir sagte: »Sei froh das du arisch bist!«, verspürte ich, obwohl seine Worte mich beruhigen sollten, Furcht. Was wäre, wenn nur einer glaubte, ich wäre jüdisch? Die Lüge, meine Familie wären keine reinblütigen Deutschen, verbreitete, was, ja was, würde dann mit uns geschehen?
Hannes sollte nie zurückkommen und meine Fragen nach ihm wurden stets mit dem Schweigen meiner Eltern beantwortet.

Trotz dieser dunklen Zeit gelang es uns Kindern, den Krieg und seinen Schrecken größtenteils auszublenden. Selbst wenn wir nachts bei einem Bombenalarm im Keller Schutz suchten, verbrachten wir diese Stunden damit, uns Spiele auszudenken, die uns ablenkten.

Jede Jahreszeit hatte für uns etwas Besonderes. Wir jammerten nicht, es wäre zu kalt, zu warm oder zu regnerisch. Im Frühling stellten wir den Maibaum auf, im Sommer badeten wir, bis die Sonne unterging, im Kiessee. Der Herbst mit seinen bunten Farben ließ uns im Regen und im fallenden Laub herumspringen und Kastanien sammeln.
Am sehnsüchtigsten von uns allen wurde jedoch die Winterzeit erwartet. Nicht nur, dass das Weihnachtsfest näher rückte, nein, der Schnee war das größte Geschenk. Iglus bauen, Schneeballschlachten, Schneemänner formen und stundenlang den Todeshang mit dem Schlitten herunterfahren, das war das Größte!
Jahre später, als erwachsene Frau, besuchte ich den Hügel noch einmal. Ich wollte die Orte meiner Kindheit wieder sehen. Den Todeshang gab es noch immer, aber wie klein kam er mir jetzt vor. Doch damals hieß es mutig zu sein, um ihn herunter zu rodeln. Wie oft saßen wir danach abends mit roten Nasen, Hände starr vor Kälte, an dem alten Kohleofen in der Küche, um uns aufzuwärmen. Ja trotz der bedrohlichen politischen Situation liebte ich meine Kindheit.

Heute schaue ich den Menschen, während sie an ihrem geliebten Computer sitzen, über die Schultern. Die Natur, die Jahreszeiten und der Schnee interessieren nur noch wenige. Um wenn, um darüber zu schimpfen, wie kalt es ist und wie beschwerlich die Wege und Straßen durch die Glätte sind. Sie haben andere Interessen und das sei ihnen auch gegönnt. Aber ich verstehe manches Mal ihr Verhalten einfach nicht mehr. Während sie im Internet und auf den sozialen Netzwerkseiten ihre Kontakte pflegen, indem sie Kommentare schreiben, sehe ich Worte, die mir Angst machen. So wie damals als Kind. Worte, wie bei Hitler war nicht alles schlecht, Deutschland gehört uns und vieles mehr. Wie kann es sein, dass eine Gesellschaft, die so aufgeklärt sein will, sich die Zeit der Dunkelheit, der Gräueltaten, zurückwünscht, wo wir doch, die sie erlebten, froh waren, sie überlebt zu haben. Ich möchte sie schütteln und in eine Zeitmaschine setzen, um ihnen zu verdeutlichen, welche Folgen ihre Wünsche und ihr Gerede haben. Aber das kann ich nicht und so sehe ich ihnen schweigend zu und hoffe, dass ihre Wünsche nie in Erfüllung gehen.

Meine Jugend! Auch wenn wir keine Piercings und Tattoos hatten, rebellierten wir auf unsere Art und Weise gegen die Gesellschaft. Rock'n Roll, Petticoats, heimlich gehörter Jazz, machten unsere Welt lebenswert. Röcke und Pferdeschwänze schwangen im Musiktakt und das Gekreische der Mädchen, wenn einer unserer singenden Helden, wie Elvis Presley, die Stimme erklingen ließ, übertönte alles.
Diskotheken gab es nicht, aber Tanzclubs, in denen wir ausgelassen feierten. Und genau in so einem lernte ich die Liebe meines Lebens kennen. Wilhelm, wie ein Rebell kam er mir vor. Mein James Dean auf unserer kleinen Tanzfläche. Mit den schwarzen Haaren mit Hilfe von Pomade zu einer Tolle geformt. Die schwarze Lederjacke und seinen krampfhaften Versuchen, einen lässig wirkenden Gesichtsausdruck zu haben. Ich verliebte mich sofort in ihn. Mein Glück, das es ihm genauso erging.

Sehr bald fand die Hochzeit statt und aus uns beiden wurde eine Familie mit drei wohlgeratenen Töchtern. Gute Mädchen, die uns nie Sorgen bereiteten. Jede von ihnen erlernte einen Beruf und ging einen Weg, der mir nette Schwiegersöhne und Enkelkinder einbrachte. Alles war wunderbar und es hätte immer so weiter gehen können. Doch das Schicksal schlug eines Tages unbarmherzig zu.

Eines Morgens wachte mein geliebter Mann Wilhelm nicht mehr auf. Es gab keine Anzeichen, keine Krankheit, er schlief ein und ließ mich zurück. Mit achtundsiebzig Jahren endeten sein Leben und somit unsere gemeinsame Zeit.
Der Kummer, ohne ihn leben zu müssen, zerschnitt mir das Herz. Ich fühlte mich, als ob der glückliche Teil von mir mit ihm starb und nur noch die Hülle meines Körpers zurückblieb.
Die endlosen Stunden ohne ihn, Tage, die leer und Nächte, die einsam waren, ich konnte sie nicht mehr ertragen. Alles, was ich mir wünschte, war, ihm zu folgen. Aber das Leben, wie es nun mal ist, verweigerte mir diesen Gefallen. Ich lebte einfach weiter.
Niemals sprach ich darüber, dass ich sterben und in das weiße Licht am Ende des Tunnels gehen wollte. Erschien es mir doch undankbar. Ich teilte nicht das Schicksal vieler älterer, zurückgebliebener Frauen. Es gab keine Armut, da mein Ehemann vorgesorgt hatte. Ich konnte in unserem Haus weiterleben und die Kinder kümmerten sich um mich. Sie besuchten mich häufig, taten alles, mir zu helfen den Alltag alleine zu bewältigen. Dennoch, die Kälte in der Nacht, das Schweigen, wenn sie nicht da waren, und die Einsamkeit beim Erwachen am Morgen, das konnten sie nicht vertreiben.
Zwei Jahre gingen dahin und ich lebte zwischen der wirklichen und der für meine Kinder aufgebauten Scheinwelt, in der ich lachte und so tat, als ob es mir gut ging, um ihnen die Sorge um ihre Mutter zu nehmen. Bis zu diesem einen Morgen, an dem ich die Treppe herunterfiel. Ein unglücklicher Unfall, bei dem ich auf der zweiten Stufe ausrutschte, als ich im Halbschlaf nach unten in die Küche gehen wollte. Von allem, was danach geschah, hatte ich beim Aufwachen keine Erinnerung.
Jedenfalls als ich glaubte aufzuwachen, meinte, die Augen zu öffnen. Ich sah Ärzte herumschwirren und meine Töchter mit rot geweinten Augen an meinem Bett sitzen. Hörte ein Piepsen, das neben mir aus einer Maschine kam. Sie schienen

nicht mitbekommen zu haben, dass ich wach war, und versuchte etwas zu sagen. Dass es mir gut geht, sie sich nicht sorgen müssten. Doch so sehr ich mich auch bemühte, kein Ton kam über meine Lippen. Dann versuchte ich, mit den Händen ihre zu ergreifen, aber kein Finger bewegte sich. Egal wie sehr ich mich auch anstrengte, mein Körper blieb starr und ich stumm. Ich konnte nur hilflos zuhören, wie der Arzt meinen Kindern die Diagnose, ich läge in einem Wachkoma, mitteilte. Mir war klar, was das bedeutete. Ich würde nur noch körperlich anwesend sein. Von Maschinen am Leben gehalten, darauf wartend, dass alles ein Ende hat, oder, sollte ein Wunder geschehen, ich wieder aufwachte. Wobei Letzteres eher unwahrscheinlich war. Eine Patientenverfügung aufzusetzen hatte ich versäumt. Ein Fehler, der jetzt dafür sorgte, dass eine Zeit anbrach, in der ich existierte und doch nicht wirklich lebte. In der ich zuhörte, beobachtete, ohne dass meine Liebsten auch nur ahnten, dass ich es tat. Wie lange würde es dauern, dass sie endlich zu Ende ging? Tage, Wochen, Monate oder vielleicht Jahre?
Auch jetzt ließ mich meine Familie nicht allein. Sie besuchten mich mehrmals in der Woche. Dann saßen sie an meinem Bett, erzählten von ihrem Alltag, lasen mir vor oder streichelten mein Gesicht. Manchmal weinten sie und beteten, dass ich wieder aufwachte. Es war grausam für mich, ihr Leid mit anzusehen, aber ich konnte nichts dagegen tun.

Nach einer scheinbar unendlich langen Zeit des immer gleichen Ablaufes geschah etwas, das mein Dasein veränderte. Träume, in denen mein Wilhelm mich besuchte. Sie wirkten so real, als ob ich sie wirklich erlebte. Er redete mit mir, umarmte mich und ich genoss unser Beisammensein. Morgens, wenn er mich wieder verließ, weinte ich und bettelte ihn an, mich mitzunehmen. Aber jedes Mal schüttelte er den Kopf und sagte: »Karla, es ist noch nicht so weit, dass du mit mir gehen darfst. Hier wartet eine Aufgabe auf dich!« »Was für eine Aufgabe? Ich will so nicht weiter leben! Bitte nimm mich

mit!«, schrie ich ihn an. Doch ohne ein weiteres Wort drehte er sich um und verschwand.
Es wiederholte sich jede Nacht aufs Neue. Nichts änderte sich und ich rätselte, welche Aufgabe auf mich wartete. Was ich zu tun hatte, damit ich das Gefängnis meines Körpers verlassen konnte. Die Zeit verging, ohne dass ich eine Antwort darauf fand. Wilhelm half mir nicht und ich hatte mittlerweile aufgegeben, des Rätsels Lösung zu finden. Da lernte ich Isabelle kennen.
Eines Tages bemerkte ich, wie ein kleines, zartes Gesicht durch die geöffnete Tür meines Zimmers lugte. Blass, zart wie eine kleine Elfe, stand sie da. Dass sie krank war, konnte man nicht übersehen, dennoch musterten mich fröhlich wirkende Augen neugierig. Ein buntes Kopftuch umrahmte ihre Züge und ließ sie noch zerbrechlicher aussehen. Sie beobachtete mich, bis eine Krankenschwester das Zimmer betrat. Die Kleine verschwand, doch am nächsten Tag erschien sie wieder.
Dieses Mal jedoch betrat sie das Zimmer und setzte sich ans Bett.
»Karla? Hörst du mich? Die sagen alle hier, das tust du nicht! Die sagen, du bist in einem Koma und bekommst nicht mit, wenn ich mit dir rede! Aber ich glaube das nicht! Ich glaube, dass du mich hörst und siehst!«
Wie gerne hätte ich ihr eine Antwort gegeben und zugestimmt. Gesagt, dass sie recht hatte. Aber ich war ja eine stumme Gefangene in einem nutzlosen Körper, so konnte ich ihr nur weiter zuhören. Vorsichtig nahm sie meine Hand in ihre. »Karla, weißt du, die Ärzte sagen auch, dass ich nicht mehr lange lebe. Der Krebs hat mich von innen her zerfressen und bald wird der Tod mich holen. Aber auch das glaube ich auch nicht!«
Der Tod dieses kleine Kind holen und mich würde er hier lassen? Das durfte nicht sein! Wie gerne hätte ich sie getröstet, ihr Mut zugesprochen. Aber anscheinend brauchte sie keine aufmunternden Worte von mir. Die Kleine lächelte, als

ob alles in bester Ordnung wäre. »Oh, falls du mich hören kannst, ich bin Isabelle. Gestern war mein elfter Geburtstag und wir haben ihn hier im Krankenhaus gefeiert. Es hat Spaß gemacht, außer dass Mama einmal weinte und Papa mit ihr schimpfte. Ich habe mitbekommen, wie er ihr zuflüsterte, sie solle sich zusammenreißen und darüber freuen, das wir diesen Geburtstag gemeinsam verbringen. Ich weiß, meine Eltern glauben auch nicht daran, dass ich noch weitere erleben werde. Aber Karla, ich tue es!«
Während sie sprach, leuchteten ihre Augen und sie drückte fest meine Hand. Selten hatte ich in meinem Leben so einen starken Lebenswillen gesehen. Ich bewunderte sie dafür und hoffte, als sie ging, dass sie bald zurückkam.
Und das tat Isabelle. Jeden Tag schaute sie rein, erzählte mir von den Visiten der Ärzte. Dass sie die Chemotherapie jetzt endgültig beendet hatten. Sie als zwecklos betrachteten, Isabelle keine Chance mehr hatte, den Krebs zu besiegen.
Im gleichen Atemzug aber redete sie davon, was sie noch in ihrem Leben alles erleben wollte. Reisen, Abenteuer und die große Liebe, die ganz bestimmt auf sie wartete. Während ich stumm zuhörte, weinte ich innerlich. Mir als Erwachsene war klar, dass sich diese Träume niemals erfüllten.
Irgendwann wurden Isabelles Besuche seltener. Wenn, dann blieb sie nur kurz an meinem Bett sitzen, redete kaum und starrte vor sich hin. Das Lächeln und die Zuversicht verschwanden. Meine kleine Freundin schien zu wissen, dass sie verloren hatte. Der Tod rückte näher und Isabelle sprach kaum noch von der Zukunft. Ich ahnte, bald würde ihre Stimme für immer verstummen.
Dann kam die Nacht vor Halloween. Wilhelm besuchte mich wieder einmal in meinen Träumen. Doch diesmal lief alles vollkommen anders ab.
Wir verbrachten die Stunden wie immer. Aber am Morgen, als ich ihn aufs Neue bitten wollte, mich mitzunehmen, ließ er mich nicht zu Wort kommen. Bevor ich auch nur einen Ton von mir geben konnte, redete er munter drauf los: »Kar-

la, meine geliebte Zaubermaus, erinnerst du dich an deine Aufgabe?«
Warum fragte er? Natürlich erinnerte ich mich daran! Wie sollte ich auch diese jemals vergessen? »Wilhelm, du weißt, wie sehr ich dich liebe, aber so langsam machst du mich wütend. Würdest du mir jetzt bitte sagen, was ich tun muss, um endlich in das weiße Licht gehen und bei dir sein zu können!«
Wie früher, als wir beide jung waren, huschte ein kleines, schelmisches Lächeln über sein Gesicht: »Ach Karla, du bist noch immer genauso ungeduldig, wie du es schon als junges Mädchen warst! Aber ja, heute sollst du es erfahren. Du musst dir morgen in der Nacht von Halloween auf Allerheiligen etwas wünschen. Mit ganzem Herzen und es muss der richtige Wunsch sein. Etwas, das einen Menschen glücklich macht. Wenn es dir das gelingt, darfst du gehen und in meine Welt kommen. Diese Nacht ist eine ganz besondere Nacht. Eine Nacht voller Magie. Die Toten sind den Lebenden ganz nahe und das Tor der Wunder, die sie den Lebenden schenken dürfen, weit geöffnet. Aber nur, wenn es Wünsche sind, die auch an ein Wunder glauben lassen. Also Karla, nutze deine Chance gut!« Die letzten Worte waren noch nicht ganz verklungen, da war Wilhelm auch schon fort.

Ich sollte mir etwas wünschen, jemandem etwas geben und das von ganzen Herzen. Nichts Einfacher als das, dachte ich zuerst. Während ich den Tag dalag, alle anderen ihrem Alltagstrott nachgingen, gingen mir unzählige Wünsche durch den Kopf. Natürlich meine Töchter, dass sie immer gesund sein würden und glücklich. Oder das Gleiche für meine Enkel, dass sie nie Not leiden mussten. Den Mann ihres Lebens finden würden.
Meine Gedanken überschlugen sich. Aber jedes Mal, wenn ich mir vornahm, dass dieses jetzt der Wunsch sein sollte, den ich heute Nacht mit meinem Herzen aussprechen würde, erschien er mir doch nicht der Richtige zu sein. So eine leichte Aufgabe und alles, was mir im Weg stand, war ich selber,

weil ich mich einfach nicht entscheiden konnte.
So grübelte ich immer noch, als meine kleine Freundin Isabelle spät abends das Zimmer betrat. Ich sah ihr sofort an, es ging ihr sehr schlecht. Noch schwächer wie sonst trat sie an mein Bett. Selbst die Nachtschwester, von jedem der Drache genannt, scheuchte sie nicht wie sonst aus meinem Zimmer. Und das, obwohl der Zeiger der Wanduhr sich auf vierundzwanzig Uhr zubewegte. Nur ein Sanftes: »Nicht so lange, Isabelle«, ließ sie verlauten.
Ich ahnte, dass es wahrscheinlich Isabelles letzter Besuch sein würde. Auch der traurige Blick der Krankenschwester, während sie das Zimmer verließ, bestätigte dieses.
Sie war so jung, viel zu jung, um zu sterben. Ich dagegen hatte mein Leben gelebt und wollte gehen. Auf einmal wusste ich, was ich zu tun hatte. Isabelles Leben, dass sie all die Dinge erlebte, die sie sich erträumte und die das Leben lebenswert machten, das sollte mein Wunsch sein.
Ich konnte ihr nicht mitteilen, was ich vorhatte, so versuchte ich, ihr meine Gedanken zu schicken. Ganz fest stellte ich mir vor, wie sie sich zu mir setzte und meine Hand ergreifen würde. Und das Wunder geschah, sie verstand mich auch ohne Worte.
Ihr Atem ging schleppend, rasselnd und die wenigen Schritte bis ans Bett fielen ihr sichtbar schwer. Isabelle nahm Platz an meiner Seite und ich spürte, wie sie mit ihren dünnen Fingern meine Hand in die ihre nahm. Ihre Haut fühlte sich eiskalt an, fast schon leblos, vielleicht kam meine Entscheidung, ihr zu helfen, zu spät?
Mit all meiner Kraft wünschte ich mir in diesem Moment, ihr mein Leben zu schenken. Ich flehte und bettelte den Tod an, mich statt ihrer zu sich zu holen. Dieser jungen Seele ein wenig mehr Zeit zu lassen, das Schöne der Welt kennenzulernen.
Das Letzte, was ich sah, war die Wanduhr und wie beide Zeiger genau auf der Zwölf zum Stehen kamen. Plötzlich tauchte ich in die völlige Dunkelheit ein und die Welt um

mich herum verstummte. Die Stille und die Finsternis ängstigten mich, bis ich in der Ferne einen kleinen, hellen Fleck wahrnahm, der sich auf mich zubewegte.
Erst langsam, dann immer schneller werdend, bis er direkt über mir schwebte. Überrascht erkannte ich Isabelles Gesicht, das auf mich herabschaute. Ganz nah waren ihre Augen den meinen und ihr Mund meinen Lippen. Für einen Augenblick stockte mir der Atem. Doch als ich wieder ausatmete, verließ meinen Mund ein leuchtend goldener Hauch.
Kurz verharrend und seinen Weg suchend schwebte er wie ein helles Licht zwischen unseren beiden Gesichtern. Isabelle sah mir fragend in die Augen. Ich lächelte sie an und sie verstand, was sie tun musste. Leicht öffnete sie die Lippen und das Licht glitt sanft in ihren Mund. Es verschwand in ihm und bahnte sich seinen Weg durch Isabells Körper, bis es ihn völlig ausfüllte. Glücklich erkannte ich, was geschah. Dieses Licht, das ihren Körper erstrahlen ließ, ihr das Aussehen eines Engels verlieh, dieses Licht war mein Lebenshauch, der jetzt zu ihrem wurde.
Das Leuchten begann zu flackern und die Dunkelheit zog sich zurück. Nach und nach erkannte ich die Umgebung wieder. Ich sah das Krankenzimmer und mein Bett. Erschrocken bemerkte ich, wie Isabelle leise aufseufzend zusammensackte und das Strahlen in ihr erlosch. Hatte ich es doch nicht geschafft, ihr noch so junges Leben zu bewahren? Ich bekam keine Antwort auf diese Frage, nur ein Ton wie ein zartes Klingeln erklang in meinem Kopf. Bis auch er verschwand und die Stille mich umgab.
Ich musste eingeschlafen sein, ohne es zu bemerken. Als ich erwachte, die Augen öffnete, war Isabella fort und meine Umgebung hatte sich verändert. Wo war ich? Zwar kam mir alles bekannt vor, das Zimmer und auch der Mensch, der dort auf dem Bett lag. Dennoch erschien er mir fremd und so, als ob ich ihn durch einen Schleier betrachtete.
Ich strengte mich an und sah genauer hin. Während ich das tat, spürte ich, wie ich mich auf diesen Körper zubewegte.

Überrascht erkannte ich, dass ich über ihn schwebte.
In dem Moment, an dem ich dem Bett ganz nahe war, wurde mir klar, wer der Mensch war, der dort lag. Ich schaute hinab auf meinen eigenen Körper und das, was von mir übrig geblieben war. Ganz ruhig registrierte alles in diesem Zimmer, die abgestellten Maschinen, Krankenschwestern, die an meinem Bett standen und einen Arzt der leise sagte: »Wir können nichts mehr für sie tun. Bitte notieren sie, dass der Todeszeitpunkt 0:07 Uhr lautet und sagen sie den Kindern der Patientin Bescheid!« Das Flüstern der Nachtschwester: »Wenn ich das Lächeln in Karlas Gesicht anschaue, glaube ich beinahe, sie ist glücklich, dass sie endlich gehen durfte!«, während sie mit den anderen den Raum verließ.
Tot - mein Leben vorbei! Vieles hatte ich erlebt, vieles würde ich vermissen. Doch die letzten Monate, in denen ich an das Bett gefesselt gelegen hatte, nicht. Ich war erleichtert, fragte mich aber, wie es nun weiterging. Was erwartete mich und vor allem, wie ging es Isabelle? Während ich mich das fragte, spürte ich eine Veränderung, als ob ich mit dieser Frage eine Tür öffnete.
Alles verblasste, übrig blieb ein nur dunkler Tunnel, an dessen Ende ein weißes Licht schien, das einen Schatten umhüllte. Zuerst ängstigte es mich, doch als der Schatten zu einem Körper wurde und Hände sich mir entgegenstreckten, weinte ich vor Glück! Mein Wilhelm! Mit einem Lachen auf dem Gesicht nahm er mich in die Arme. Doch diesmal war es kein Traum, ich erlebte die Wirklichkeit!
Mein Ehemann kam, mich abzuholen, und er war jung, so wie ich ihn damals kennengelernt hatte. Aber auch ich hatte mich verändert. Statt der alten Frau, die im Koma gelegen hatte, hielt er nun das junge Mädchen, in welches er sich vor vielen Jahren verliebte, in den Armen.
»Komm Karla, geh mit mir in das weiße Licht, welches du dir so sehr gewünscht hast. Es ist Zeit, diese Welt zu verlassen und mit mir die Ewigkeit zu verbringen!« Wie hatte ich es vermisst, ihn wirklich zu hören und zu spüren! Natürlich

würde ich mit ihm gehen. Aber da gab es noch etwas, was ich wissen musste, bevor ich für immer mein Leben zurückließ! Zaghaft sagte ich zu Wilhelm, dass ich ihm nur folgen könne, wenn ich wüsste, dass es Isabelle gut ging!
»Ach Karla. Du bist immer noch die Gleiche, die du zu Lebezeiten gewesen warst. Die zuerst an anderes und erst zum Schluss an sich selbst dachte! Komm, ich zeige dir Isabelle!« Seine sanfte Stimme, begleitet von einem Lächeln, verhieß Gutes und machte mir Mut.
Er schnippte und vor meinen Augen zeigten sich schnell aufeinander folgende Bilder. Isabelle im Krankenzimmer und wie sie die Augen aufschlug. Ich sah die Aufregung des Krankenhauspersonals und wie die Ärzte fassungslos den Kopf schüttelten. Ihre Eltern, die vor Glück weinten und von einem Wunder sprachen. Ich sah Isabelle, wie sie das Krankenhaus verließ. Ich erlebte, wie sie im Laufe der Jahre von einem Mädchen zu einer jungen Frau wurde. Die Welt und die Liebe ihres Lebens kennenlernte. Später dann die Geburten ihrer zwei Töchter und wie Isabelle nach einer zufriedenen Zeit mit ihnen zur Großmutter wurde. Ich sah, wie sie ein wunderbares, erfülltes Leben verbrachte. Aber wie sie sterben würde, das sah ich nicht!
»Siehst du Karla, dein Wunsch ist wahr geworden. Du hast die richtige Wahl getroffen, um die Erlaubnis zu bekommen, ins weiße Licht gehen zu dürfen. Isabelle wird ein langes Leben haben. Bist du jetzt glücklich?« Und ja, das war ich.
Schritt für Schritt ging ich an der Seite von Wilhelm dem weißen Licht entgegen, bis es uns endgültig verschluckte. Uns dorthin brachte, wo Ruhe, Liebe und Zufriedenheit herrscht. Aber wo das ist, das darf ich nicht verraten.

Aber eines möchte ich euch noch erzählen. Diese eine Nacht im Jahr, von Halloween auf Allerheiligen, ist es uns Seelen erlaubt, eure Welt zu besuchen. Wir können Wunder wie das von Isabella wahr werden lassen oder wir können uns einfach nur in eurer Umgebung bewegen. Das sind die Momente,

wenn ihr glaubt, einen Schatten zu sehen, eine Berührung zu spüren und euch einredet, dass es nur der Wind ist, der euch streichelt. Eine Illusion hervorgerufen durch den Wunsch, einen geliebten Menschen wiederzusehen.
Doch das ist der Augenblick, an dem wir Seelen an eurer Seite verweilen.
Zweifelt nicht daran, sondern freut euch darüber und heißt uns willkommen. Und wer weiß, vielleicht hole ich euch eines Tages ab. Lasse euren Wunsch wahr werden und begleite euch ins Licht.
Mein Name ist Karla, und ich bringe euch Wunder!

Rückkehr der toten Seelen

Bo Sauer

Karin drückt auf den Knopf der Fernbedienung und schließt ihr Auto ab. Es ist kalt heute, der Himmel dunkel und grau. Schnee liegt in der Luft. Karin schüttelt sich, zupft ihren Schal zurecht, schlägt den Mantelkragen hoch. Ein wahrhaft trauriger Tag. Langsam geht sie auf den großzügigen Eingangsbereich des städtischen Alten- und Pflegeheims zu. Sie will ein letztes Mal ihre Urgroßmutter besuchen. Vor gut zwei Stunden hatte sie den, schon seit Wochen bang erwarteten, Anruf bekommen. »Gerade haben wir ihr ein leichtes Schmerzmittel verabreicht, sie wird vielleicht zwei bis drei Stunden schlafen. Sie sollten sich auf den Weg machen, es geht zu Ende.« Irgendwie passt die Kälte, der graue Himmel, zum heutigen Tag. Der Tag, an dem ihre Urgroßmutter sterben wird.

Uroma Henriette lebt nun schon seit fast sieben Jahren hier in diesem Heim. Karin hat sich all die Jahre immer wieder um die alte Dame gekümmert, sogar schon, als sie selbst kurz vor dem Abitur stand. Ihre Großeltern leben beide schon nicht mehr, ihre Eltern sind lange geschieden und in alle Winde verweht. Andere Verwandte gibt es nicht. Karin ist der letzte Spross einer kleinen Familie, die heute noch ein weiteres Mitglied verlieren wird. Als kleines Kind konnte Karin nichts mit dem fast unaussprechlichen Begriff Urgroßmutter anfangen. Oma ja, das konnte sie verstehen. Dass dort aber noch eine Oma war, die die Mutter der Oma sein sollte, ging nicht in ihren kleinen Kopf. Und um die beiden Omas auseinanderzuhalten, erfand sie eines Tages für die ältere der beiden Omas den Begriff Omi-mi. Dies hat sie bis heute so beibehalten.

In den letzten Märzwochen konnte die alte Dame plötzlich nichts mehr zu sich nehmen, sie erbrach immer wieder ihr Essen. Die Ärzte diagnostizierten einen großen Tumor an der Magenhinterwand. »Nicht operabel. Das würde ihre Urgroßmutter nicht überleben. Der Tumor hat auch schon die Bauchspeicheldrüse angegriffen.« Ein Todesurteil für Omi-mi. Die Ärzte gaben der alten Frau höchstens noch einige Monate. Es wurde notwendig, sie durch eine fast dreißig Zentimeter lange Hohlnadel, die durch ihre Bauchdecke direkt in den Magen geführt wurde, künstlich zu ernähren. Und so ist Omi-mi seitdem mehr oder weniger an ihr Bett gefesselt, konzentrierte Nährstoffe und Flüssigkeit werden ihr über einen Tropf, der den ganzen Tag über neben ihrem Bett an einer fahrbaren Stange aufgehängt ist, eingeträufelt.

Henriette hatte die todbringende Diagnose ohne besondere Regung zur Kenntnis genommen. »Wenn es unser Herrgott so will«, war ihr einziger Kommentar. All die Monate bis heute hat sie ihr Schicksal, ohne zu klagen, in aller Stille ertragen. Vor gut zwei Wochen erst durfte Karin mit Omi-mi ihren 97. Geburtstag feiern. Karin gönnte sich am Bett eine Tasse Kaffee und erzählte Omi-mi von ihrem Arbeitsalltag im Büro. Karin hatte ein Paar selbst gestrickte Bettstrümpfe mitgebracht. Über die hatte sich Henriette sehr gefreut. »Dann werden mich meine kalten Füße mich nicht mehr so sehr quälen«, hatte sie mit ihrem feinen Lächeln gesagt, und Karin zog ihr die Strümpfe sogleich über die mageren Füße.

Die beiden gläsernen Seitenteile der großen Eingangstür gleiten mit einem leisen Seufzen selbstständig auseinander, als Karin unter das Vordach tritt. Drinnen wendet sie sich dem westlichen Gebäudeflügel zu. Das Zimmer ihrer Urgroßmutter liegt im Erdgeschoß, mit einer großen, bodentiefen Fensterfront gegen den kleinen Park, der von den verschiedenen Flügeln des Heims halb eingeschlossen wird. Als Karin in den breiten Flur der Station einbiegt, kommt gerade die Stationsschwester aus einem der vielen Zimmer, die rechts und links des Flures liegen. Sie geht Karin entgegen. »Hallo Frau Gruber, schön, dass Sie schon hier sind. Henriette ist gerade von einem Nickerchen aufgewacht. Sie können gleich zu ihr rein.« Und mit leiser Stimme ergänzt sie: »Sie hat keine Schmerzen und ist bei klarem Verstand. Aber ihr Stuhl ist bereits pech-

schwarz. Es geht zu Ende. Wir können nichts mehr für sie tun.«
Karin nickt und blickt zu Boden. Ihr Hals ist wie zugeschnürt und so kann sie nur ein kaum verständliches, gequältes »Danke« herausbringen. Langsam geht sie auf das Zimmer ihrer Uroma zu. Obwohl sie sich in den letzten Wochen immer wieder in ihren Gedanken auf diesen Tag vorbereitet hat, heute ist sie total verunsichert, wie sie sich verhalten soll. Sie zieht sich die Handschuhe aus, nestelt ihren Schal vom Hals und öffnet den Mantel. Dann klopft sie vorsichtig an die Tür und drückt die Klinke herunter.
Trotz der großen Fensterfront ist es im Zimmer nicht wirklich hell. Das Grau scheint von draußen in das Zimmer gekrochen zu sein. Henriette liegt, nur mit einer dünnen Tagesdecke zugedeckt, im Bett, ihr Kopf ist leicht zur Seite gedreht. Sie schaut aus dem Fenster. Karin legt ihren Mantel über einen Stuhl an der Wand und tritt zum Bett. Sie ist nicht in der Lage, irgendetwas zu sagen, und so setzt sie sich vorsichtig auf die Bettkante und streichelt sanft über das schüttere, eisgraue Haar der Greisin. Ohne den Kopf zu drehen, begrüßt Henriette ihren Gast mit dünner Stimme. »Schön, dass du gekommen bist. Es wird bald Schnee geben.« Nach einer kleinen Pause fährt sie fort. »Du wirst bald nicht mehr kommen müssen. Ich weiß, ich werde heute noch dahin gehen, wo ich meinen Frieden finden werde. Und das ist gut so.«
Karin streicht sich ein paar Tränen aus dem Gesicht. Sie will etwas sagen, aber nach wie vor bekommt sie keinen Ton heraus. Sie ergreift die beiden Hände, die schlaff auf der Bettdecke liegen, führt sie zu ihrem Mund und haucht einen Kuss auf die runzelige Haut. Henriette dreht ihr das Gesicht zu und lächelt. Erstaunt blickt Karin in ein hell glänzendes Augenpaar. Dieses Gesicht, das in den letzten Wochen immer grauer wurde, scheint rosig frisch, diese Augen, die immer müder dreinblickten, strahlen in hellem, klarem Glanz. Beide Frauen sehen sich lange schweigend an. Dann dreht

Henriette ihren Kopf wieder in Richtung Fenster. »Es ist gut so, dass es heute noch Schnee gibt. Ich werde dich heute verlassen, aber im komme wieder.« Sie lächelt wieder und ihr Gesicht erstrahlt noch heller. Ohne ihren Blick vom Fenster zu nehmen, spricht sie leise weiter. Ihre Stimme klingt kräftiger als noch vor wenigen Minuten. »Ich will dir noch von meiner Urgroßmutter erzählen. Ich war ein kleines Mädchen, konnte weder lesen noch schreiben. Da ist eines Tages unsere Nachbarin gestorben. Eine kleine, dicke Frau, die immer ganz freundlich zu mir war, ich hatte sie sehr gern. Als meine Eltern mit den anderen Nachbarn zur Beerdigung gingen, blieb meine Urgroßmutter bei mir und erzählte mir eine Geschichte. Wenn jemand stirbt, dann verlässt seine Seele den toten Körper und steigt gegen den Himmel hinauf. Dort oben sind alle Seelen der Gestorbenen versammelt. Sie warten auf besondere Zeiten. Ab und zu dürfen sie nämlich wieder auf die Erde, um uns zu besuchen. Dazu muss es aber Winter sein und kalt. Und wenn es dann schneit, kehren die Seelen als Schneeflocken zu uns zurück. Jede Schneeflocke ist einzigartig, so wie es auch der Mensch war, dessen Seele einst gen Himmel gezogen ist. Hast du schon mal eine Schneeflocke genau betrachtet? Sie ist wunderschön, ein filigranes Gebilde und rein weiß. Bei ihrem Aufstieg in den Himmel fällt alles Böse von der Seele ab, jedes Gebrechen, jeder Schmerz bleibt zurück. Daher sind die Schneeflocken rein und weiß. Und sie spiegeln auch das Menschsein wider, denn wie wir Menschen bleiben auch die Schneeflocken nur für eine bestimmte Zeit auf der Erde. Einige schmelzen schon ganz schnell oder lösen sich in Luft auf. Andere überstehen in fester Gemeinschaft mit anderen Schneeflocken mehrere Tage oder Wochen. Ich bin mir sicher, auch ich werde einmal als kleine, weiße Schneeflocke zurückkommen. Und wer weiß, vielleicht wirst du mich dann sogar erkennen.«

Tränen strömen über Karins Gesicht. Sie hat ihren Kopf ebenfalls zum Fenster gedreht und schaut andächtig hinaus in das Grau des kommenden Winters. Immer noch hält sie die

Hände ihrer Uroma und schmiegt sie an ihre Wange. Es ist vollkommen still im Zimmer. Nach einer Weile dreht sie ihren Kopf und schaut auf Henriette. Starr blickt das helle Augenpaar zu Fenster. Ein zufriedenes, glückliches Lächeln umrahmt die leicht geöffneten Lippen. Behutsam legt Karin Henriettes Hände zurück auf die Bettdecke, die rechte Hand über die linke. »Danke, Omi-mi«, flüstert sie. »Danke, dass es dich gegeben hat.« Langsam erhebt sie sich von der Bettkante. Sie traut sich nicht, die Lider über den gebrochenen Augen zu schließen, und geht stattdessen zum Fenster. Lange schaut sie in den grauen Himmel, so als suche sie dort die aufsteigende Seele ihrer Urgroßmutter.
Nachdem sie der Stationsschwester Bescheid gegeben hat, dass Henriette für immer eingeschlafen ist, verlässt sie das Heim und geht zu ihrem Auto. Unvermittelt fängt es an, zu schneien. Der graue Himmel hat sich mit einem Mal geöffnet und Trilliarden von Schneeflocken schweben zur Erde. Erst ganz kleine, hauchzarte Flocken, dann immer fettere Kristallgebilde. Immer dichter wird das Schneegestöber. Karin schaut nach oben in den weißen Flockenwirbel. Als sie endlich bei Ihrem Auto angekommen ist, hat sich ihr Mantel schon eine dünne weiße, zweite Haut zugelegt. Auch ihr Auto hat eine weiße Haube. Gerade, als sie ihre behandschuhte Rechte mit der Fernbedienung vorstreckt, um das Auto aufzuschließen, landet eine dicke Schneeflocke direkt auf dem Handrücken. Karin führt ihre Hand zum Gesicht und betrachtet aufmerksam das zarte, weiße Gebilde. Unzählige kleine, bizarre Kristalle haben sich zu einer großen, weißen Flocke vereint. Sie betrachtet das zarte Etwas mit großen Augen. So etwas Schönes, Reines hatte sie bisher nicht gesehen. Und für einen Moment sieht sie in die klaren, strahlenden Augen ihrer Omi-mi.

Das kosmische weiße Licht

Veronika M. Dutz

Es war ein echt eisiger Tag. Obwohl wir Ende Februar hatten und es langsam milder werden müsste, waren die Temperaturen im Keller. In diesem Jahr hatten wir ein Schaltjahr. Jeder hatte einen ganzen Tag mehr zur Verfügung. Viele Menschen nahmen das als selbstverständlich hin. War es das? Nein, jeder einzelne Tag im Leben ist kostbar. Was oft im alltäglichen Auf und Ab vergessen wird!

In der heutigen Gesellschaft ist Zeit das wertvollste Gut, welches man besitzen kann. Den meisten Menschen zerrinnt diese in den Fingern, weil die Leute sich zu Sklaven machen.

Wie Karin, sie nahm das alles gar nicht wahr. Karin lief in ihrem selbstgestalteten Hamsterrad tapfer ihre Runden. Ohne je einen Gedanken daran zu verschwenden, was sie überhaupt tat. Sie hatte einen Tunnelblick bekommen. Irgendwie hatte Karin sich auf ihre Arbeit fokussiert und alles andere ausgeblendet. Dies sollte sich als nicht besonders gesund herausstellen. Sie stand innerlich unter Strom und hetzte von einem Termin zum anderen. Statt diesen wertvollen, geschenkten Tag achtsam zu würdigen, lief Karin der Zeit jeden Tag hinterher, so auch an diesem.

Karin verließ rasch das Büro, ein Termin drückte bereits und sie war spät dran. Ihr Auto stand auf der anderen Straßenseite. Mit einem riesigen Aktenstapel beladen, den eine andere Person kaum hätte tragen können, lief sie eilig über die Straße. Just in diesem Augenblick klingelte ihr Telefon. Natürlich blieb sie abrupt stehen und fummelte in der Tasche danach. Karin wäre nie der Gedanke gekommen, mal nicht ans Telefon zu gehen. Sie wollte erreichbar sein, zu jeder Zeit, um jeden Preis …

Im nächsten Moment durchfuhren Karin die heftigsten Schmerzen, die sie je in ihrem Leben gespürt hatte. Einen Augenblick später wurde ihr Körper brachial durch die Atmosphäre geschleudert, um gleich darauf extrem hart auf dem Asphalt aufzuschlagen. Ihre Unterlagen flogen durch die Luft und flatterten genüsslich zu Boden, was der Situation eine Portion Surreales verlieh. Karin hatte unsagbare Schmerzen, sie nahm alles verzerrt wahr, wie durch einen Nebel. Ihr Verstand konnte das alles nicht verarbeiten, sondern sammelte vereinzelt gewisse Eindrücke. Karin sah schemenhafte Gesichter, die sich über sie beugten und wohl auf sie einzureden schienen. Diese Menschen konnten nicht zu ihr durchdringen. Einen Augenblick später wurde es schwarz um sie herum. Karin hatte das Bewusstsein verloren.

Der junge Mann und Fahrer des herannahenden Fahrzeuges, hatte die Frau nicht gesehen. Als diese auf die Straße gehechtet war, hatte er gerade auf sein Handy geschaut. Dies war ihm zu diesem Zeitpunkt wohl wichtiger erschienen, als auf den Verkehr und die Straße zu achten. Er hatte Karins Körper frontal und ungebremst mit dem Auto erwischt. Der Fahrer war ebenfalls nicht verschont geblieben. Seine Verletzungen waren nicht schwer, er hatte sich im Schutze des Wagens befunden.

Der Notarzt traf wenige Minuten nach dem Geschehen ein. Die Sanitäter machten die Erstversorgung vor Ort und transportierten Karin umgehend in das nächstgelegene Klinikum. Dort war man auf Notfallmedizin spezialisiert, es lief alles reibungslos. Karin wurde von mehreren Ärzten gleichzeitig untersucht, die allesamt schwere innere Verletzungen und mehrere Frakturen diagnostizierten. Ganz zu schweigen von den vielen offenen Wunden. Karins Allgemeinzustand war sehr labil und ihr Kreislauf spielte vollkommen verrückt. Die junge Frau musste schnellstmöglich intubiert werden, sonst würde ihre Lunge kollabieren, es hatte sich ein Spannungspneumothorax gebildet. Ihre Herz-Kreislauf-Funktion war bereits schwer in Mitleidenschaft gezogen worden. Es sah nicht gut aus und bereits im nächsten Moment sackten alle Vitalwerte von Karin in den Keller. Der Sinusrhythmus verlangsamte zusehends seine Frequenz, bis eine Linie zu sehen und ein Pfeifton aus den Geräten zu vernehmen war. Die

Ärzte taten ihr Möglichstes und begannen sofort mit der Reanimation.
Karin fühlte sich merkwürdig. Was war eben gerade mit ihr passiert? Das Handy hatte geklingelt und auf einmal hatten plötzlich die unsagbaren Schmerzen eingesetzt. Diese Beschwerden waren im Moment wie weggeblasen. Alles fühlte sich leicht und schwerelos an. Karin öffnete langsam ihre Augen, danach bekam sie einen Schock und schrie! Was Karin erblickte, war ihr Körper. Sie lag auf einem Behandlungstisch in einer Notfallambulanz, um sie herum wuselten einige Ärzte und Schwestern. Karin schwebte einige Meter über ihrem eigenen Körper in der Notaufnahme, konnte den Ärzten bei der Wiederbelebung zuschauen! Sie schrie, das schien hier niemand wahrzunehmen. Karin verstummte und schluckte schwer. Wie war das alles passiert? Karin war 29 Jahre alt, sehr engagiert in ihren Job und wollte es weit bringen. Sie arbeitete locker 60 Stunden und mehr pro Woche, was Karin im Unternehmen gut vorangebracht hatte. Weil sie viel arbeitete, hatte sie kein Privatleben und natürlich keinen Freund, dafür fehlte ihr einfach die Zeit. Die Stelle als Marketingassistentin war ihr Leben, alles drehte sich um diesen Arbeitsplatz. Ihre Eltern hatte Karin lange nicht mehr besucht, sie waren auch nicht mehr die Jüngsten, doch ihre Arbeit war wichtiger! Wie oft hatte sie ihrer Mutter am Telefon versprochen:
»Ja, nächstes Wochenende komme ich!«, jedes Mal kam dieses oder jenes Projekt dazwischen. Ihre Mutter begnügte sich mittlerweile mit den kurzen Telefonaten, sonst würde sie von ihrer Tochter überhaupt nicht mehr hören. Ihre Eltern konnten es nicht verstehen, dass Karin all ihre Energie für die Firma opferte. Eine junge attraktive Frau sollte ihr Leben genießen. Wer wusste, was alles kommen würde!
Karin beobachtete die Ärzte unter sich, sie hatte in diesem Augenblick absonderliche Empfindungen. Ihr wurde langsam warm ums Herz und sie spürte einen kalten Hauch an sich vorbeiziehen. Als Karin ihren Blick durch den Raum schwei-

fen ließ, sah sie, wie sich in einer Ecke ein kosmisches Licht auftat. Es schien eine Art Energie auszustrahlen, fing an, strahlend und prächtig in gänzlichen Weiß zu leuchten. Diese gleißende Helligkeit zog ihre Seele unmerklich und stetig an. An den Rändern schimmerte es regelrecht in verschieden Farben. In der Mitte materialisierte sich ein verschlungener Weg, der umrankt war von alten, knöcherigen Bäumen. Es wirkte alles recht mystisch auf Karin. In dem weißen Licht nahm sie verzerrt ein Gesicht wahr, von einer zarten Gestalt, es war langsam schemenhaft zu erkennen. Mehr und mehr, kam es zum Vorschein. Es war ihre Großmutter! Alles war unwirklich für Karin! Erwartete man etwas von ihr? Karin wusste nicht, was zu tun war. Was wurde in diesem Augenblick von ihr erwartet? Sollte sie hinüber- oder hineingehen? Karin fühlte sich innerlich hin- und hergerissen. Irgendetwas in Karin weigerte und wehrte sich. Sie wollte die ihr bekannte Welt nicht verlassen. Das konnte doch nicht schon alles gewesen sein! Es wurde ihr genau in diesem Moment klar, dass sie eigentlich kein richtiges Leben gelebt hatte. Im Grunde hatte Karin gar nicht richtig gelebt, das wurde ihr jetzt schmerzlichst bewusst. Karin wollte ihre Eltern wiedersehen, sie war viel zu jung, um zu sterben. Der Sog, den Karin deutlich verspürte, wurde immer stärker. Sie schaute in das gutmütige Gesicht ihrer Großmutter und sagte:

»Nein, ich will nicht! Es darf auf keinen Fall zu Ende sein!«

Ihre Großmutter hob die Augenbrauen, behielt ihr Lächeln bei. Karin hatte beschlossen, nicht klein beizugeben, und begann zu kämpfen. Sie beachtete die weißen Lichtstrahlen nicht mehr, sondern fokussierte sich auf das Geschehen unten im Raum. Karin ruderte mit den Armen und Beinen, um irgendwie in ihren Körper zurückzugelangen. Karin bot alles auf, was sie an seelischer Energie hatte, focht ihren eigenen innerlichen Kampf aus. Sie schickte ein Gebet gegen den Himmel und gleichzeitig fluchte sie, dass sie nicht bereit sei, zu gehen. Der Sog zu dem mysteriösen weißen Licht nahm langsam ab, allmählich löste es sich auf. Es zerstob schließlich in tausend Partikel, die danach durch die Atmosphäre zu schweben schienen, wie kleine Kristalle, was ein wirklich skurriles Bild war. Der Abstand zu ihrem Körper, der fast greifbar war, schien sich zusehends zu verringern. Karin wollte leben! Ihr war klar geworden, wie kostbar das Leben ist. Das hier war nicht das Ende, Gott steh ihr bei! Mit einem Mal hatte Karin das Gefühl, zerquetscht und in eine zu enge Form gepresst zu werden. In diesem Moment waren die unsagbaren Schmerzen erneut fühlbar und alles war schwer wie Blei.

Die Ärzte hatten es geschafft, Karin zurückzuholen. Ihr Sinusrhythmus war einigermaßen stabil, die junge Frau musste künstlich beatmet werden. Karin wurde augenblicklich in den OP-Saal geschoben. Die Ärzte mussten ihre inneren Verletzungen behandeln, Wunden nähen und Frakturen richten. Sie wurde eine sehr lange Zeit operiert und ihr Zustand war kritisch.

Als Karin nach mehreren Stunden endlich aufwachte, spürte sie, dass ihr alles wehtat. Trotz der ganzen Beschwerden war Karin überglücklich, sie hatte es geschafft! Ihr Lebenswille hatte gesiegt, in diesem Moment nahm die junge Frau gern die Schmerzen in Kauf. Wie sagte man, wenn einem was wehtut, weiß man das man lebt! Das, was sie erlebt hatte, war keine Einbildung gewesen. Karin hatte sich außerhalb ihres Körpers befunden und das weiße kosmische Licht gesehen. Das würde ihr bestimmt niemand glauben. Karin musste das Geschehene erst einmal für sich verdauen. Ihre Großmutter war gekommen, um sie abzuholen. Es war schön, zu wissen, dass man diesen letzten Weg nicht alleine gehen musste. Karin war zum jetzigen Zeitpunkt nicht bereit gewesen, loszulassen. Man, was hatte sie für ein Glück gehabt, das war ihre Chance auf ein zweites, ein neues Leben. Dieser Tag bedeutete für sie Wiedergeburt! Karins Erkenntnis: Sie musste unbedingt ihr Leben ändern, diese Gelegenheit gab es sicher nur einmal. Wie hatte sie jeden ihrer früheren Tage dermaßen wenig Gewicht beigemessen, ein jeder Tag war kostbar! Man

sollte den Tag entsprechend würdigen. Das hier war schicksalhaft, Karin bekam die Chance auf ein neues Leben. Außerordentlich symbolisch, bliebt ihr das gleißend helle und weiße Licht in Erinnerung.
Karin hatte einen trockenen Mund, sie wollte ein wenig trinken und öffnete die Augen. Sie hörte aufgeregte Stimmen:
»Karin ist wach!« »Gott im Himmel sei Dank!« Es waren ihre Eltern. Sie sah, wie sich ihre Mutter über sie beugte. Karin wollte sprechen, sie war zu schwach. Ihre Mutter streichelte sanft ihre Wange und sagte:
»Bitte streng Dich nicht an, meine Maus, Du hast verdammtes Glück gehabt. Die Ärzte sagen, du warst genau 60 Sekunden weg, also klinisch tot. Du musst einen Schutzengel gehabt haben.«
Karin nickte, es liefen ihr Tränen die heißen Wangen hinunter. Wie eine einzige Minute dein ganzes Leben verändern kann, das man überhaupt nicht gelebt hat. Lebt bewusst jeden Tag! Ehrt einen zusätzlich geschenkten Tag mit der entsprechenden Würdigung! Es könnte der Letzte sein! Lasst uns in uns gehen, jeder Tag ist ein Geschenk! Vor allem war das jetzt ein ganz bestimmter Tag für Karin. An diesem Tag begann ihr Leben neu! Mit einem weinenden Auge blickte sie in die Vergangenheit! Wie verschwenderisch Karin mit ihrer eigenen kostbaren Lebenszeit umgegangen war!
Es waren viele Jahre vergangen. Karin hatte eine neue Achtsamkeit dem Leben gegenüber an den Tag gelegt. Sie feierte den besagten Tag als ein besonderes Geschenk. Ihre gesamte Einstellung zum Leben hatte sich grundlegend verändert. Die Welt bekommt jeden Morgen einen neuen Tag geschenkt, Karin hatte ein neues Leben bekommen. Sie genoss die viele schöne Zeit mit ihren Eltern. Karin lernte einen netten Mann kennen, was sie sich vorher nie erträumt hatte. Oft saß Karin in ihrem Garten und betrachtete einfach die Natur. Ihr erschloss sich jedes Mal aufs Neue die Essenz des Daseins. Die Menschen sollten sich dem bewusst werden und es nicht als Selbstverständlichkeit ansehen.

Die Möwe

Michael Schönberg

»Es regnet mal wieder«, freute er sich, als er aus dem Fenster sah.
Bernd freute sich immer über etwas Regen.
Dann blieben die Urlauber in ihren Hotels oder Wohnungen und er hatte den Strand für sich alleine.
Platz für seinen Strandsegler. Schnell war er angezogen und holte das Sportgerät aus der Garage. Den Mast legte er längs auf das Boot und fuhr mit dem Wagen, den Segler sicher an der Anhängerkupplung, zum Strand.
Zu seinem Erstaunen waren doch einige unterwegs. Allerdings alles Hundebesitzer, die am Hundestrand ihren Hund ausführten. Nicht schlimm für ihn, denn er fuhr mit dem Segler meistens die Strecke von Burhaven in Richtung Tossens. Weg von Hund und Herrchen. So weit, wie es der Strand zuließ. Dann wieder zurück. Und an Tagen wie diesen wurden es einige Strecken, die er zurücklegte.
Doch heute sollte alles anders werden.
Kaum, dass er den Mast gesetzt hatte, sah er auf dem kleinen Steg, der in die Nordsee hineinragte, eine Möwe, die humpelte und ihre Laute, die sie von sich gab, hörten sich an wie Babygeschrei.
Bernd befestigte den Mast und ging zum Steg. Als er sich der Möwe näherte, versuchte diese, zu fliehen. Was ihr aber nicht gelang. Ein Flügel breitete sich nicht aus und so fiel sie nur hin, anstatt abzuheben.
»Ruhig meine kleine Möwe. Ich bin es, der Bernd. Du kennst mich doch, ich bin der Segler. Du hast mich doch schon oft begleitet bei meinen Ausflügen.«
Natürlich flogen immer einige Möwen um ihn herum, wenn er am Strand segelte. Ob es nun auch diese Möwe war, das wusste er natürlich nicht. Doch in den vielen Jahren, die er hier schon wohnte, hatte er einige Erfahrungen gesammelt,

wie man sich Möwen gegenüber verhält.
Er kam ihr so nah, dass er sehen konnte, dass sie etwas in den Flügeln stecken hatte.
Bernd wusste durch eine schmerzliche Erfahrung, dass ihr Schnabel tiefe Wunden verursachen kann.
Immer noch auf die Möwe einredend, zog er sich seine Windjacke aus und ging weiter auf die Möwe zu, die mittlerweile aufgehört hatte, Flugversuche zu unternehmen.
Geschwächt lag sie nun auf dem Steg. Ihr ›Babygeschrei‹ hatte sich in ein leises Piepsen verwandelt.
Behutsam warf er die Jacke über das Tier und packte es an ihrem Hals. So war er vor dem zuschnappen des Schnabels geschützt.
Die Möwe bäumte sich etwas auf, doch dann gab sie auf. Bernd redete und redete mit ihr. So viel hatte er im ganzen letzten Jahr nicht mit seiner Frau gesprochen. Jedenfalls nicht viel mehr.
Bernd war ein eher ruhiger Vertreter der Männerwelt. Was bei seiner Herkunft, Ostfriese, nicht wunderlich war. Reden war verpönt, schweigen war Gold. Als Landschaftsangestellter, zuständig für die Schutzgebiete, hatte er es nur in der Saison mit unbedachten Urlaubern zu tun, die unerlaubt auf den Deichen feiern oder zelten wollten. Oder die Wanderwege verließen und in das Vogelschutzgebiet eindrangen, um ungestörte Sonnenbäder zu genießen. Doch die ›Verfehlungen‹ blieben im Rahmen und die notwendigen Gespräche auch.
Als Bernd die Möwe anhob und sich den beschädigten Flügel ansah, entdeckte er einen Holzstab. Zuerst war seine Vermutung, dass es ein Pfeil war, der dort drinsteckte. Doch an dem vermeintlichen Pfeil war auch noch etwas Papier. Buntes Papier, und er war sich nun sicher, dass der Vogel den Kampf mit einem Drachen aufgenommen und wohl verloren hatte.
»Das müssen wir uns zuhause aber mal genauer ansehen.« Damit war seine aufwendige Konversation aber auch beendet.

Er steckte die Möwe in den Kofferraum seines Jeeps. Dort hatte er immer einen Käfig. Schließlich kam es häufiger vor, dass er kranke Tiere fand und versorgen musste. Leider war in Budjardingen keine Tierstation, wie auf Langeoog oder in Norden. So hatte er im Haus immer wieder mal ein Tier zu versorgen und in den Jahren schon einige Tiere gepflegt. Einige mussten für immer bei ihm bleiben, wenn sie in der Natur nicht mehr überleben konnten. Auch in der Tierwelt gibt es Langzeitpflegefälle.
Seine Frau Brunhilde fütterte die Tiere nur. Sie war Rechtsanwältin und arbeitete fast ausschließlich Zuhause. Dafür hatten sie einen kleinen Wohnraum an ihr Haus gebaut. Ihre kleine Anwaltspraxis, mit eigenem Schild und Eingang. Ihr Spezialgebiet: ›Schadensersatzklagen von Urlaubern abweisen‹. Andersherum wäre ein Leben in dieser Abgeschiedenheit wohl nicht möglich. Viele Anbieter von Wohnungen oder Hotels bekamen Schreiben, in denen Ersatzansprüche erhoben wurden. Viele davon unberechtigterweise, was jedoch bewiesen werden musste. So hatte sie nach der Saison immer sehr viel zu tun und ihr Mann während der Urlaubszeit. Durch diese Schadensabwendungen hatten sie viele Freunde gewonnen. Kam die Verwandtschaft aus dem Süden oder aus NRW, so wurden die Unterkünfte billiger und notwendige Reparaturen auch schon mal unter der Hand geregelt.
Durch die verschiedenen ›Spitzen‹ ihrer Arbeit lief man sich nicht so oft über den Weg, um große Reden zu schwingen. Jedenfalls nicht tagsüber.
Als er Zuhause ankam, sah seine Frau erstaunt aus dem Fenster, das zur Einfahrt gerichtet war und so jedes Fahrzeug oder Person wahrgenommen werden konnte. Sie stand auf und kam zur Tür.
Bernd rief ihr zu, dass er eine verletzte Möwe hätte und sie doch bitte die Wohnungstüre öffnen sollte.
Dann brachte er die Möwe in seine ›Krankenstation‹, was nichts Anderes war als eine große Voliere im Garten mit

einzelnen Gehegen. Aber auch der eine oder andere Vogelverschlag war dort.
»Bitte hol eine Mütze für die Möwe. Dann wird sie ruhiger«, bat er seine Frau, die aber schon unterwegs war. Schließlich musste sie immer die Wunden ihres Mannes pflegen, wenn er mal wieder zu viel Vertrauen in die Tierwelt gesetzt hatte. Immer nach der Devise: »Seht doch, ich will euch nicht Böses.« Doch hier und da schienen die Tiere ihn nicht zu verstehen. Und so wusste sie schon vor seiner Bitte, was zu holen war.
Nachdem sie dem Vogel die Mütze übergestülpt hatte, legte Bernd das Tier in eines der kleinen Gehege ab und entfernte seine Jacke.
»Die wirst du wohl waschen müssen«, murmelte er, denn die Möwe hatte sich ordentlich entleert.
Grüne Windjacke mit lila, weißem und schwarzen Vogelkot. Eigentlich ein Bild zum Ablichten. Abstrakte Kunst. Wenn es nicht gerade seine Jacke gewesen wäre.
Nachdem er die Möwe dort abgesetzt hatte, verschloss er das Gehege und fuhr wieder zum Strand. Aber nicht, um zu Segeln. Nein, er holte sein Freizeitvergnügen nach Hause. Jetzt hieß es ›in Möwe‹ und nicht ›in Freizeit‹.
Bernd bereitete in seinem kleinen OP, der sein ehemaliges Arbeitszimmer war, die Behandlung der Möwe vor. Da die Möwe nun nichts mehr sehen konnte, war es ein Leichtes, ihr eine kleine Narkose zu spritzen. Die Ausbildung zu einem Landschaftsangestellten beinhaltete auch das Setzen von Spritzen und Behandeln von Wunden. Selbst kleine Operationen wurden dort gelehrt.
Im Notfall gab es einen Tiertransport in die nächste größere Stadt.
In diesem Falle hatte sich Bernd allerdings entschlossen, dem Tier selbst zu helfen.
Noch im Gehege setzte er ihr die Spritze und wartete ab, bis sie betäubt war. Dann holte er sie heraus und brachte das Tier in seinen OP - Raum, legte es behutsam auf den Rücken

und achtete darauf, die beschädigte Schwinge nicht weiter zu schädigen.
Behutsam zog er den Flügel auseinander, der eine Spannweite von fast einem halben Meter hatte. Mit einer Klammer und einer Schnur hielt er ihn ausgebreitet.
Der Holzstab hatte sich in die weiche Haut zwischen dem ersten und dem zweiten Gelenk gebohrt.
»Wie hast du das denn geschafft?«, fragte Bernd die betäubte Möwe. Um den Stab zu entfernen, musste er die Wunde etwas vergrößern. Dann konnte er das Teil des Winddrachens entfernen und die Haut dort wieder zusammennähen. Ein ›Nähkurs‹ für Wunden gehörte auch zu seiner Ausbildung.
Nach der erfolgreichen Behandlung stülpte er dem Tier die Mütze wieder auf und brachte es in den Käfig zurück. Nicht ohne ihr noch eine Spritze zu geben, die den Kreislauf des Tieres stabilisieren sollte.
Im Käfig konnte die Möwe nun ihren ›Betäubungsrausch‹ ausschlafen. Erst gegen Nachmittag wachte sie auf und Bernd, der immer wieder nach ihr gesehen hatte, hörte ihre leichten Versuche, Laute von sich zu geben.
»Beschwer dich nicht. Es geht dir bald wieder besser. Bis dahin wirst du erst mal hierbleiben.«
Mit diesen Worten hatte er den Käfig geöffnet und ihr die Mütze vom Kopf gezogen.
Sichtlich überrascht über die Helligkeit stand sie auf und hob den Kopf, schnappte aber nicht zu, sondern orientierte sich erst. Dann versuchte sie abzuheben. Der Käfig war aber nicht groß genug, als dass sie die Flügel ausbreiten konnte.
In der Ecke des Käfigs hatte Bernd in einen Topf kleine Fischstücke abgelegt.
Es dauerte jedoch eine Weile, bis sie diese verschlang.
In den nächsten vierzehn Tagen wurde sie so gefüttert, ihre naturgegebene Angst wich und Bernd konnte sie in das größere Gehege überführen. Dafür öffnete er den kleinen Käfig und ging einen Schritt zurück. Die Möwe folgte ihm. Wohl auch, weil Bernd etwas Fisch in der Hand hatte. Wie eine

Ente watschelte die Möwe, die mittlerweile den Namen ›Chilaili‹, weißer Vogel, ein Name aus der indianischen Sprache, bekommen hatte, hinter ihm her. Viele seiner Patienten bekamen Namen aus der Sprache der Indianer. Bernd hatte viel über die Kultur dieser Menschen gelesen. So konnte auch er eins werden mit der Natur, sie verstehen und respektieren.
Chilaili folgte Bernd, wo immer er hinging. Bald folgte dieser ›Weiße Vogel‹ ihm auch ins Haus. Klar, denn dort gab es immer was zum Verzehren. Brunhilde war nicht immer begeistert, eine Möwe beim Abendessen am Tisch zu haben, da die Tischmanieren nicht immer so waren, wie man es sich von Gästen wünscht. Gerade wenn es um das Leeren eines Darmes geht, auch wenn es sich dabei um einen Möwendarm handelt. Bernd hatte ein Einsehen und fütterte sie nun auf dem Boden. Wann immer sie auf den Tisch hüpfen wollte, warf er ihr etwas Nahrung in eine Ecke des Esszimmers und so war wieder Ruhe am Tisch.
In der Zeit, es waren bereits drei Monate vergangen, hatte sie schon einige kleine Flugübungen absolviert. Allerdings nur in der Voliere. Vom Boden auf einen Ast unter dem Dach oder einmal quer durch den Käfig.
Und nun stand der große Tag an. Ihre Entlassung als Patient und als Hausbewohner.
Chilaili folgte ihm durch das ganze Haus und in den Garten. Kein Käfig über sich und die Freiheit vor Augen, breitete sie die Flügel aus und hob vom Boden ab. Schnell war sie über den Wipfeln der Bäume verschwunden, die den Garten umzäunten.
»Lebewohl Chilaili. Und lass in Zukunft die Windvögel in Ruhe. Sie sind keine Konkurrenz und eher ungesund für dich.« Glücklich und traurig zugleich trat er wieder ins Haus.
Am Abend ging er zu der Voliere, schließlich gab es noch andere Bewohner, die versorgt werden mussten, als er auf dem Dach des Käfigs ein leichtes Tapsen hörte.
Kaum dass er hochgeschaut hatte, sah er, wie Chilaili auf dem Rasen landete und lauthals ihre Rückkehr bekundete. Bernd

ging zurück zur Käfigtüre, in die Schleuse und dann in den Garten.
»Hallo Chilaili, was ist denn mit dir? Du sollst in der Freiheit dein Seelenheil suchen. Begleite die Fischer und ernähre dich dort von den Fischresten, wenn du schon nicht selbst fangen willst.«
Die Möwe hörte ihm gar nicht zu, sondern erhob sich und landete auf seiner Schulter.
Bernd bewegte sich nun nicht mehr und sprach auch kein Wort mehr. Der große, gelbe Schnabel war zu nah an seinem Gesicht, als dass er jetzt noch ausweichen konnte. Doch sie machte überhaupt keine Anstalten, ihm etwas zuleide zu tun. Mit ihrem Schnabel zerzauste sie ihm lediglich etwas die Haare. Mutig nahm Bernd nun seinen Arm hoch und die Möwe hüpfte auf diesen gebotenen menschlichen Ast.
»Du bist ziemlich schwer, wollte ich dir nur mal sagen«, grinste er und setzte die Möwe auf einen Mauervorsprung ab. »Mit ins Haus darfst du aber nicht. Brunhilde wird sonst etwas sauer, glaube ich, hat sie doch gestern noch erwähnt, dass sie sich auf ein ruhiges Abendessen, also nur sie und ich, freut. Du kannst aber gerne hier warten, ich bringe dir etwas Fisch.«
Bernd ging in das Haus und, als wenn sie ihn verstanden hätte, blieb sie dort sitzen, wo Bernd sie abgesetzt hatte. Mit etwas Fisch in der Hand kam er wieder und warf Stück für Stück in die Luft. Mit akrobatischem Kunstflug schnappte sie die Stücke auf und verschlang sie im Flug. Nach und nach verschwanden die Fischstücke in ihrem Bauch.
»Sehr schön, bei dir ist der Flügel jedenfalls vollständig geheilt, du Flugkünstler. Gute Nacht, Chilaili.«
Bernd drehte sich um und ging ins Haus. Die Möwe drehte noch eine Runde über dem Garten und mit lautem Geschrei flog sie davon.
»Na, hattest du Besuch?«, fragte ihn seine Frau, als er wieder in das Haus trat.
»Wieso, wer sollte denn da gewesen sein?«
»Ich denke deine Möwe, denn sie hat dir deine Jacke wieder

eingefärbt.«
Bernd zog seine Jacke aus und sah die ›Beglückung‹ durch Chilaili. Er nahm die Jacke und ging ins Bad, um die Jacke zu reinigen. Doch Möwenschiss ist sehr scharf und dringt schnell in Stoffe ein. Auch wenn eine Jacke imprägniert ist, so muss sie doch in die Reinigung.
»Gut, dass ich noch andere Jacken habe«, dachte er sich und ging in die Küche, wo Brunhilde das Abendbrot vorbereitete.
»Haben wir keinen Fisch mehr? Ich dachte, da wäre noch etwas von gestern übrig geblieben!«
»War auch, aber ich hatte heute Mittag Hunger und habe ihn mit etwas Brot gegessen.«
»Ach ja! Und warum ist dann Brot nicht weniger?«
Bernd berief sich nun wieder auf seine Herkunft, Ostfriese, und schwieg. Schweigen ist Gold wert, besonders in solchen Momenten.
Immer wieder kam Chilaili und besuchte Bernd. Der achtete seit dem letzten Erlebnis darauf, dass sie nicht auf seine Schultern landete. Er streckte ihr den Arm hin und wie ein abgerichteter Falke landete sie auf dem Unterarm. Ihren Kot bekam er so nicht ab und der Wiese machte es nicht wirklich etwas aus. Etwas Wildwiese, etwas glatter Rasen, wo sie ihr Geschäft erledigen konnte, wann immer sie landete.
Eines Abends erzählte Brunhilde, dass sie einen Prozess verloren hätte. Der betroffene Hotelbesitzer gab ihr die Schuld, dass er nun Schadensersatz zahlen müsste. Doch sie war sich schon im Vorfeld sicher gewesen, dass er den Prozess verlieren würde, und hatte ihm geraten, einen Vergleich anzubieten.
In seinem Hotel hatte er einen Wellnessbereich angeboten, der sich allerdings als eine Ecke von zwei mal zwei Metern darstellte. Und das auch noch im Bereich der Hotelbar. Der Erholungsbereich bestand aus einem Schaukelstuhl, einem Regal mit alten Büchern und einer Solarbirne, die eingeschaltet werden konnte. Dies hatte mit einem Solarbereich so wenig zu tun, wie ein Ruheraum über einer Kegelbahn, was sie

auch schon erlebt hatte. Damals war der Besitzer einsichtig gewesen. Er hatte den Ruheraum in einen Erlebnisraum umgerüstet und den Vergleich angenommen.
Nicht so der Besitzer vom Hotel ›Meeresbrise‹.
Dass er sie der Unfähigkeit betitelte, machte ihr nichts aus, dass er aber in der Dorfkneipe über sie schlecht redete, das störte sie schon. Ihn wegen Rufschädigung zu verklagen, kam für sie aber nicht in Betracht. »So was regeln wir unter uns, da brauchen wir keine Städter für«, war ein Ehrencodex, dem sich alle unterwarfen. Eigentlich klappte es auch, aber dieser Mensch machte es ihr schwer, sich auch daran zu halten. Schon mit einigen Leuten aus der Gegend hatte er sich angelegt und Unfrieden gestiftet.
»Lass mal mein Liebes, ich kümmere mich drum. Zeit, dass er mal eine Lektion bekommt.«
»Was willst du tun? Ihm den Mund verbieten? Das kannst du bei diesem Lackaffen vergessen. Da gehören schon andere Mittel dazu, um ihn ruhig zu stellen. Oder willst du ihn verprügeln, mein Held?«
»Nein, ich habe mir da eine andere Methode ausgedacht.«
Schon am nächsten Morgen freute er sich, dass er seinen Plan umsetzen konnte. Denn seine Gehilfin war gekommen. Chilaili.
Bernd fütterte sie an dem Morgen mit einigen Leckereien. Fisch und Eis. Er hatte im Laufe der Zeit gemerkt, dass sie bei Eis einen besonderen Kot von sich ließ. Ätzend und vor allem bunt.
Dann verließ er den Garten und ging in Richtung Hotel ›Meeresbrise‹. Circa fünfzehn Minuten Fußweg war das Hotel von ihrem Haus entfernt. Immer wieder mal nach oben schauend, sah er seine ›Mittäterin‹ für den Plan, dem Lackaffen einen Denkzettel zu verpassen.
Am Hotel angekommen, ging er zu dem Parkplatz und zu dem roten Cabriolet. Das Auto vom Besitzer des Hotels. Eigentlich hatte er gedacht, der Wagen wäre mit dem schwarzen Vinyldach geschlossen.

Doch der Wagen war offen, das Verdeck heruntergefahren und die hellen Sitze leuchteten in der Morgensonne. Bernd freute sich über diese verbesserten Voraussetzungen für seinen Plan.

Er stellt sich neben den Wagen und holte einen keinen Fisch aus der Tüte, die er für diese Aktion mitgenommen hatte.

Dann hielt er seinen Arm hoch. Darauf hatte Chilaili nur gewartet. Fast im Sturzflug kam sie auf ihn zu. Bernd nahm den Fisch, legte ihn auf die Kopfstütze des Vordersitzes und zog seinen Arm zurück.

So, wie er es sich erhofft hatte, landete Chilaili auf der Kopfstütze und entleerte sich natürlich beim Abbremsen. Genau auf den Sitz. Dann verschlang sie den Fisch und war auch schon wieder in der Luft.

»Wunderschöne bunte Farben. Danke, mein weißer Vogel. Sehr gute Arbeit«, meinte er lächelnd und er winkte der Möwe hinterher, die den Weg zum Meer suchte. Bernd machte ein Foto und ging wieder nach Hause.

»Schau mein Schatz. Nun weißt du, warum Chilaili schon mal den Rest vom Fisch oder vom Eis bekommt.« Er zeigte ihr auf der Kamera das Bild.

Sichtlich erfreut drückte sie ihren Mann und sie beschlossen, am Abend in die Dorfkneipe zu gehen. Zum beschissenen Lackaffen. Allen Bekannten und »besonderen Freunden« des Hotelbesitzers zeigte er das Foto und alle amüsierten sich. Klar, dass sie ihm die Geschichte nicht glaubten, aber alle gönnten dem Lackaffen dieses ›Missgeschick‹.

Bernd hatte beschlossen ihm das Vergnügen, mit offenem Verdeck zu fahren, solange zu vermiesen, bis er aufhörte, seine Frau schlechtzureden.

Chilaili war noch jung und er auch.

Das Haus am Meer

Evelyn Kühne

Clara sah sich begeistert in ihrem neuen Heim um. Gerade hatte ihr Mann Andreas noch ein Bild aufgehangen. Es war das Einzige, was sie von den alten Stücken retten konnten. Die Möbel waren von der feuchten Salzluft so angegriffen, dass sie entsorgt werden mussten. Und nun hing das Bild im Wohnzimmer über dem kleinen Kamin.

Sie wusste noch genau, wie sie das Haus entdeckt hatten. Am Wochenende waren sie mit den Fahrrädern ans Meer gefahren. Der Tag war einfach perfekt, am blauen Himmel segelten weiße Möwen in kühnen Schwüngen über ihnen hinweg. Sie hatten sich in die Dünen gelegt und waren kurze Zeit später fest eingeschlafen. Wind, der heftig an ihren Haaren zauste, hatte Clara geweckt, der Himmel war mittlerweile dunkelgrau verfärbt. Im letzten Moment retteten sie sich in den Dünenwald und da entdeckten sie es. Ein kleines Haus mit einem verwunschenen Garten. Andreas nahm ihre Hand, stieg über den Gartenzaun und beide quetschten sich unter das winzige Vordach. So schnell wie der Regenguss gekommen war, verschwand er auch wieder.

Neugierig schauten sie durch die Fenster und sahen ein paar alte Möbelstücke. Das Haus schien schon länger leerzustehen. Als sie ihre Fahrräder nahmen, bückte sich Clara und hielt das Verkaufsschild eines Maklers in den Händen. Beide sahen sich an und ihr Mann meinte, dass es einen Versuch wert war, anzurufen.

Gleich am nächsten Tag griff Clara zum Telefon, der Makler musste in seinen Unterlagen erst ein wenig suchen, erinnerte sich dann aber an das Grundstück. Am Nachmittag vereinbarten sie einen Besichtigungstermin. Das Haus war in einem verhältnismäßig guten Zustand, sicher musste noch einiges gemacht werden, aber der Preis war wirklich unschlagbar.

Alles war dann ganz schnell gegangen, sie hatten den Vertrag unterschrieben und jede freie Minute in ihrem neuen Zuhau-

se verbracht. Familie und Freunde hatten mitgeholfen und so war in kurzer Zeit das Haus bewohnbar geworden. Heute war nun der Möbelwagen vorgefahren und ab sofort waren sie hier zu Hause.
Am Abend lagen sie erschöpft und glücklich in ihrem Bett und lauschten dem Wind, der ums Haus strich. Andreas hatte ihr noch einen Kuss gegeben und schnell waren sie eingeschlafen.
Mitten in der Nacht schreckte Clara hoch, irgendein Geräusch hatte sie geweckt. Da hörte sie es wieder, über ihnen auf dem Dachboden lief jemand. Man hörte ganz deutliche Schritte und dann ein Scharren, als ob jemand etwas über die Dielenbretter schieben würde. Gerade als sie ihren Mann wecken wollte, verstummten die Geräusche. Sie lauschte noch eine Weile, doch alles blieb still. Achselzuckend schlief sie wieder ein.
Am nächsten Morgen setzte Clara sich mit einer Tasse Tee auf ihre Couch. Ihr Mann war bereits zur Arbeit gefahren und sie überlegte, was sie heute am besten tun sollte. Da hörte sie die Geräusche wieder. Kurzentschlossen streifte sie sich dicke Socken über und stieg nach oben. Jetzt hörte man es deutlich, auf dem Dachboden lief jemand. Sie nahm die Leiter von der Wand und lehnte sie an die Dachluke. Vorsichtig öffnete sie die Klappe ein wenig und spähte hindurch. Der Dachboden war vollkommen leer. Durch den Spalt erkannte sie nur einen alten Schrank und einen Ohrensessel.
Clara öffnete die Luke ganz und stieg nach oben. Im Lichtstrahl, der durch das kleine Fenster hereinfiel, tanzten die Staubkörner. Sie bückte sich und blickte hinaus, der Blick ging weit über den Strand und das Meer. Neugierig geworden öffnete sie den Schrank und dachte schon, er wäre leer, als sie ganz an der Seite ein weißes Kleid entdeckte. Es war aus feinem, leichten Material gemacht. Am Ausschnitt war eine kleine Blütenstickerei angebracht und es verströmte einen zarten Duft nach Kamille.
Clara klemmte sich das Kleid unter den Arm und stieg wieder

hinab. Vor dem Schlafzimmerspiegel, zog sie ihren Jogginganzug aus und schlüpfte hinein. Es schwang leicht und beschwingt um ihren Körper und wirkte, als wäre es für sie gemacht. Wie sie sich so im Spiegel betrachtete, kam Clara plötzlich eine Idee. Sie lief die Treppen hinab und betrachtete das alte Bild über dem Kamin. Darauf war eine junge Frau, sie stand in den Dünen, schaute wartend aufs Meer. Und sie trug ein weißes Kleid, nicht irgendeines, sondern genau so eines, wie sie jetzt anhatte.

Das Klingeln des Telefons riss sie aus ihren Gedanken, ihr Mann war am anderen Ende und teilte ihr kurz mit, dass er heute ein wenig später kommen würde.

Also hatte sie den Tag zur freien Verfügung und entschloss sich, ins kleine Dorf zu fahren und ein paar Besorgungen zu machen. Das weiße Kleid hängte sie sorgfältig in ihren Schrank.

Der kleine Dorfladen hatte alles, was man für den täglichen Bedarf so brauchte. Im Sommer wurde er sicher von Urlaubern geflutet, doch nun im Herbst war sie allein im Geschäft. Die Verkäuferin sah sie neugierig an. »Na, sie nutzen wohl noch einmal die letzten schönen Tage? Das Meer ist einfach immer schön, auch im Herbst.«

Dem konnte Clara nur zustimmen. »Aber ich bin keine Urlauberin«, ergänzte sie. »Wir haben uns ein Haus gekauft, unten im Dünenwald.«

Die Verkäuferin sah sie mit einem seltsamen Blick an, sie hätte ihn nicht richtig beschreiben können. Es war eine Mischung aus Überraschung, Entsetzen und Angst, ja, Angst sah sie auch in ihrem Blick. Hastig kassierte die Frau sie ab und hatte es dann plötzlich sehr eilig. Clara trug verwundert ihre Einkäufe zum Auto und warf noch einen letzten Blick zurück. Die Verkäuferin stand mit einer anderen Frau am Fenster und beide sprachen zweifellos über sie.

Wieder zu Hause, packte sie die Einkäufe in den Kühlschrank und wollte gerade in den Garten gehen. Da fiel ihr Blick auf den Küchentisch. Auf ihm lag ein aufgeschlagenes Buch, geradeso als hätte jemand eben noch darin gelesen. Clara betrachtete die alte Schrift des Titels, es ging anscheinend um Seezeichen, zumindest war auf dem Bild ein altes Segelschiff vor einem Leuchtturm. Das Buch hatte sie vorher nie gesehen, auch Andreas gehörte es nicht, war sie sicher.

Den Rest des Tages verbrachte sie mit Gartenarbeit und versuchte, die Beete ein wenig vom Unkraut zu befreien. Gegen Abend bereitete sie ein kleines Abendbrot zu und wartete auf ihren Mann. Anscheinend war sie auf der Couch eingeschlafen. Im Haus war es mittlerweile stockdunkel, es war fast acht und Andreas war noch nicht da. Sie wollte gerade den Fernseher einschalten, als sie eine Bewegung vor dem Fenster sah. Clara schaute hinaus und glaubte, eine weiße Gestalt zu sehen. Als sie jedoch an der Tür war, erblickte sie nur einen leeren Garten.

Vermutlich war die letzte Zeit doch etwas zu viel für sie gewesen, sagte sie sich.

Das Heimkommen ihres Mannes hörte sie nicht mehr und schlief bereits tief und fest. Gegen zwei wurde sie wieder von den Schritten über ihr geweckt. Diesmal weckte sie Andreas sofort.

Verschlafen lauschte er, drehte sich dann auf die andere Seite und murmelte nur: »Ich höre nichts, schlaf weiter, vielleicht ist es der Wind.« Doch Clara konnte nicht schlafen, sie lauschte, doch alles blieb still. Sollte sie sich das alles wirklich einbilden, das konnte nicht sein. Da war ja auch noch das Buch auf dem Küchentisch, es war mit Sicherheit vorher nicht da gewesen.

Die nächsten Tage blieb alles ruhig, sie hatte Andreas auf das Buch angesprochen, doch er hatte nur mit den Achseln gezuckt. So langsam glaubte sie auch, dass mit ihr die Fantasie durchgegangen war.

Ab heute war sie für eine Woche allein, Andreas war auf einer Dienstreise. Der Herbsttag war so wunderschön, dass sie beschloss, einen langen Strandspaziergang zu machen. Gemütlich lief sie am Wasser entlang zum alten Leuchtturm.

Sogar der kleine Imbisswagen war geöffnet und sie holte sich bei der älteren Frau einen Tee. Beide Frauen kamen ins Gespräch und plauderten über alles Mögliche. Schließlich erwähnte Clara, wo sie wohnte.
Die ältere Frau schaute nachdenklich aufs Meer. »Da wohnen sie also in Rosies altem Haus.«
Fragend sah Clara die Frau an. »Rosies Haus?«
»Eigentlich hieß sie Rosemarie, doch alle nannten sie nur Rosie. Als sie starb, wurde gerade meine jüngste Tochter geboren, ein Nachzügler. Ich weiß es noch wie heute, damals gab es im Dorf nur ein Thema. Rosies Mann war Fischer und fuhr zur See. Eines Tages kam Sturm auf, alle Männer blieben im Hafen, doch er fuhr hinaus. Rosie war eine verwöhnte Frau, sie schwelgte gern im Luxus. Es war für ihn sicher nicht leicht, ihr das Leben zu bieten, welches sie wollte. Ich weiß noch, sie trug immer so ein weißes Kleid. Es passte nicht so Recht hier her, aber sie selbst wohl auch nicht.« Clara zuckte bei diesen Worten innerlich zusammen, ein weißes Kleid.
Doch die Frau erzählte weiter. »Tja, er kam nicht zurück. Sie suchten ihn, doch er blieb verschwunden. Das Meer schien ihn geholt zu haben. Ich sehe sie noch vor mir, sie stand in den Dünen, tagelang, und wartete auf ihn, doch er kam nicht. Nach einer Woche wurde ihr Leichnam am Strand gefunden. Sie war ins Wasser gegangen, mit ihrem weißen Kleid. Ein halbes Jahr später tauchte ein Mann im Ort auf, es war der verloren geglaubte Fischer. Sein Boot war gesunken und ein großes Schiff hatte ihn wohl gerettet. Doch sein Gedächtnis war verschwunden, er wusste nicht mehr, wer er war. Als es ihm wieder einfiel, kam er zurück, doch Rosie war tot. Das alles ist jetzt über zwanzig Jahre her. Er hat noch eine Weile im Haus gewohnt, seit er auszog, steht es leer. Man sagt … na ja man sagt, Rosie schleicht dort immer noch umher, in ihrem weißen Kleid.« Fast entschuldigend lächelte sie. »Das ist eben der Volksmund.«
Clara ging später wie betäubt nach Hause, sie wusste nicht, was sie von der Geschichte halten sollte.

Ihr Haus sah sie schon von Weitem, das lag vor allem daran, dass sämtliche Fenster hell erleuchtet waren. Erst dachte sie, ihr Mann wäre wieder da, doch alle Räume waren leer. Clara ging nach oben und wollte das weiße Kleid aus dem Schrank holen. Doch so sehr sie suchte, es war nicht da. Von einer Ahnung getrieben, stieg sie auf den Dachboden und da hing es, an dem Platz, an dem sie es das erste Mal gefunden hatte. Clara war unsicher, ließ es aber schließlich in dem alten Schrank hängen.

Beim Zubettgehen schaute sie aus dem Fenster und es schien ihr, als ob in den Dünen eine weiße Gestalt unbeweglich stand und aufs Meer schaute.

Kurz überlegte sie, ihren Mann anzurufen, doch was sollte das bringen? Sie selbst glaubte nicht an solche übernatürlichen Geschichten. Unruhig legte sie sich ins Bett und fand lange keinen Schlaf.

Anscheinend war sie dann doch irgendwann weggedämmert. Mitten in der Nacht erwachte sie, weil ihr furchtbar kalt war. Ihre Zähne schlugen aufeinander und ihre Lippen zitterten. Irritiert sah Clara sich um, denn das Wasser rauschte ganz laut in ihrer Nähe. Um sie herum war Sand, sie lag mitten in den Dünen. Sie schaute an sich hinunter und bemerkte, dass sie das weiße Kleid trug und der Wind heftig an ihm zerrte. Vor ihr toste die See und zog sie magisch an. Langsam Stück für Stück ging sie weiter auf das Meer zu. Es war, als wenn eine innere Stimme sie anlockte. Erst umspülte die Brandung ihre Füße, dann ihre Knie. Als sie fast bis zur Brust im Wasser stand, erreichte sie eine große Welle und warf sie fast um. In diesem Moment erwachte ihr Lebenswille, hastig versuchte sie, auf die Beine zu kommen und rettete sich mit letzter Kraft ans Ufer.

So schnell sie konnte, lief sie zum Haus, unterwegs zerrte sie sich das Kleid vom Körper. Im Schlafzimmer zog sie sich zitternd trockene Sachen an, nahm unten das Bild von der Wand und schleppte es in den Garten. In einer Ecke lag ein großer Holzstapel, sie legte Kleid und Bild darauf und über-

goss alles mit Spiritus. Dann warf sie ein Streichholz auf die Flüssigkeit und kurz darauf brannte der Haufen lichterloh.
Noch eine ganze Weile beobachtete sie das Spiel der Flammen, langsam wurde ihr wärmer. Als das Feuer verlosch, ging sie ins Haus und legte sich auf die Couch. Am Morgen weckte sie die Sonne, die in ihr Gesicht schien. Von den Ereignissen der letzten Nacht kündete nur noch ein Haufen Asche im Garten.
Heute, fünf Jahre später, läuft ein kleines Mädchen auf unsicheren Beinen durch den Garten, es trägt ein leichtes, weißes Kleidchen. Den Geist von Rosie aber, den hat Clara nie wiedergesehen.

Wie eine weiße Leinwand

Stella Delaney

Frag mich nicht, wie lange ich einfach nur dasaß und die Wand anstarrte. Diese verdammte Wand. Sie ist weiß. Sie ist makellos. Sie macht mich wahnsinnig.
Doch einfach die Augen zu schließen ist keine Alternative. Denn jedes Mal, wenn ich das tue, sehe ich nur eines: dein Bild, in leuchtenden Farben. Eine Momentaufnahme, die nur in meinem Kopf existiert, von dem Tag, an dem wir zum ersten Mal ernsthaft über unsere gemeinsame Zukunft gesprochen haben. Dein strahlendes Lächeln. So hast du nie wieder gelächelt, seit -
Fast gewaltsam zwinge ich meinen Blick und meine Gedanken zurück an die Wand.
Warum zur Hölle sind diese Krankenhausflure immer weiß? Wer denkt sich das aus? Soll das sauber wirken oder vertrauenserweckend?
Für mich ist alles hier ein verdammtes Déjà-vu. Vor nicht ganz einem Jahr sah ich mich schon einmal auf so einem Flur. Ein anderes Krankenhaus, aber Wände in derselben Farbe. Dieselbe endlose Warterei. Dieselbe Verzweiflung.
»Hast du dich je gefragt, welche Farbe der Wahnsinn hat? Ein grelles Rot, so schrill und kreischend, dass es die Stimme deiner Vernunft vollkommen übertönt? Ein tiefes Schwarz, so düster und unergründlich, dass du deine Seele darin verlierst? Für mich ist es keins vom beidem. Für mich ist der Wahnsinn weiß. Einfach nur weiß.«
Damals klang deine Stimme so sanft und irgendwie verschwommen. Fast automatisch hatte ich deine Hand gestreichelt. Natürlich lag es an all den Medikamenten und der Narkose, die du gerade hinter dir hattest. Es waren nur Worte, wie im Traum gesprochen, ohne jede tiefere Bedeutung.
Trotzdem geisterten genau diese Worte durch meine Gedanken, als ich nach einer Wohnung für uns suchte. Ich wollte deshalb kein Bad mit weißen Fliesen und keine weißen Ein-

bauschränke in der Küche. Die ursprünglich weißen Wände strich ich sorgfältig, jeden Raum in einer anderen Farbe. Das Schlafzimmer bekam ein zartes hellblau. Doch ich vergaß die Decke. Ich vergaß alle Decken. Sie waren und blieben weiß. Nur ein unwichtiges Detail, oder?
Du hast all diese Wände sorgfältig gemustert, als ich dich zum ersten Mal in unser neues Zuhause brachte. Ich sehe dich noch vor der blass-blauen Wand im Schlafzimmer stehen, in einem hellgrauen T-Shirt, dunklen Jeans und einer großen grauen Strickjacke, deren Ärmel das weiße Pflaster auf deinem Handrücken verdeckte. Die perfekte Farbharmonie, wie bei einem Kunstwerk. Auch dein Gesicht wirkte weiß, fast durchsichtig. Dein Lächeln war schwach, aber es war da. Daran hielt ich mich fest. Wir würden es schaffen. Wir mussten.
Doch hier, während ich auf diese schmerzhaft perfekte Wand starre, wird mir plötzlich klar, wie falsch ich lag.
Für mich waren die weißen Wände eine leere Leinwand, auf die ich, in blassen, aber bunten Farben, unsere Zukunft malte.
Für dich wurde die weiße Decke zur perfekten Projektionsfläche für die all die Erinnerungen, die du nicht abschütteln konntest. Für die Bilder, die dein Verstand wieder und wieder abspielte, ob du wolltest oder nicht. Ein Film in Endlosschleife.
So oft kam ich von der Arbeit nach Hause und fand dich in dem Zimmer, das du zu deinem Rückzugsort erklärt hattest. Ich wollte mit dir reden, oder einfach nur bei dir sein, so wie früher. Aber du warst nie wirklich da.
»Ich bin müde.« Immer dieser Satz, immer und immer wieder. Zwischen uns herrschte Stille, Leere. Nur selten brachten wir genug Kraft auf, uns zu streiten. Und noch seltener waren da diese kleinen Momente, die Funken in der Dunkelheit, die mich Hoffnung schöpfen ließen.
Deswegen war ich auch so überrascht, als ich am Abend nach Hause kam und alles anders war. Schon im Hausflur roch es

nach meinem Lieblingsessen, und als ich die Türe aufschloss, fand ich dich in der Küche, über den Herd gebeugt, ein Lächeln auf dem Gesicht. Ein müdes, angeschlagenes Lächeln, aber gleichzeitig das schönste auf der ganzen Welt.
Den Rest des Abends verbrachten wir auf dem Sofa. Kein Fernseher, keine Musik, nur du und ich. Wir hätten reden können, aber das wollte ich plötzlich nicht mehr. Zu groß war meine Angst, dieses Wunder zu zerstören. Ich hielt dich im Arm, zum ersten Mal seit Monaten, einfach nur dankbar und glücklich. Der Moment hätte von mir aus ewig dauern können.
Der Schmerz, der mich plötzlich durchfährt, ist grell und weiß wie ein Blitz. Noch immer starre ich auf die Wand, unfähig mich abzuwenden.
Da war diese dunkle Vorahnung, als ich mitten in der Nacht aufwachte. Klar, vielleicht rede ich mir das auch nur ein. Rückblickend sieht man immer schärfer. Tatsache ist aber, dass ich unruhig wurde, und meine Hand nach deiner Hälfte des Bettes ausstreckte. Sie war leer. Nichts außer der glatten, kühlen Oberfläche des Lakens.
Kein Grund zur Panik. Du bist so oft nachts aufgestanden, wenn du nicht schlafen konntest, immer darauf bedacht, mich nicht zu wecken. Nichts Ungewöhnliches also. Doch mein eigener rasender Herzschlag war anderer Meinung.
Der Flur war dunkel, nur ein schmaler Streifen aus weißem Licht fiel von der fast ganz geschlossenen Badezimmertüre auf den Boden. Meine Hand bewegte sich automatisch, als gehöre sie nicht zu mir. Die Tür schwang auf und unsere Blicke trafen sich. Einen Moment lang waren deine Augen leer, dann füllten sie sich mit Überraschung, und schließlich mit Schuld. Ich verstand nicht. Bis der kleine Gegenstand aus deiner Hand mit einem metallischen Geräusch auf den Boden fiel und ich die roten Linien entdeckte. Auf deinem Arm, auf dem Boden, überall.
Wut, Entsetzen, Verzweiflung, Angst – alle möglichen Gefühle brachen über mich herein wie gigantische Flutwellen.

Als ich wieder denken konnte, befand ich mich auf den Knien neben dir und versuchte verzweifelt, mit den Fingern die Blutung zu stoppen.
»Es tut mir leid.«
Diese einfachen und doch so gewichtigen vier Worte hallen immer noch in meinen Gedanken. Du hast sie wiederholt, immer und immer wieder, bis deine Stimme brach.
Und ich habe nichts gesagt. Ich konnte einfach nicht. Obwohl ich so viele Fragen hatte.
Wann ist das Weiß so unerträglich geworden, dass du es in einem Strom aus Rot ertränken musstest? Dass ein bodenloses, tiefes Schwarz, ein ewiges Nichts, der einzige Ausweg zu sein schien? Hätte ich etwas tun können, um dich aufzuhalten?
Den ganzen Weg ins Krankenhaus habe ich deine Hand gehalten. Und du meine. Wir konnten und wollten nicht loslassen, bis die Ärzte uns schließlich dazu zwangen.
Und jetzt wird die weiße Wand auch für mich unerträglich. Nein, nicht die Wand, sondern vielmehr die Bilder. Es ist nie die Leinwand, sondern das, was wir darauf projizieren.
Ich stehe auf und laufe ziellos den Flur entlang. Irgendwann finde ich mich an einem großen Fenster wieder. Die Kälte der Glasscheibe an meiner Stirn, so angenehm, fast beruhigend. Ich atme tief durch und öffne dann langsam die Augen.
Die Lichter der Stadt hinter dem Regen. Kleine Funken in der Dunkelheit. Wie Sterne.
Und dann ist da plötzlich dieser Gedanke, an den ich mich klammere wie an einen Rettungsring: Wenn es selbst in der größten Dunkelheit noch irgendwo winzige Lichter gibt, dann muss es doch auch im endlosesten Weiß kleine dunkle Punkte geben. Und so lange es diese Punkte gibt, ist es noch nicht zu spät. Man kann von ihnen aus Linien ziehen und die Flächen mit Farben füllen. Es ist eine gewaltige Aufgabe, die viel Zeit braucht, aber gemeinsam können wir es schaffen. Wenn wir diese Nacht überstehen, dann sollten wir es zumindest versuchen, meinst du nicht?

Weiß

wie das Leben

Verenas Farbspiel

Sandra Puland

»Tante Verena, Tante Verena«, rief Klein-Ella, als sie auf mich zulief.

Mein kleines Patenkind, Tochter meiner besten Freundin. Wie immer war ihr Mund verschmiert. Dieses Mal schienen es Schokolade und Marmelade zu sein.

Vorsichtig drückte ich die kleine Maus, immer darauf achtgebend, dass sie mir nicht den weißen Hosenanzug verschmutzte. Meine absolute Lieblingsfarbe, aber bei Kindern nicht wirklich angebracht.

»Ella, Schatz, sei so lieb, wasch dir deinen Mund«, sagte ich liebevoll und die Vierjährige wuselte in Richtung Badezimmer. Erst jetzt konnte ich meine Freundin Sonja umarmen.

Unsere Freundschaft bestand schon seit der Schule und wir hatten uns in all den Jahren nie aus den Augen verloren.

Ich bin bekennender Single. Ein Mann würde mein Leben durcheinanderwirbeln, und das konnte ich gar nicht gebrauchen. Dafür war ich zu gerne alleine, machte in meiner Wohnung, was ich wollte. Das Experiment Mann und zusammen wohnen hatte ich nach zwei Beziehungen als gescheitert betrachtet. Jeder wollte mehr Farbe in mein Leben bringen. Das viele Weiß war ihnen zu steril und langweilig. Dabei machte es die Zimmer so schön hell, selbst an dunklen Tagen und im Winter.

Zugegeben, ein bisschen übertreibe ich es schon einmal mit dieser Farbe.

Mit zwanzig hatte ich die Marotte, nur weiße Lebensmittel zu mir zu nehmen. Aber die Vielfalt fehlte einfach und so dauerte diese Phase nur kurz, denn eigentlich aß ich für mein Leben gerne. Weiße Schokolade war nun mal keine echte Schokolade.

Sonja vermied es, mit Ella zu mir zu kommen. Denn das kleine Wuselpaket schaffte es irgendwie immer, ein gewisses Schmutzpotenzial mit sich herumzutragen. Das wollte meine

Freundin meinem weißen Sofa und den Wänden nicht zumuten. Sie kannte mich eben sehr gut.
Dabei war Sonja in dieser Beziehung das genaue Gegenteil. Bunt, kreativ und bisweilen sehr chaotisch. Trotzdem bewunderte ich ihr System, in ihrer Unordnung stets alles wiederzufinden. Mich hätte das zur Verzweiflung gebracht. Jedes Ding musste an seinen Platz zurück. Für alles gab es Ablagen, natürlich in Weiß.
Nun könnte man meinen, bei mir müsste alles in dieser wunderbaren Farbe gehalten sein. Weit gefehlt. Ich liebte meine braunen langen Haare. Die farbigen T-Shirts und Blusen gaben dem Weiß meiner übrigen Kleidung erst die richtige Bedeutung. Setzten Akzente.
Aber auch in diese Richtung musste ich erst einmal reifen. Im Gegensatz zu den Goths, die ja alles in Schwarz trugen, kleidete ich mich komplett in Weiß. Meine Mutter schlug jedes Mal die Hände über dem Kopf zusammen, weil sie Panik hatte, ihre Waschmaschine müsste Überstunden machen. Dem war selten so.

Sonja, ihr Bauch wölbte sich schon wieder sehr weit. Obwohl noch vier Wochen Zeit waren, spannte die Kugel unter der Bluse ziemlich. Ein bisschen neidisch war ich, das gebe ich zu. So ein Baby hätte etwas. Aber dafür war noch Zeit. Erst einmal genoss ich das Patenamt, denn so konnte ich die kleine Nervensäge auch wieder abgeben. So richtig bereit war ich nämlich noch nicht für ein Kind, abgesehen von dem fehlenden Mann, aufgrund meiner weißen Leidenschaft.
»Du platzt ja fast. Gab es die Bluse nicht auch in deiner Größe?«, frotzelte ich ein wenig.
Sonja stupste mich mit ihrem Ellenbogen in die Seite.
»Nein, die wussten nicht, dass ein Kind Platz für zwei benötigen würde. Ich hätte nie gedacht, dass ein Junge so viel mehr Umfang erzeugt«, lachte Sonja. »Der kleine Mann macht es mir ganz schön schwer. Aber da muss ich jetzt durch. Ich wollte es nicht anders.«

»Wer nimmt eigentlich Ella, wenn es so weit ist?«
»Meine Schwiegermutter, sie wird sich für den Tag Urlaub nehmen. Momentan ist sie mit Manfred noch in den Ferien.«

Im Tiefschlaf vernahm ich vage ein Klingeln, das meiner Türglocke nahe kam. Mitten in der Nacht, wer konnte das sein?
Mit fast noch geschlossenen Augen tappte ich im Halbdunkeln zur Haustür. Nach dem Öffnen drückte mir ein sichtlich überforderter Rolf Ella in die Arme.
»Bei Sonja haben die Wehen eingesetzt. Zu früh. Ich weiß nicht, wem ich Ella jetzt sonst geben könnte.«
Schlagartig war ich wach. Das Schluchzen von Ella und ihre Tränen, die durch den Stoff meines weißen Nachthemdes drangen, machten mich munter.
»Geh nur, Rolf. Alles Gute. Und meldet euch.«
Rolf hatte sich schon umgedreht. Ich hörte seine Schritte, wie er die Treppe hinuntereilte.
Was sollte ich jetzt mit diesem weinenden Bündel anstellen?
Ich drückte Ella fest und umsorgend an meinen Körper.
»Wir gehen noch ein bisschen in mein Bett. Komm, Ella.«
»Mama«, schluchzte die Kleine. »Was ist mit meiner Mama?«
»Alles gut, Ella. Dein Bruder will heute schon auf die Welt kommen. Warte ab, bald hältst du ihn auch in den Armen«, beruhigte ich sie, mich eigentlich gleich mit.
Aber ich musste stark sein. Durfte mir meine Angst, dass etwas schieflaufen könnte, vor Ella nicht anmerken lassen. Aneinander gekuschelt schliefen wir ein. Bis mein Wecker klingelte.
Da lag jemand neben mir. Im ersten Moment wusste ich nicht, was los war, aber dann fiel mir Rolf ein. Ella.
Schnell stand ich auf und rief bei meinem Arbeitgeber an, um mir für diesen Tag freizunehmen. Dabei gab es kein Problem.
»Tante Verena«, schluchzte Ella erneut, »was ist mit Mama?«
»Mama geht es gut, Ella«, tröstete ich mein Patenkind.
»Aber sie hat doch so sehr geweint heute Nacht.«

»Ella, ich mach' dir einen Kakao.«
Mir fehlten die Worte. Wie sollte ich einem Kind die Schmerzen, die ich selbst nicht kannte, erklären und dass diese normal sind. In diesem Moment fiel mir lediglich Kakao ein. Warm und Schokolade. Das beruhigte die Nerven.
Während ich so vor dem Herd stand und der Milch beim warm werden zuschaute, hörte ich es im Schlafzimmer rumpeln. Schnell rannte ich dorthin.
Meine Augen blickten mit Entsetzen auf die Farbe, die meine weiße Wand verzierte. Ella grinste mich mit großen Augen an.
»Tante Verena«, sagte sie ganz unschuldig, »bei dir ist es so langweilig. Ich habe dir eine Wiese gemalt. Das sieht viel schöner aus.«
In der Tat, jetzt erkannte ich die Striche und Kreise als Gras und Blumen. Meine Fantasie sah sie. Irgendwie konnte ich Ella in diesem Augenblick nicht böse sein.

Am Nachmittag klingelte es erneut. Eine etwas erschöpfte Sonja und ein vor Freude strahlender Rolf mit einem Maxi Cosi in der Hand standen davor. Dieses Strahlen im Gesicht erstarb, als er vor Sonja den Flur betrat.
»Oh nein«, flüsterte er kaum hörbar. »Das tut mir leid, Verena. Wir werden für den Schaden aufkommen.«
Verwundert sah sich das Ehepaar an, weil ich zu lachen begann.
»Mama, Mama«, rief Ella und rannte auf Sonja zu. Diese wollte gerade mit Schimpfen beginnen.
»Lass mal«, sagte ich, »das war unser heutiges Projekt. Es hat richtig Spaß gemacht, mit Ella die Wände zu bemalen. Die beste Idee seit langem. Nicht mit Ella schimpfen. Ich koche jetzt noch einmal einen Kakao und wir begrüßen den kleinen Mann damit.«

Was soll ich sagen? Da bedurfte es eines Kindes, um von meiner zu weißen Vorliebe abzukommen. Seitdem sind meine

Wände farbig oder haben Bilder, um Farbe hineinzubringen. Nur im Schlafzimmer durfte Ellas Wiese bleiben. Als Erinnerung an diesen wundervoll verbrachten kreativen Tag.

Weißes Universum

Sally Bertram

Manchmal habe ich das Gefühl, zwischen zwei Leben zu sein. Dazwischen jedoch ist Weiß, unendliches Weiß.
Das eine Leben liegt hinter mir. Es ist ein schöner, wertvoller Teil. Es war bunt, nicht so farblos wie das jetzige Weiß. Ich blicke ohne Zorn und Trauer darauf zurück. Es diente mir als gute Lehre. Das war mein Leben, nur war es halt nicht wirklich für mich bestimmt. Viele schöne Momente hat mir das fremde Leben beschert, das lange mein Begleiter war. Wie ein Schatten wich es nicht von meiner Seite. Dankbar behalte ich die Erinnerungen, die es mir schenkte. Ob es auch mit Weiß angefangen hat? Fängt jedes neue Leben mit Weiß an?
Ich genieße das Weiß, das mich zurzeit umgibt. Es ist so rein. Wie ein leeres Blatt, das beschrieben werden will.
Ich finde nicht, dass Weiß keine Farbe ist. Auch wenn viele dies behaupten. Vielmehr ist Weiß eine Mischung aus allen Farben. Aber es ist noch undefiniert, für alles offen. Weiß wirkt langweilig, und dennoch steht es für unendlich viele Möglichkeiten. Manche behaupten gar, dass es ein Symbol für die Unendlichkeit und Unsterblichkeit an sich sei.
Eigentlich ist es ein weißes Universum, das mich umgibt und uns alle. Das Weiß wartet nur darauf mit Farbe gefüllt zu werden. Man muss sich selbst gewisse Farben daraus abstrahieren und sie benutzen, um etwas Neues kreieren. Es ist die weiße Leere, die mit neuem Leben erweckt werden will.
Und ich spüre, es gibt ein neues Leben, das auf mich wartet. Ich blicke auf es voller Freude und innerer Zufriedenheit. Es ist das Leben, das für mich bestimmt zu sein scheint. So lange habe ich von ihm geträumt und es schien immer unerreichbar. Jetzt ist es nah. Es ist greifbar. Ich habe einen Neuanfang, ein weißes Blatt Papier. Es liegt an mir, dieses nach meinem Belieben zu füllen. Das weiße Universum hat sicherlich noch viele Überraschungen für mich bereit. So wanke ich glücklich in mein neues Leben, durch eine lange weiße Leere.

Bibliothek der Farben

Ursula Kötz-Tintelnot

Eliana las in Farben und hörte ihnen zu. Sie besaß ein tiefes Wissen über die Energie und die Macht, über die sie verfügten. Sie hörte blutiges Rot gereizt mit dem zweideutigen Violett streiten. Horchte auf die warmen Töne des erdgebundenen Braun, lachte über den Humor von Türkis und amüsierte sich über das kokette Lispeln von Rosa. Sie fühlte sich wohl, wenn das herbe Grün von werdendem Leben und beginnender Liebe sprach.

Sie liebte das Gelb, die Farbe der Sonne, der Freude und die Farbe der Freiheit. Das kraftvolle Orange, das Heiterkeit und Lust am Leben symbolisierte.

Blau erzählte von Reisen in die Ferne. Es war die Farbe des Himmels und des Wassers. Eingehüllt in diese Farbe empfand sie Ruhe und Gelassenheit.

In der richtigen Mischung konnten diese Farben alles bewirken. Sie waren stark und voller Magie. Ein Lichtstrahl, aus der richtigen Farbmischung zusammengestellt, wurde hart wie Stahl. Mühelos trug eine solche Farbbrücke alles. Die richtigen Farben miteinander heilten. Falsch zusammengestellt machten sie süchtig und depressiv, sie konnten sogar töten.

Das alles wusste Eliana und sie nahm sich jeden Tag die Zeit, einige der Karaffen, in denen sie die Farben aufbewahrte, zu öffnen, um ihren Erzählungen zu lauschen und zu lernen. Hier ließ sie sich ungern stören. Die Stunde in der Farbbibliothek war die Zeit der Entspannung, die sie mit niemandem teilen wollte.

Sie saß in einem der bequemen rostfarbenen Sessel und hörte zu. Vor ihr auf dem Tisch lagen die silbernen Stöpsel, mit denen sie die Kristallbehälter verschloss, wenn sie die Bibliothek verließ. Leuchtendes Granatrot, Safrangelb, Lapislazuliblau, Violett und dunkles Blau erzählten Geschichten aus alten Zeiten.

Eliana besaß eine besondere, sehr seltene Gabe. Sie extrahier-

te aus dem Himmelsblau, den Sonnenstrahlen und den farbigen Blüten jede noch so zarte Schattierung. Sie sammelte pudrige sanfte Töne aus dem Staub der Schmetterlingsflügel. Aber auch aus Stimmungen löste sie die schönsten Farben, um sie in ihren kostbaren Kristallgefäßen aufzubewahren.
Die Heiterkeit ließ ein brillantes Orangerot zurück, der Lust entnahm sie flirrendes Silber. Selbst der Dunst, der am Morgen und am Abend die Landschaft einhüllte, hinterließ zarte, helle Töne. Dunkles Grau tobte in dickwandigen Gläsern, der Sturmwolke gleich, aus der es stammte. Das Öl reifer Oliven hinterließ pures, funkelndes Gold.
Musik enthielt so viele Farbnuancen, dass die Behälter mit den verschiedenen Tönungen eine ganze Wand füllten.
Das Lachen ihrer Kinder schenkte Eliana das helle Grün für das erwachende Leben und ein tiefes Blau für die Hoffnung. Leanders Zuneigung das Glutrot der Liebe. Ungebrochen entstand aus alldem das königliche Weiß.
Ein Leben ohne Farben, wie schrecklich musste das sein.

Nur Weiß geht gar nicht

Erich Röthlisberger

Schneeweiß im Gesicht lag die alte Frau regungslos in ihrem Bett.

Seit langer Zeit war sie bettlägerig und konnte nicht mehr selber aufstehen. So lag sie von morgens früh bis abends spät in ihrem neu bezogenen Zimmer eines Altersheimes in ihrem Bett.

Nachdem die Greisin zu Hause mehrere Male übel gestürzt war, hielt man es für besser, wenn sie sich in die Obhut von Fachleuten begab.

Bis vor Kurzem noch eine aktive Spaziergängerin, war es für sie nach einem weiteren Sturz nicht mehr möglich, in der alten Wohnung den Haushalt selber zu betätigen und selbstständig leben zu können.

Der Umzug in das Altersheim war nicht mehr vermeidbar. Mehr oder weniger ohne Widerstand ließ sie damals den Umzug von zu Hause in das neue Zuhause über sich ergehen. Jedoch bewirkte der plötzliche, vor allem unerwartete Wohnortswechsel, dass sie zu einem Häufchen Elend zerfiel. Sie hatte in Kürze jeglichen Lebensmut verloren.

Was früher einmal war, gehörte für sie nun gänzlich der Vergangenheit an.

Damals, noch in ihrer gewohnten Umgebung lebend, hatte sie die Erscheinung einer edlen, aber doch einfachen Dame. Immer toll frisiert, adrett angezogen, zu den Nachbarn freundlich und lächelnd. Auch einem kurzen Schwatz war sie selten abgeneigt.

Jetzt, ja jetzt lag sie, sich abgeschoben vorkommend, in diesem Bett. Allein gelassen im Einzelzimmer in diesem riesigen anonymen Wohnblock des Altersheimes und starte mit geradeaus gerichteten Augen nur noch an die weiße Decke.

Auch wenn die Pflegerin zur Visite kam, die versuchte die Greisin ein wenig aufzusetzen und mit ein paar freundlichen

Worten aufzumuntern, blieb sie stumm und bewegungslos. Sogar nachdem das weiße Bettlaken auf dem Balkon ausgeschüttelt und die Frau wieder sorgsam zugedeckt wurde, zeigte sie keine Lebensfreude. Kein Wort verließ mehr ihre Lippen. Kein Lächeln flog über ihr einst so freudiges Gesicht.
Hatte ihr Verhalten etwas mit der neuen Umgebung zu tun? Egal wo man hinblickte, der gesamte Wohnbereich war in neutralem Weiß gehalten. Die Wände, die Vorhänge, die Bettwäsche, das Nachthemd und sogar die Bettstatt waren weiß. Mittendrin die weißhaarige alte Frau, die jede Farbe im Gesicht verloren hatte und durch ihren weißen Teint beinahe durchsichtig schien.
Alles sollte sich ändern. Bis es nach einigen Tagen an der Eingangstüre klopfte und eine vierköpfige Familie zu Besuch kam. Ein Elternpaar mit zwei jungen, aufgeweckten Mädchen trat ein, um die Frau zu begrüßen.
Die Frau war die Tochter der alten Frau und die Mädchen ihre Enkelinnen.

Die zwei quirligen Mädchen wollten wissen, wie es ihrer Großmutter am neuen Ort, wo sie jetzt wohnte, gefiel. Doch zuerst erschraken sie, als sie das weiße Zimmer betraten.
Schnell kam man ins Gespräch. Doch recht bald musste die Familie feststellen, dass die alte Dame nicht mehr sprechen und lediglich ihre Ruhe wollte.
Wie Kinder so sind, erkundeten die beiden Mädchen das Zimmer, öffneten ungeniert die Schränke und schauten sich auf dem Balkon um.
Bis das kleinere der Beiden vor seine Mutter stand und sie verwirrt fragte: »Du Mama, warum ist hier alles Weiß? Es gibt ja gar keine Farben!«
Die Eltern der beiden Mädchen schauten sich gegenseitig etwas erstaunt an und doch … es geschah etwas mit ihnen.
Sie verabschiedeten sich kurzum von der Altersheimbewohnerin und versprachen, bald wieder zu Besuch zu kommen.
Tatsächlich, ein paar Tage später standen sie erneut im Zim-

mer. Diesmal waren sie mit einigen großen Taschen beladen angereist. Sogar jedes der Mädchen schleppte einen riesigen Sack hinter sich her.
Als Erstes zeigten die Kinder ihrer Oma die schönen farbigen Zeichnungen, die sie extra für sie gemalt hatten.
Die Mutter der Mädchen nahm zwei Kissen, ein oranges und ein gelbes, aus der Tasche, legte eine farbige Decke über den Lehnstuhl und drapierte die Kissen dazu.
Der Mann schlug Nägel in die Wand, um Bilder aufzuhängen, worauf die zwei Enkelkinder lachend in einem Garten zu sehen waren.
Den weißen Esstisch zierten plötzlich eine hellgrüne Tischdecke und ein Strauß mit bunten Wiesenblumen.
Der Oma wurde ein hellblaues Nachthemd mit kleinen gelben, aufgedruckten Blümchen darauf angezogen und vor das Bett ein rutschfester, vielfarbiger Teppich gelegt.
An die weißen Vorhänge befestigten die Mädchen mit Sicherheitsnadeln bunte, feine Tücher, welche sanft leuchteten, sobald sie von der Sonne beschienen wurden.
Es dauerte nicht lange und das ganze Zimmer schien wie ausgewechselt. Dies durch ein paar gezielt eingesetzte, einfache Utensilien. Urplötzlich war das langweilige fade, triste Weiß verschwunden.
Innerhalb weniger Tage entschwand durch die Umgestaltung des Raumes auch die weiße Farbe aus dem Gesicht der alten Frau. Langsam breitete sich wieder ein leichter rötlicher Teint auf ihrem Antlitz aus.
Die vier Familienangehörigen staunten bei einem ihrer nächsten Besuche nicht schlecht, als ihre Oma toll frisiert, adrett und recht bunt angezogen mit einem breiten Grinsen im Gesicht im Lehnstuhl saß und sagte: »Diese Häkeldecke gebe ich nicht mehr her«.
Toll sah die alte Lady in ihrer über alles geliebten Decke aus, die ihr die zwei Mädchen aus selbst gestrickten vielfarbigen Quadraten zusammengenäht hatten.
Bei weiteren Visiten durften die sich liebenden fünf Men-

schen noch an einigen schönen Stunden und unvergesslichen Momenten erfreuen.
Bis eines Tages die Tochter der alten Dame den Bescheid erhielt, dass ihre Mutter mit einem friedlichen Lächeln im Gesicht durch den Tunnel auf das weiße Licht zugegangen sei.

Weiß umspielt

Freimund Pankow

Mir macht man nichts weis:
Die Welt weiß nichts mehr von Weiß!
Was interessiert's den Naseweis,
auch er weiß nichts davon.
Wer aber weiß etwas?

Eines weiß ich genau:
Es sind zu viele weiße Flecken,
auf der Landkarte
der Menschlichkeit.

Die weiße Taube des Friedens
weiß nicht mehr weiter.
Weist ihr ein Weiser den Weg?
Wer weiß.

Wohlweislich behalte ich für mich:
Sehnt man sich wieder
nach unweisen Führern,
die Landschaften und ganze Länder
weißelnd von der Karte tilgen?
Diesmal wird am Ende alles weiß sein.

Wirklich: Es muss geweißelt werden. Jetzt!
Denn Weisheit tut wieder not.
Wird aber Weiß erneut zu Weiß,
wenn wir mit Weisheit weißeln?

Wer weiß das schon!

Blanco

Michaela Kaiser

Verwirrt starre ich auf meine Tastatur. Die schön formulierten Sätze, die interessanten Redewendungen, die mir während meines Spazierganges so leicht eingefallen waren, sind weg … nichts mehr da. Die Buchstaben ergeben keinen Sinn und ich habe keine Ahnung, wie ich beginnen soll. Ich mustere den weißen Bildschirm. Anklagend blinkt der winzige Cursor in der linken Ecke. Er scheint mich zu verhöhnen, scheint mir zuzurufen:
Haha … ätschebätsch …
Ich blicke zu dem Stapel jungfräulichen, weißen Papiers hinüber, der abwartend in der Schublade des Druckers verharrt. In seiner Bewegungslosigkeit ist das Papier beinahe noch verletzender als der blinkende Cursor. Man sagt doch, Papier sei geduldig. Nun, mein Stapel ist auch geduldig, verletzend geduldig.
Probeweise versuche ich einige Anschläge. ›Anfang‹ steht da, in Druckbuchstaben mitten auf diesem weißen Bildschirm. Eigentlich könnte ich auch gleich ›Ende‹ daneben schreiben, denn dazwischen fällt mir absolut nichts ein. Plötzlich kommt Bewegung in die schwarzen Zeichen. War ich das? Nein, meine unfähigen Hände ruhen neben der Tastatur. Und doch … die Buchstaben wackeln, drehen sich und mit einem Male rennen sie kollektiv nach rechts. Eine Sekunde später ist der Bildschirm so weiß wie vorher. Noch einmal versuche ich es. Diesmal schreibe ich:
»Was passiert hier?«
Wieder ist Ruhe, dann erneut: Wackeln, Drehen, Wegrennen. Weißer Bildschirm. Doch jetzt, ohne mein Zutun, erscheinen neue Buchstaben:
»Ich.«
Diesmal bleiben die Zeichen an ihrem Platz.
»Wer bist du?«, tippe ich.
»Ich. Bin. Ich.«

»Hast du einen Namen?«
»Nein.«
Ich lehne mich zurück und überlege ernsthaft, ob ich gerade dabei bin, den Verstand zu verlieren. Hat sich jemand in meinen Rechner gehackt? Oder habe ich unbewusst ein verborgenes Programm aktiviert? Computer sind seltsame Maschinen und manchmal tun sie Sachen, die ich nicht verstehe. Wie zum Beispiel Fotos oder Dateien in mir unbekannte Ordner zu verschieben, Dateinamen so zu verändern, dass ich sie nicht mehr wiederfinde oder die verschwundenen Ordner plötzlich wieder auftauchen zu lassen. Aber mit mir kommuniziert hat noch keiner.
Der Drucker springt an und die gerade am Bildschirm geführte Konversation erscheint auf dem weißen Papier. Darunter hat, wer auch immer, ein riesiges Smiley gedruckt, drucken lassen, und als ich auf den Bildschirm schaue, ist er so weiß und rein wie vorher. Der Cursor blinkt wieder erwartungsvoll.
Ich hole mir erst einmal etwas zu trinken. Mein Mund ist plötzlich knochentrocken und ich kann meinen Herzschlag bis in die Ohren fühlen. Am Kühlschrank merke ich, wie meine Hand zittert. Dann tapse ich zurück zu dem weißen Bildschirm. Ich strecke meine Hand zum Aus-Schalter am Rechner, als der Bildschirm wieder anspringt und neue Zeichen erscheinen.
»Nicht.«
Ich erstarre in der Bewegung.
»Lass. Mich.«
Bewegungslos sitze ich da und versuche zu begreifen.
»Danke.«
Dann rennen die Buchstaben fort und der Monitor ist wieder weiß. Jetzt blinkt der Cursor in einer Herzform, die ich vorher noch nie gesehen habe. Probehalber bewege ich ihn, er verändert zwar seine Position, aber nicht seine Form. Der Drucker meldet sich wieder und er druckt mir ein großes, rotes Herz auf dem weißen Papier aus.

Jetzt reicht es mir! Ich springe vom Stuhl auf und verlasse fluchtartig das Zimmer, das Haus. Irgendwie ist mir sehr mulmig zu Mute.
Draußen werde ich sofort ruhiger. Vielleicht hatte ich eine Halluzination oder so etwas. Ich setze mich auf die Gartenbank und betrachte die hoch aufgetürmten Wolken, die schneeweiß und majestätisch am azurblauen Himmel vorüber ziehen. Die Sonne scheint und im nahen Baum zwitschern einige Blaumeisen ihr Lied. Ab und zu höre ich aus der Ferne Kindergeschrei. Ein Rasenmäher wird in der Nachbarschaft malträtiert, ansonsten herrscht mittägliche Stille. Ich lehne den Kopf an die raue Außenwand meines Hauses und schließe die Augen.
Als ich sie wieder öffne, scheinen mehrere Stunden vergangen zu sein. Die Sonne steht jetzt über der Krone des Kastanienbaumes und scheint mir direkt ins Gesicht. Ein Blick auf die Armbanduhr bestätigt meine Vermutung. Fast vier Uhr nachmittags. Habe ich tatsächlich drei Stunden auf der Gartenbank geschlafen? Ich fühle mich erschöpft, so als ob mein Gehirn stundenlang gearbeitet hätte. Meine Gedanken sind träge und irgendwie bin ich noch nicht richtig wach. Nun ja, dann werde ich mir mal einen Kaffee machen, denke ich und erhebe mich. Ich strecke meinen steifen Rücken, dann marschiere ich entschlossen zurück ins Haus. Ich meide mein Schreibzimmer und gehe stattdessen lieber gleich in die Küche. Mit meinem Computer werde ich mich später auseinandersetzen. Ich schmunzele bei dem Gedanken und denke noch: Ja, so weit ist es gekommen, dass ich den Kasten als lebendig und streitlustig empfinde, jaja, haha!
Erst am nächsten Tag nehme ich das Schreibzimmer wieder in Angriff. Was mir als Erstes auffällt, ist, dass der Monitor immer noch weiß ist und der Cursor blinkt. Normalerweise schalten sich Rechner und Monitor nach höchstens einer Stunde aus, soweit keine Aktion vorgenommen wird. Na ja, wahrscheinlich ist die Katze über den Schreibtisch gelaufen und hat mit der Computermaus oder auf der Tastatur ge-

spielt. Das macht sie manchmal, wenn ich ihr nicht genügend Aufmerksamkeit schenke.
Heute bin ich voller Tatendrang und habe das nächste Kapitel schon im Kopf. An die seltsame Episode von gestern denke ich nicht mehr.
Nach fast einer Stunde habe ich die ersten vier Seiten fertig getippt und lese sie noch einmal durch. Doch, ich bin zufrieden mit mir, die Story entwickelt sich gut und auch mein Verleger wird glücklich sein. Bevor ich aufstehe, um mir einen Kaffee zu machen, will ich das Geschriebene abspeichern. Klick auf ›Datei‹ und ›Speichern‹, nix passiert. Noch mal. »Herrgott noch mal, verdammter Kasten! Jetzt bloß nicht abschmieren!«, entfährt es mir. Doch dann passiert es. Alle Buchstaben wackeln, drehen sich und rennen plötzlich, wie mit winzigen Beinchen ausgestattet, nach rechts vom Bildschirm. Fassungslos starre ich auf den wieder weißen Monitor und den blinkenden Cursor in der oberen, linken Ecke. Jetzt wieder in Herzchenform.
»Guten. Morgen.«, steht da. Auf der übrigen Fläche erscheint ein Handabdruck. Eine Handfläche ohne Linien oder Rillen, flach, leicht gräulich, wie aus einem Stück Pappe geschnitten.
»Fass. Mich. An.«
»Scheißidiotenkiste, welcher Mistkerl hat sich da reingehackt? Hör auf, hör auf!«
Aufgebracht stehe ich auf und weiche einige Schritte zurück. Am meisten ärgert mich, dass ich meine Arbeit nicht speichern konnte. Aber dann denke ich, vielleicht ist das irgend ein neues Programm, das sich, weiß der Teufel wie, installiert hat und jetzt arbeitet mein PC mit Touchscreen. Also gehe ich wieder vorwärts und lege meine Handfläche auf die graue Handfläche auf dem weißen Monitor. Das heißt, ich will sie darauf legen, aber schon die kleinste Berührung jagt mir ein Kribbeln den Arm hinauf. Ich empfinde es als unangenehm, wie einen leichten Stromschlag, und ich ziehe die Hand schnell zurück. Plötzlich bin ich in Schweiß gebadet, habe wahnsinniges Herzrasen und fürchte fast, eine Panikattacke

zu bekommen. Mit einem Fluch, von dem ich gar nicht wusste, dass ich ihn kannte, stürme ich aus dem Zimmer und knalle die Tür hinter mir zu. Erschöpft sinke ich auf die Gartenbank, die mir schon gestern Zuflucht gewährt hat, und berge den Kopf in beide Hände. Da ich nicht weiß, was hier vor sich geht, kann ich auch keine Erklärung finden.

Heute ist der Himmel bedeckt. Die Wolkendecke ist ungebrochen und filtert jeden noch so vorwitzigen Sonnenstrahl. Weißlich ist der Himmel und die Farbe erinnert mich unangenehm an meinen renitenten Rechner. Doch, wenn ich es so betrachte, könnte diese weiße Unterseite der Wolkendecke durchaus identisch sein mit dem Monitor. Fast erwarte ich, oben links den Cursor zu sehen, aber trotz intensiven Suchens kann ich ihn natürlich nicht finden. Ich lache über meine Dummheit. Dann grübele ich, was ich mit dem Computer machen soll. Bestimmt habe ich einen Virus eingefangen, ganz bestimmt, oder es hat sich tatsächlich jemand in meinen PC gehackt. Man liest ja immer wieder von solchen Cyberattacken, und welche verheerende Schäden damit angerichtet werden können.

Ich habe da einen Freund, der sich mit solchen Sachen auskennt, aber der hat erst heute Abend Zeit. Nun ja, ich will ihm eine Nachricht hinterlassen, dann kommt er sicher später vorbei. In der Zwischenzeit werde ich mir Notizen machen, 100%ig analog!, damit ich die vier Seiten, die ich so mühsam zusammengetippt hatte, vielleicht zu einem späteren Zeitpunkt wieder in den Rechner bekommen kann.

All das erledigt betrachte ich erneut die geschlossene Wolkendecke. Sie fasziniert mich und ich ertappe mich dabei, wie ich mir vorstelle, diese ganze, riesige, weiße Wolkendecke mit Zeichen und Buchstaben zu füllen. Mein kompletter Roman würde auf diese Wolkenunterseite passen, ohne Absätze, Zeilenumbrüche oder Seitenwechsel. Ich träume mich in meinen Wolkenroman, schreibe unermüdlich Zeile um Zeile. Ohne viel nachzudenken, schreibe ich, immer weiter, der Cursor kommt nicht zur Ruhe, immer weiter treibe ich ihn,

weiter, immer weiter. Die Worte und Sätze sprudeln nur so aus mir heraus und die Wolkenunterseite füllt sich mit rasanter Geschwindigkeit mit meinen Fantasien. Fast bin ich beim letzten, entscheidenden Kapitel angekommen, als es heftig donnert und blitzt und ich jage erschrocken aus meinem Traum hoch. Verdammt, habe ich doch schon wieder geschlafen?! Die Wolken sind nun dunkelgrau und nirgends sind weder Cursor noch Buchstaben zu sehen. Nein, wie auch? Die ersten Tropfen fallen, als ich die Tür hinter mir schließe und die vorwurfsvollen Augen meiner getigerten Katze Maja sehe, die vor ihrer leeren Futterschüssel sitzt.
›Ich sehe, du bist erwacht. Füttere mich!‹, sagt ihr hochnäsiger Blick und sie weicht nicht von der Stelle, bis ich die Dose mit dem Katzenfutter in die Schüssel geleert habe und sie sich gnädigst dazu herablässt, dieses auch zu verspeisen.
Draußen ergießt sich mittlerweile eine wahre Sintflut. Ich bezweifle, dass mein Bekannter sich bei diesem Regen zu mir auf den Weg macht, und ich beschließe, einen letzten Versuch zu wagen. Dank meines Traumes habe ich auch einige neue Ideen, die ich sofort umsetzen und ›zu Papier‹, bzw. in den Rechner tippen will. Vielleicht kann ich ja jede Seite sofort ausdrucken, dann brauche ich nichts zu speichern. Zudem mein Monitor wieder ganz normal aussieht, auch der Cursor sieht normal aus, beruhigt denke ich: Also gut, alles wieder im Normalzustand!
Doch kaum sitze ich und fange an zu tippen, springen mir die Buchstaben doch erneut von der Seite, der Cursor wird wieder herzförmig und auf der weißen Seite erscheint das Wort: ›Jetzt.‹ und auch die Handfläche ist wieder da. Wut kocht in mir hoch, weißglühend und sprunghaft.
»Verfluchter Scheißkasten!«, brülle ich.
»Ruhig.«, sagt der Bildschirm.
»Lass mich endlich arbeiten!«
»Fass. Mich. An.«
Total entnervt lasse ich mich tatsächlich auf einen Dialog mit dem Rechner ein. Ich brülle, ohne zu bedenken, dass er mich

ja vielleicht gar nicht hören kann und eventuell nur über die Tastatur mit mir kommunizieren kann. Obwohl das eine so bekloppt erscheint wie das andere.

»Und dann lässt du mich arbeiten?«

»Ja.«, kommt postwendend die Antwort.

»Na gut, na gut! Aber letztes Mal hat es gekribbelt, wie ein Stromschlag!«

»Es. Tut. Nicht. Weh.«

»Ok. Ok.«, seufze ich.

In Sekundenschnelle sind alle Buchstaben vom Bildschirm geflitzt und es bleibt nur die graue Handfläche. Und natürlich der herzförmige Cursor in der linken, oberen Ecke des weißen Bildschirmes.

Kaum berührt meine Handfläche den Bildschirm, durchfährt mich ein greller Blitz. Ich habe das Gefühl, als ob ich durch einen hell erleuchteten, schneeweißen Tunnel renne, schneller und immer schneller. Gleichzeitig wird mir heiß und kalt, er riecht nach heißen Elektroden und kaltem Metall. Meine Ohren dröhnen und die Luft wird mir knapp. Erschrocken blicke ich hoch und weiß im ersten Moment nicht, wo ich bin. Saß ich gerade nicht noch vor meinem Rechner und habe mit ihm gesprochen? Dann habe ich die Handfläche auf den Monitor gelegt … und dann? Über mir ist die helle, ungebrochene Wolkendecke vom Nachmittag. Weiß auf der Unterseite und ich erinnere mich, dass ich dummerweise den Cursor oben links gesucht habe. Als ob die weißen Wolken identisch sind mit dem weißen Bildschirm meines Rechners, haha! Doch das Lachen bleibt mir in der Kehle stecken, als ich plötzlich den herzförmigen Cursor in der RECHTEN oberen Ecke der weißen Fläche, die ich für die Wolkenunterseite gehalten habe, blinken sehe. Und ich sehe noch etwas Anderes. Ich sehe mein Schreibzimmer durch den weißlichen Schleier. Ich sehe meinen Sessel, ich sehe die Bücherregale und ich sehe Maja, die plötzlich vor dieser Szenerie auftaucht und mich mit verwundertem Blick anschaut.

‚Weiß wie Schnee' – Unsere Katze Tosca

Waltraut Lang

Weiß, das ist für mich ein Bündel Leben, eine wunderschöne Katzendame namens Tosca. Sie ist eine Perser-Mix und anders als alle anderen Katzen, die wir vor ihr hatten. Dabei hatte alles so zufällig angefangen.

Unsere Nachbarn wollten in den Urlaub fahren und beim Gespräch über den Gartenzaun wurde ich gefragt, ob ich nicht jemanden wüsste, der Tosca für drei Wochen zu sich holen könnte. Tierlieb wie ich bin, konnte ich es mir nicht verkneifen, wie aus der Pistole geschossen gleich unsere Dienste anzubieten, und das diesmal sogar, ohne vorher mit meinem Horst darüber gesprochen zu haben.

Horst liebte Katzen über alles. Er hatte zwar entschieden, dass wir zurzeit keine eigene Katze aufnehmen sollten, da wir uns noch nicht darüber im Klaren waren, ob wir hier auf dem Land bleiben würden, aber ich war mir sicher, dass er bestimmt nichts dagegen haben würde.

Und tatsächlich. Mein Schatz war zwar erst etwas verwundert, dass es sich um eine Perser-Mix-Katze handelte, denn wir hatten bisher nur Wald- und Wiesenkatzen und kannten uns mit Rassekatzen, oder wie in diesem Fall, Beinahe-Rassekatzen nicht aus. Aber Tosca überzeugte ihn sehr schnell, dass sie sich nicht von anderen Katzen unterschied. Vom Charakter her sind ja so und so alle Katzen verschieden. Es gibt wohl keine zwei Gleichen.

Als unsere Nachbarin Tosca das erste Mal zu uns brachte, meinte sie, es würde wohl eine Woche dauern, bis sie sich aus ihrem Versteck trauen würde. Sie hatte sich hinter meinem Computer zurückgezogen, eine Ecke, die nicht leicht einsehbar war.

Aber ich habe noch kein Tier gekannt, das nicht nach kurzer Zeit meiner Stimme erlegen wäre. Ich setzte mich in meinem Arbeitszimmer auf den Fußboden und fing an, mit Tosca zu reden. Es dauerte keine fünf Minuten und sie schnurrte mir

um die Beine. Dann machte ich sie mit meinem Mann bekannt, und es war Liebe auf den ersten Blick. Die beiden waren von Anfang an ein Herz und eine Seele. Und beide konnten nicht voneinander lassen. Es stellte sich heraus, dass er sich schon immer eine weiße Katze gewünscht hatte.
Tosca durfte bei uns all das, was unsere anderen Katzen auch immer gedurft hatten. Es gab kein verbotenes Zimmer. Sie konnte raus, wann immer sie das wollte, denn bei uns war die Tür zur Terrasse immer offen. Wenn es dafür aber einmal zu kalt war, dann brauchte sie bloß an der Tür zu kratzen und sie konnte raus. Sie hat uns eben von Anfang an gut erzogen.
Und sie genoss ihre neu gewonnene Freiheit in vollen Zügen. Ich muss wohl dazu sagen, dass ihre ursprüngliche Familie zwei Kleinkinder, Jungs im Alter von zwei und vier Jahren hatte und da verkroch sie sich tagsüber immer im Obergeschoss, denn die Jungs waren ständig hinter ihr her. Dazu hatten unsere Nachbarn auch noch zwei Schäferhunde, und schon blieb sie lieber für sich und betrachtete die Welt vom Fenster aus.
Aber nun hatte sie alle Freiheit der Welt, Ruhe und Behaglichkeit. Sie mochte uns ›alte Leutchen‹ von Anfang an. Hier wurde nicht geschrien, sondern im Gegenteil viel gelacht, und das gefiel ihr sichtlich.
Und mein Horst hatte sich so sehr in Tosca verliebt, dass er dem Scheiden am Ende des Urlaubs unserer Nachbarn mit Unbehagen entgegensah. Deshalb hatte ich mich schon von jeher von den Tieren anderer Leute ferngehalten, denn ich verliebte mich genauso schnell. Ich liebe alle Tiere, groß und klein, und irgendwie habe ich schon seit meiner Kindheit eine Ausstrahlung, die die meisten Tiere wie magisch anzieht. Um den Tieren keinen Ärger zu bereiten, wenn diese dann lieber bei mir sind als bei ihren richtigen ›Eltern‹, halte ich mich fern. Aber wie man sieht, funktioniert das nicht immer.
Ihr könnt euch bestimmt denken, was passierte, als unsere Nachbarn aus dem Urlaub wiederkamen: Tosca wollte nicht mehr weg von uns und versteckte sich unter unserer Couch.

Dort musste unsere Nachbarin sie mit Gewalt herausziehen, denn sie versuchte verzweifelt, sich im Teppich festzukrallen. Sie wollte nicht weg von uns. Und wir hatten auch Tränen in den Augen.
Auf meine Frage, ob meine Nachbarin sich eventuell von Tosca trennen würde, hieß es: »Was ich einmal hab´, das gebe ich nicht wieder her.«
Schluss, Ende denkt ihr? Nein, ganz und gar nicht. Es ging ein Jahr ins Land und der Urlaub unserer Nachbarn stand wieder an. Und trotz aller Probleme im vergangenen Jahr wurden wir wieder gebeten, uns um Tosca zu kümmern, was wir natürlich gerne machten.
Die Begrüßungsszene war mehr als rührend. Kein Verstecken mehr, im Gegenteil. Sie wich uns nicht mehr von den Hacken. Hatte Angst, dass wir einfach gehen würden und sie uns nie wiedersehen würde.
Leider hatte auch dieses Wiedersehen wieder das bereits bekannte Ende. Die Nachbarn kamen zurück, bedankten sich bei uns, dass wir uns um Tosca gekümmert hatten, und wollten sie wieder mitnehmen. Tosca kam aus unserer Stube, sah die Nachbarn und wie ein geölter Blitz rannte sie davon, ins Schlafzimmer unter das Bett. Das war eine Grenze, die wir nicht überschreiten wollten. Unser Schlafzimmer war Tabu für Fremde. Also vertrösteten wir die Nachbarn und versprachen, dass wir Ihnen Tosca so schnell wie möglich bringen würden. Sie wollte nicht weg und es gelang ihr immer wieder, uns zu entwischen, so dass sie ihre Tosca erst zwei Tage später zurückbekamen.
Tosca hatte schon immer Angst vor der Straße, die unsere Grundstücke trennte. In dem Jahr machte sie eine Anstrengung, uns zu finden und war für drei Wochen verschwunden. Da die ›böse‹ Straße ihr aber nach wie vor Angst einjagte, war sie nur weiter von uns weggegangen. Nach drei Wochen sichteten Nachbarn, die ihre Identität kannten, sie und brachten sie zurück zu ihren Besitzern.
Auch im darauffolgenden Jahr wurden wir wieder gebeten,

uns um Tosca zu kümmern. Obwohl die Abschiede uns immer genauso wehgetan hatten, konnten wir diese Gelegenheit, ›unsere‹ kleine Tosca wiederzusehen, nicht ausschlagen und nahmen sie wieder. Tosca war im siebten Himmel und auch diesmal wich sie uns die ersten Tage nicht von der Seite. Sie ging zwar kurz nach draußen, aber sie behielt immer das Wohnzimmer durch die Terrassentür im Auge. Abends schmuste sie unentwegt und schnurrte dabei so laut, dass wir den Fernseher tatsächlich lauter drehen mussten, um noch etwas zu verstehen.
Als die unausweichliche Zeit des Abschieds kam, blieb ich in der Stube, denn ich konnte diesen herzzerreißenden Moment nicht noch einmal überstehen. Ich hörte Stimmen und das Wehklagen von Tosca und dann schlug die Haustür zu. Offensichtlich waren unsere Nachbarn mit Tosca gegangen.
Die Tür ging auf und herein kam ein freudestrahlender Horst. Zuerst realisierte ich es gar nicht, aber er hielt Tosca auf dem Arm und streckte sie mir entgegen. »Wir haben Zuwachs bekommen. Hier siehst Du unser neuestes Familienmitglied TOSCA LANG.«
Ich konnte es nicht fassen, mein Mann erzählte mir dann, dass die Nachbarin wieder arbeiten gehen würde, und zwei Söhne, zwei Schäferhunde und der Haushalt, da hätte sie nicht auch noch Zeit sich um Tosca zu kümmern und wenn wir sie denn haben wollten, dann könnten wir sie behalten.
Dann begann ein wunderschönes Jahr, in dem Tosca richtig auflebte. Sie hatte sich in uns beide verliebt, aber mein Mann nahm ganz klar den ersten Platz in ihrem Herzen ein.

Für den Moment hieß das: Ende gut, alles gut, und was danach weiter passierte, das steht auf einem anderen Blatt.

Der weiße Garten

Beate Kidd

Simon schaute wieder einmal auf das Haus am Ende der Straße. Es hatte fünf Schlafzimmer, drei Bäder und einen riesigen Garten – zumindest erzählten das die Leute. Simons Mutter sagte, dass man nicht auf das Gerede der Leute hören sollte, aber sie gab zu, dass das Haus für einen einzelnen Mann schon ziemlich groß war. Mehr hatte sie dazu nie gesagt. Simon sollte sich nur niemals in der Nähe des großen Hauses aufhalten. Es könnte gefährlich für ihn werden. Der Meinung war Simon jedoch überhaupt nicht. Der Achtjährige konnte nicht verstehen, was an einem großen, weißen Haus so gefährlich sein sollte. Als sich dann vor einigen Wochen zwei Freundinnen seiner Mutter unterhielten und Simon ein paar Gesprächsfetzen aufgeschnappt hatte, beschloss er, bei nächster Gelegenheit heimlich zu dem weißen Haus zu gehen. Der Mann aus dem großen Haus hatte angeblich ganz weiße Haut. So weiß, dass er fast durchsichtig war. Und sein Garten soll auch ganz weiß sein. Simon konnte sich das alles nicht vorstellen: Ein weißes Haus mit einem weißen Garten und einem Hausherrn, dessen Haut auch ganz weiß war. Als seine Eltern eines Tages ankündigten, dass sie einen kranken Freund besuchen wollten und länger unterwegs sein würden, plante Simon seine Erkundungstour zum weißen Haus. Er lief die Straße entlang und als er in der Nähe des großen Gebäudes war, schlich er geduckt weiter, um nicht gesehen zu werden. Direkt am Haus versteckte er sich im Gebüsch und starrte auf das Grundstück. Ihm war aus der Ferne nie aufgefallen, dass auch der Zaun weiß war. Er rückte näher Richtung Haus und spähte vorsichtig durch die Zaunlatten. Der Garten war tatsächlich weiß. Alle Pflanzen waren komplett weiß. Sogar der Rasen war weiß. Das konnte doch gar nicht sein! Simon war gleichermaßen schockiert und fasziniert. Er war so in Gedanken, dass er nicht bemerkte, dass der weiße Mann aus dem Haus gekommen war und langsam auf ihn zukam. »Was willst du hier? Verschwinde!« Erschrocken sah Simon den Mann an. Man konnte wirklich fast durch seine Haut durchsehen. Das Gesicht des Mannes hatte keinen wirklichen Ausdruck, es war eher wie eine Maske. Auch die Stimme klang seltsam monoton. Der Mann kam immer näher und als sie nur noch der Zaun trennte, stellte Simon fest, dass man auch durch die Augen des Mannes irgendwie durchsehen konnte. Als wenn sich hinter seinen Augen eine große Leere oder ein sehr langer Tunnel verbergen würde. Noch einmal sagte der Mann: »Was willst du hier?« Simon sah zu dem Mann auf und antwortete ehrlich: »Ich wollte Sie sehen. Ich konnte mir nicht vorstellen, dass hier alles weiß ist.« Bevor weitere Worte fallen konnten, drehte Simon sich um und lief nach Hause. Die Begegnung beschäftigte den Jungen noch sehr lange. Der Mann hatte nicht böse gewirkt. Wieso sollte man sich dann in Acht nehmen? Wieso fürchteten alle die Gegend rund um das weiße Grundstück? Simon beschloss, bei nächstbester Gelegenheit erneut dorthin zu gehen. Und wieder schaute er dann durch die weißen Zaunlatten und konnte nicht begreifen, wieso nicht einmal die Blumenstängel grün waren. Wieder wurde er von dem Mann in der weißen Kleidung und der durchscheinenden Haut beobachtet. Aber er kam nicht mehr zum Zaun. Simon machte es sich zur Gewohnheit, sich alle paar Tage davonzustehlen und zu dem Haus zu gehen. Er war immer wieder aufs Neue gespannt, ob sich etwas geändert hatte seit seinem letzten Besuch. Aber es war immer alles gleich. Alles war immer gleich weiß. Nach einigen Wochen nahm Simon seinen ganzen Mut zusammen und kletterte über den Zaun. Er atmete tief durch und spürte, dass der Mann ihn beobachtete. Er konnte ihn zwar nicht sehen, aber er wusste, dass er da war. Er war immer da. Simon setzte sich so auf den weißen Rasen, dass er die Terrassentür des Hauses und einen Großteil der Fenster im Blick hatte. Nach einigen Minuten sah er den weißen Mann hinter einem der Fenster. Sie sahen sich beide sehr lange an. Irgendwie hatten sie eine besondere Verbindung zueinander aufgebaut. Eine Verbindung, die man nicht beschreiben konnte. Der Mann schien schon immer auf Simon zu warten und dieser wiederum wurde von dem weißen Haus samt dessen Besitzers magisch angezogen. Als Simon eines Nachmittags wieder auf dem weißen Gras saß, kam der Mann nach draußen und setzte sich wortlos neben Simon. Die weiße Kleidung des Mannes sah seltsam aus auf dem weißen Rasen. Einzelne Konturen gingen so fließend ineinander über, als ob nichts im Detail existieren würde. Noch immer schweigend sah Simon den Mann von der Seite an. Ob er wohl einen Sonnenbrand bekommen konnte? Der weiße Mann mit einem hochroten Gesicht. Simon stellte sich das bildlich vor und lachte leise auf. Der Mann sah ihn nicht an, sagte aber leise: »Warum tust du das?« »Was?« Simon war irritiert. »Wieso kommst du so oft hierher? Was willst du hier? Warum tust du das?« Simon seufzte. »Ich weiß es nicht. Ich mag einfach hier sein und Sie besuchen. Es ist eigentlich ganz schön hier, nur eben weiß.« Der Mann nickte, sagte aber nichts mehr. Sie saßen noch eine ganze Weile nebeneinander auf dem weißen Rasen, bis Simon aufstand und sagte: »Ich muss jetzt nach Hause.« Wieder nickte der Mann. Aus einem Impuls heraus, beugte sich Simon nach unten und drückte den Mann kurz zum Abschied. Dieser erstarrte von einer Sekunde zur anderen. Simon runzelte die Stirn und ging. Nach ein paar Schritten drehte er sich noch einmal um und fragte: »Wie heißen Sie eigentlich?« Der weiße Mann saß noch immer regungslos da und flüsterte: »Klaus. Ich heiße Klaus.« Simon ging, ohne sich noch ein weiteres Mal zu Klaus umzudrehen. Hätte er das getan, hätte er bemerkt, dass Klaus´ Gesicht nicht mehr ganz so weiß war. Bei seinen nächsten Besuchen saß Simon wieder alleine auf dem weißen Rasen. Er spürte eine leichte Veränderung, konnte sie aber nicht einordnen. Er hatte das Gefühl, als wäre nicht mehr alles so rein weiß, aber er konnte sich auch täuschen. Nachdem sich Klaus nicht mehr blicken ließ, klingelte Simon an der Tür. Als niemand öffnete, presste er einfach seinen Finger auf den Klingelknopf. Irgendwann würde Klaus schon aufmachen. Als sich die Tür endlich öffnete, sagte der Junge nur leichthin: »Ich heiße übrigens Simon«, und nahm Klaus einfach bei der Hand. Simon führte ihn wieder zu der Stelle im weißen Garten, an der sie immer neben einander gesessen hatten. Er setzte sich so nah neben Klaus, dass sich ihre Beine berührten. Vorsichtig schob Simon seine Hand wieder in die von Klaus und drückte sie ganz leicht. »Es ist schön, wieder mit dir hier zu sitzen«, sagte Simon. Klaus schwieg, aber ihm standen Tränen in den Augen. Simon sah ihn fragend an. Nach langen Minuten begann Klaus leise zu sprechen: »Ich habe vor vielen Jahren meine Frau und meine Kinder bei einem Autounfall verloren. Mir wurde das Herzallerliebste im Leben genommen. Seitdem habe ich an nichts mehr Freude. Freunde, Bekannte und Nachbarn habe ich vergrault. Ich habe sie in meinem Schmerz angeschrien und verprügelt, als sie mich nicht in Ruhe ließen. Dabei wollten sie mir nur helfen. Ich habe versucht, die Erinnerung an meine Familie aufrecht zu erhalten, aber alles verblasste immer mehr. Irgendwann war alles in meinem Leben nur noch weiß, alles hat seine Farbe verloren. Schau dich um. Es ist alles so trostlos geworden.« Klaus sah Simon mit tränenüberströmten Gesicht an. »Durch deine Besuche ist mir klargeworden, dass ich nicht weiterhin in der Vergangenheit leben kann und auch nicht leben mag. Du hast wieder Farbe in mein Leben gebracht und ich habe bemerkt, wie wichtig mir ein buntes Leben ist. Ich weiß nicht, wie du das geschafft hast, aber ich danke dir von Herzen dafür.« Sie saßen beide noch lange nebeneinander. So lange, bis Klaus keine Tränen mehr hatte. »Bitte lass mich jetzt alleine. Ich würde mich aber sehr freuen, wenn du morgen wiederkommen würdest. Ich werde auf dich warten.« Simon lächelte, umarmte Klaus und ging. Als Simon am nächsten Nachmittag beim großen Haus ankam, traute er seinen Augen nicht: Der Rasen zeigte sich in einem saftigen Grün, die Blumen strahlten in kräftigen Farben um die Wette. Mit den Augen suchte Simon nach Klaus. Dieser saß lächelnd an der gewohnten Stelle – in einer blauen Jeans und einem farbig gestreiften Hemd. Simon starrte ihn erst mit offenem Mund an, lachte dann laut auf, rannte auf Klaus zu und umarmte ihn stürmisch. »Bleibst du jetzt in der Gegenwart?«, fragte Simon. Klaus nickte glücklich und antwortete: »Ja, ich bleibe. Ich habe verstanden, dass ich die Vergangenheit nicht mehr ungeschehen machen kann. Ich will wieder Farbe in meinem Leben haben.«

Das Taschentuch

Katharina Kraemer

Ach, das ist so jammerschade,
immer lieg ich in der Lade,
dunkel ist es um mich leider,
kann nicht sehen vor mich weiter
als bis zum Nachbartuch in weiß,
und muss gar flüstern - heimlich leis´,
darf mich nicht so viel bewegen,
weil sich sonst die Falten legen,
was eigentlich doch glatt soll sein,
das findet niemand wirklich fein.

Doch - wenn ich mal der Lad´ entsteig,
und mich der gleißend Sonne zeig,
kommt just in diesem Augenblick
´ne böse Hand, die mich zerdrückt,
entfaltet, quetscht und an mir reibt,
bis nur ein Häufchen von mir bleibt.
Ganz zerknittert, nass und dreckig,
obendrein berotzt und speckig,
wandre ich dann in die Tonne,
aus ist's mit der Frühlingssonne.
O weh - ich armes Taschentuch,
so liegt auf mir ein selten Fluch,
solange nutzlos, bin ich schön,
benutzt da ist's um mich gescheh'n.

Die ›Weiße Lady‹

Werner Thieke

Wir schreiben das Jahr 1853 und ich bin auf der Suche nach der Wahrheit. Ich, das ist Kapitän Mathew Forell. Es quält mich und ich kann oft nicht schlafen, bin nur am Grübeln, aber das Schlimmste ist diese innere Unruhe und die Frage – gab es ihn oder war alles nur ein Produkt seiner Fantasie? Es ist mir egal, ich muss dem einfach nachgehen. Am Geld liegt es nicht, davon habe ich genug und so entschließe ich mich, genauso vorzugehen wie er es beschrieben hat.

Ich sitze in einer anrüchigen schmutzigen Spelunke auf einer Insel vor der Ostküste der USA, zwischen Cape Cod und Martha Vineyard. Das diffuse Licht in dieser Spelunke hat den Vorteil, dass ich das schmutzige Glas und den gepanschten Fusel, den mir der Wirt hier vorsetzt, nicht auf den ersten Blick erkenne.

Der Hausherr, selbst ein listiges, lichtscheues Element, tut hinter der Bar sehr geschäftig, wobei er Augen und Ohren offenhält, dass ihm auch ja nichts entgeht, woraus er vielleicht Kapital schlagen kann. Mit mir sitzen noch sieben weitere Personen im Raum, dem Aussehen nach alles Seeleute.

An der Wand gegenüber der Theke hängt ein prächtiger Blue Marlin, seine Körperlänge liegt meiner Schätzung nach bei weit über drei Metern, einer der längsten, der mir bisher unter die Augen gekommen ist. Hat garantiert seine vierhundert bis vierhundertfünfzig Kilo und sein Speer sowie seine mächtige Rückenflosse sind ein wahrer Augenschmaus, so meine Gedanken.

Doch das ist nicht die Art Beute, die mich hinter dem Ofen hervorlockt, für mich ist diese Art Fisch nicht groß genug.

Mein Schiff, die ›Weiße Lady‹, liegt im Hafen mit einer fast vollzähligen Mannschaft. Ich sitze hier an meinem Tisch und hoffe, dass der Kontakt, den ich am Pier geknüpft habe, noch rechtzeitig seine Früchte trägt. Morgen früh will ich in See stechen, denn es wird Zeit, die Herbststürme stehen vor der Tür.

Nachdem ich jetzt über eine Stunde hier rumsitze und den verwässerten Rum dieses halsabschneiderischen Wirts in mich hineinkippe, kommen mir langsam Zweifel an dem Gelingen meines Vorhabens.

Ich schütte den Rest des widerlichen Gesöffs herunter und will mich erheben, als ein Mann an meinen Tisch tritt.

»Sind Sie Kapitän Forell?«, fragt er.

Ich sehe ihn an und in ein Gesicht, das ausschließlich aus Narben besteht. Seine Augen sind schwarz, wie der tiefste Abgrund einer verkommenen Seele, und er sieht mich ebenfalls an, ohne auch nur mit einer Wimper zu zucken.

»Sie haben gefunden, was Sie suchen«, lautet meine Antwort und sehe ihm dabei weiter offen ins Gesicht.

»Mein Name ist Morten Pinto-Klaas, ich bin Harpunier und ich habe noch zwei Freunde, Niklas Likkmaan und Harkon Mokkas, beide geschickte Flenser, die ebenfalls an Ihrem Vorhaben interessiert sind. Unten im Hafen spricht man davon, dass sie noch Leute suchen«, sagt er, während er mir immer noch unverhohlen in die Augen schaut.

»Das ist richtig. Freie Verpflegung, inclusive Rum und zwei Prozent Gewinnbeteiligung sind meine Bedingungen, wenn Sie damit klar kommen, können Sie und ihre Freunde sich noch heute Abend an Bord der ›Weißen Lady‹ melden. Morgen früh laufen wir aus«, erwidere ich und halte seinem Blick stand.

Noch bevor die morgendlichen Nebel den Blick auf die kleine Insel im Nordatlantik freigeben, erteilt Steuermann Moss Barrel den Befehl: »Klar, vorn und Achtern«, und unsere Fahrt ins Ungewisse geht los.

Günstig am Wind liegend und mit aufschäumender Bugwelle durchpflügt die ›Weiße Lady‹ die kalten nordamerikanischen Küsten Gewässer in Richtung Azoren. Unsere ständigen Begleiter sind Tümmler, eine Art Delfin, die munter nebenher oder pfeilschnell vor dem Bug kreuzen. Mal zähle ich nur

zwei, drei aber oftmals sind es ganze Schulen von bis zu zwanzig und mehr Tieren.
Ich lasse die Mannschaft antreten und erkläre, ohne ihnen meine Gründe zu nennen, dass diese Fahrt Teil eines Experiments ist. Den meisten ist es egal, doch einige scheinen gar nicht mitzubekommen, worum es mir geht. Ihnen geht es nur um ihre Heuer, den Rum, den ich an Bord zu bestimmten Zeiten ausgeben lasse und das bevorstehende Abenteuer, was ich denke und vorhabe, ist nebensächlich.
Nach knapp fünf Wochen und verhältnismäßig gutem Wetter erreichen wir die Wetter-Inseln, wie dieses südlich des 40. Breitengrades aus neun Inseln bestehende Archipel vulkanischen Ursprungs auch genannt wird. Tags zuvor haben wir schon die ersten Möwen an Bord begrüßen können. Die Hauptinsel São Miguel ist unser erstes Ziel bei der Überquerung des Atlantik. Vorbei an Flores, Faial und Pico, die wir an Backbord liegend passieren, machen wir im Hafen von Ponta Delgada der Hauptstadt der Insel São Miguel fest und bunkern Frischwasser, Kartoffeln, Gemüse, sowie Kabeljau und Seelachs als Stockfisch für unseren weiteren Törn. Zwei Tage später segele ich erneut, mit einer entschlossenen Mannschaft, unserem Abenteuer entgegen.
An der an Steuerbord liegenden Insel Santa Maria und den Formigas, einer unbewohnten Inselgruppe vorbei, lenkt Steuermann Moss Barrel den weißen Segler auf die portugiesische Küste zu. Vorbei an der Straße von Gibraltar fahren wir die nächsten Wochen meiner vorgegebenen Route entlang, direkt auf die Kanarischen Inseln zu. Wieder decken wir uns mit frischem Proviant ein, bevor wir geradewegs in Sichtweite der afrikanischen Küste weiter südlich fahren. Momentan sind nicht nur Tümmler unsere Begleiter, die ersten Wale tauchen an Steuerbord auf, aber sie sind nicht unsere Zielgruppe. Wir halten geradewegs auf das Kap der Guten Hoffnung zu. Ein, wegen seiner ins Meer hinein ragenden Klippen, liegt dieses gefürchtete, heimtückische Riff, nahe der Südspitze Afrikas.
Der entlang der Westküste Afrikas fließende Benguela Strom

ist eine aus den antarktischen Gewässern gespeiste kalte Meeresströmung, die mit ihren ablandigen, südwestlichen Windströmungen mitverantwortlich für die Entstehung der Namib Wüste ist. Dem entgegen steht der an der Südostküste fließende Agulhas Strom, der enorme Mengen Wärme und Salz transportiert. Das Zusammentreffen dieser beiden Ströme und der Kontinentalabfall des Meeresbodens von bis zu 4000 m Tiefe ist der hauptsächliche Grund für die an diesem Ort entstehende Wildheit des Meeres mit den dazugehörigen Stürmen.

Wir bekommen sie aber schon viel früher zu spüren, diese Wildheit des Meeres mit den dazugehörigen Stürmen.

Kurz vor Namibia ... die ›Weiße Lady‹ fährt in Sichtweite der Baia dos Tigres, einer kleinen Insel vor der Südküste Angolas, als der Wind mächtig auffrischt.

Er bläht die Segel. Der erste und zweite Steuermann haben alle Hände voll zu tun, das Schiff auf Kurs zu halten. Kalte, feuchte Nebel ziehen auf, eine immer stärker werdende Brandung und die unberechenbare Strömung des Benguela Stroms reißen das Schiff hin und her. Ich versuche, die Segel zu retten, lasse sie einholen, was nicht vollständig gelingt. Immer wieder greifen mächtige Sturmböen nach uns. Der seitliche Druck wird stärker und stärker, zwei, drei bedenkliche Schlagseiten haben wir bereits überstanden, doch momentan sieht es ziemlich bedrohlich aus. Mit aller Macht hängen sich die beiden Steuermänner ans Ruder und drehen die weiße Lady in den Wind, als Antwort werden wir von einer circa zwölf Meter großen Welle fast erschlagen. Der Bug mit dem gesamten Vorschiff versinkt in den Fluten, die schäumende Gischt nimmt uns die Sicht. Das Wasser dringt vor bis in die Lagerräume, wir haben keine trockene Faser mehr am Leib. Das folgende Wellental ist tief, tiefer als mir lieb ist. Kaum dass wir es überwunden haben und wieder die Schwärze des Horizonts erblicken, drischt der nächste Brecher auf uns ein. Das Schiff wird fast gänzlich unter Wasser gedrückt, uns bleibt nicht einmal die Zeit zum Beten. Meine schlimmsten Befürchtungen scheinen gerade wahr zu werden, dabei war diese Wende unsere einzige Chance, nicht zu kentern oder auf die küstennahen Klippen gedrückt zu werden. Eine neue, eine noch gigantischere Welle erfasst uns, schleudert die ›Weiße Lady‹ regelrecht fort. Ich glaube schon nicht mehr an Rettung, als es um uns herum plötzlich ruhiger wird. Also nicht ruhig im Sinne von Ruhe, sondern das Meer war mit einem Mal nicht mehr so wild und zügellos. Ich versuche, mich zu orientieren, sehe mich um und stelle fest, dass uns die letzte Welle aus dem zerstörerischen Zentrum des Sturms regelrecht herausgeworfen hat. Das nenne ich Glück im Unglück, doch es war noch nicht überstanden. Durch weiß aufschäumende Gischt, im Kern Türkis leuchtend und nach außen wieder tiefschwarz, wie das Meer um uns herum stampft meine ›Weiße Lady‹ durch die immer noch brausenden Wogen. Mit drei Verletzten im Bauch des Schiffes kämpfen wir uns durch die brüllende See. Die Schleusen des Himmels sind weit geöffnet, es schüttet wie aus Kübeln und das immer noch donnernde Meeresrauschen zwingt uns weiterhin zum Schreien, zusätzlich nimmt uns erneuter Nebel die Sicht. Wir fahren auf gut Glück unserem Schicksal entgegen. Doch der Herrgott scheint uns wahrhaft gnädig zu sein, wir landen nicht als Skelett am Strand, denn zum Abend legt sich auch noch der restliche Sturm und wir können mit den Reparaturarbeiten beginnen.

Wir kreuzen weiterhin vor der Skeleton Coast, der berühmt - berüchtigten Skelettküste. Ein wahrer Schiffsfriedhof von an der Küste zerschellten oder gestrandeten Wracks, aber nicht nur die am Strand liegenden Schiffsskelette dekorieren diesen viele Kilometer langen Küstenabschnitt, auch die echten Skelette der Gestrandeten und Schiffbrüchigen findet man hier. An diesem unbesiedelten, extrem trockenen Ort hat keiner, der bei einem Schiffsunglück mit dem Leben davongekommen ist, eine Chance zu Überleben – er muss unweigerlich verdursten. Nicht umsonst nennen die Buschmänner dieses Teilstück ›das Land, das Gott im Zorn erschuf‹, und

auch die Portugiesen, ein erfahrenes Seefahrervolk, bezeichnen diese Gegend als ›Tor der Hölle‹.
Klüver und Focksegel der ›Weißen Lady‹ haben im Sturm beträchtlich gelitten und müssen genäht werden. Der Zimmermann ist mit Tischlerarbeiten beschäftigt und der Storekeeper geht dem Bootsmann beim Spleißen der Taue und Trossen zur Hand. Selbst der Smutje wirbelt in seiner Kombüse, um die ständig hungrigen Mäuler zu stopfen.
Ich sitze indes in meiner Kajüte, kümmere mich um das Logbuch. Eine Arbeit, die normalerweise dem Steuermann vorbehalten ist. Ich halte jedoch nichts von dieser Tradition, ich führe dieses, für mich wertvolle Dokument lieber selbst. Im Übrigen besitze ich eine dieser noch immer seltenen Seekarten, welche die United States Navy 1851 erstellt und herausgeben hat. Darin enthalten sind Informationen und Einblicke aus Logbüchern über Winde und Strömungen der verschiedensten Gegenden. Ich befasse mich mit den Ereignissen der letzten turbulenten Stunden und trage sie ein.
Immer wieder erwische ich mich bei den aberwitzigsten Gedanken: Ich jage einem Hirngespinst hinterher oder meine Mannschaft ist langsam misstrauisch, weil ich mir ein so weit entferntes Fanggebiet ausgesucht habe, dessen Route um die halbe Welt führt. Warum, sagen sich bestimmt einige, sind wir nicht die amerikanische Ostküste Richtung Tierra del Fuego und dann ums Kap Horn oder durch die Magellanstraße gefahren. Ich glaube, einige denken sogar, ich wäre nicht ganz richtig im Kopf. Bestimmt hat man schon Wetten auf mich abgeschlossen und sich ausgemalt, was sie mit mir anstellen, falls mir das Geld ausgeht und sie ihre Heuer nicht kriegen. Ich schüttele den Kopf und die Gedanken heraus, schließlich habe ich ihnen anfangs zu erklären versucht, dass ich meine Gründe habe. Ich schlage das Logbuch zu, schließe es wieder ein und gehe an Deck.
Unsere nächste zu lösende Aufgabe stellt das Kap der Guten Hoffnung dar, wo es noch einmal richtig zur Sache gehen könnte.

Nachdem wir Cape Town an Backbord haben liegen gelassen, wurde es wirklich noch einmal recht turbulent. Hier wo Benguela und Agulhas, die beiden Hauptströme, aufeinandertreffen, muss man auf alles gefasst sein. Zu unserer Überraschung kamen wir durch seefahrerisches Können und geschicktes Manövrieren mit einem blauen Auge davon, nur zwei Außenklüver und das Bramsegel hatten gelitten. Kurz hinter Port Elizabeth war der ganze Spuk schon wieder vorbei und Steuermann Moss Barrel fuhr in die Straße von Mosambik.
Frisches Obst und Gemüse fehlt uns schon ein paar Tage, das Trinkwasser fängt schon an zu brodeln und die restlichen Kartoffeln bekommen langsam Junge.
Nachdem wir jetzt fast ein Jahr unterwegs sind, lautet mein Befehl Mahajanga anzulaufen, eine im Nordwesten der Insel Madagaskars liegende Bucht. Aus dem Madagassischen kommend bedeutet ›maha janga‹, ›das, was gesund macht‹. Na, wenn das so ist – dass wollen wir auch haben.
Ich habe Glück, es ist gerade Markttag, mit dem Koch und zwei Matrosen, die ich mir geschnappt habe, bin ich dabei, den halben Markt aufzukaufen. Gut, gut, der halbe Markt ist wohl etwas übertrieben, aber die Freundlichkeit der Menschen verleitet doch dazu, mehr zu kaufen als üblich. Ich will die Mannschaft schließlich auch bei Stimmung halten, da ist ein kleines Extra mitunter ganz dienlich, denke ich mir. Letztlich bringt uns ein Einheimischer den Einkauf mit einem Handkarren zur ›Weißen Lady‹, der sich, nach einem angemessenen Trinkgeld, überschwänglich bedankt und schnell das Weite sucht – vielleicht aus Angst, ich könnte es ihm wieder wegnehmen. Mein Lächeln begleitet ihn, bis er außer Sichtweite ist.
Ich habe beschlossen, ein paar Tage festen Boden unter den Füssen zu genießen. Meiner Mannschaft muss ich das nicht zweimal sagen, gibt es doch auf dieser Insel eine reichliche Auswahl an Getränken, exotischem Essen und die schönsten Mädchen. Nach vier Tagen Auszeit stechen wir gegen Abend

wieder in See.
Glutrot versinkt die Sonne im Meer, der Schatten, den die ›Weiße Lady‹ wirft, wird lang und länger, während sich vor uns die unendliche Weite des Indischen Ozeans erschließt. Mein Blick geht hinauf zum dunkler werdenden Himmel, den nach und nach die Sterne erobern. Mit aufgebähten Segeln und stolzer Eleganz durchpflügt meine ›Weiße Lady‹ das von den nahenden Schatten der Nacht sich schwärzende Wasser, nur die weißschäumende Gischt des vom Schiff verdrängten Meeres wird vom silbrigen Glanz des Mondes zum Leuchten gebracht.
Ich verlasse das Deck und gehe hinunter in meine Kabine, doch Ruhe kann ich nicht finden. Meine Gedanken sind schon wieder bei ihm, bei Herman und seinen Beschreibungen des bis ins Mark getroffenen Kapitäns und der von ihm so maßlos gehassten Bestie. Erneut überfällt mich diese innere Unruhe, die Unruhe, die mich hierher hinaus aufs Meer getrieben hat. Zwischenzeitlich ist es Mitternacht, ich verlasse meine Koje, es ist stickig, trotz offenem Bulleye – mir ist es hier zu eng. Ich brauche Luft und geh wieder an Deck.
Die Wachen sowie der Steuermann haben gewechselt und während ich tief einatme, lasse ich meinen Blick übers Meer schweifen. Die Nacht ist klar, kein Wölkchen trübt den Himmel, kein künstlicher Lichteinfluss stört meinen Blick, nur der Horizont gibt dem Himmel eine Grenze. Die Lichtreflexe des Mondes tanzen elfengleich über das Wasser und von Horizont zu Horizont dekorieren Millionen und aber Millionen Sterne den Himmel. Mutter Natur zeigt mir mal wieder, was sie kann. Jetzt geht es mir besser, ich fühle mich irgendwie befreit. Mein Ziel sind die klassischen Fanggebiete Japans, der Südpazifik, und so haben wir noch einen weiten Weg vor uns … falls er mir nicht schon vorher begegnet.
Die Wochen plätschern regelrecht dahin, bis eines frühen Morgens der Mann im Krähennest, der umgebauten Plattform am Mast Topp – er wird alle vier Stunden ausgewechselt – auf einmal Alarm schlägt.

»Waaaal, dort bläst er … Steuerbord voraus«, ruft er aufgeregt.
Die Mannschaft stürmt an Deck und jetzt sehen es alle. Eine Gruppe von sechs Pottwalen schwimmt Richtung Süden mit Kurs auf die kalten Gewässer der Antarktis.
Augenblicklich, so geht es mir gerade durch den Kopf, verwandelt sich meine Lady in einen lebenden Ameisenhaufen. Ich nenn es einfach mal … geordnetes Chaos.
Es ist jedoch ein Chaos, bei dem jeder genau weiß, was seine Aufgabe ist und während die Fangboote klargemacht werden, beginnt die Jagd. Annähernd fünf Stunden dauert die Hatz, bis der erste Wal mit einer schweren Eisenkette längsseits und mit dem Kopf nach Achtern außenbords festgemacht ist. Im Anschluss daran wird das Flensstelling heruntergefiert und über dem Wal in Stellung gebracht. Nun gehen die Flenser auf diesem Gerüst in Position, um den Speck abzuflensen, was sie mit bis zu sechs Meter lange Speckmessern, Fischhaken, Piken, Speckhaken und Speckgabeln erledigen. Mein Schiff macht aufgrund geminderter Segel nur leichte Fahrt, was eine gewollte Strömung verursacht, die den Wal ganz dicht an die Bordwand drückt.
Der zahnbesetzte Unterkiefer wird abgetrennt, der Wal auf den Rücken gedreht und das Rückgrat durchtrennt. Sie lassen das Stück nach hinten sacken, bis die Flenser ihre Arbeit getan haben. Nachdem der Kopf abgetrennt ist, wird er an Deck gehievt, um den sogenannten Walrat abzuschöpfen. Walrat ist im lebenden Tier bei Körpertemperatur eine flüssig - klare Substanz, die sich im abgekühlten Zustand zu einer weißlich - wachsartigen Konsistenz verfestigt. Im chemischen Sinn ist es ein Gemisch aus verschiedenen Glyceriden und Wachsen, eine mit Fettsäure veresterte einwertige Alkohole. Primär verwendet man es als Schmierstoff, ist Bestandteil von Tinten, Reinigungsmitteln, Kosmetika und Gerbstoffen oder in der pharmazeutischen Zubereitung als Kühlsalbe.
Nachdem die Flenser das letzte Deckstück abgeflenst haben, suchen sie im Verdauungstrakt des Pottwals nach Ambra,

eine sehr seltene graue, wachsartige Substanz, die von der Parfümherstellung sehr geschätzt wird, um nicht zu sagen in Gold aufzuwiegen ist.
Die Deckstücke werden in feine Vinken zerteilt. Das sind sehr dünne Scheiben, so genannte Bibelblätter, die in den angeheizten Trankesseln besonders schnell schmelzen.
Das Ergebnis ist eine Ausbeute von circa 5000 Fässern Öl beim ersten Wal. Wir haben noch drei weitere Tiere erlegt, müssen aber auf weitere Fänge verzichten, da unser Proviant wieder einmal zur Neige geht und so gebe ich Befehl, auf die indonesischen Inseln zuzuhalten.
In Jakarta habe ich mit ein wenig Glück die Fässer mit Waltran verkauft, den Männern eine zusätzliche Prämie ausgezahlt und wir haben neuen Proviant gebunkert.
Unter vollen Segeln fahren wir zwei Tage später entlang der Javasee in Richtung Papua-Neuguinea, an Backbord liegt Malaysia und Sulawesi, an Steuerbord Java sowie Bali.
Ich habe eines dieser neumodischen Thermometer vom Danziger Physiker Daniel Fahrenheit an Bord und staune nicht schlecht über fast 115 Grad Fahrenheit (45°C). Wir sind nassgeschwitzt, der heiße Atem der subtropischen Zone nimmt uns voll in Beschlag. Es herrschen saunaähnliche Temperaturen und eine beklemmende Schwüle erschwert uns das Atmen. Weitere Wochen ziehen ins Land und als wir endlich die Salomonen, Fidschi und Tonga hinter uns haben, sagt mir ein Blick in das Logbuch, dass wir schon über zwei Jahre unterwegs sind. Hier im Südpazifik muss es sich jetzt entscheiden – oder nie.
Kaum das wir vierzehn Tage in der Südsee kreuzen, sichten wir auch schon die erste Gruppe Wale. Die Jagd beginnt erneut.
Drei Monate treiben wir uns jetzt schon zwischen den chilenischen Küsten und den arktischen Gewässern herum und mein Glaube an ihn schwindet von Woche zu Woche. Am Morgen des achthundertneunundzwanzigsten Tages sollte meine Suche doch noch ein glückliches Ende finden. Die

morgendlichen Nebel geben langsam den Blick auf die Küste Patagoniens frei, als circa eine Seemeile vor mir ein mächtiger Koloss aus dem fast spiegelglatten Wassern des Meeres auftaucht. Eine gewaltige Fontäne steigt empor und ich kann ganz deutlich seine weiße Haut erkennen. Ruhig und ohne Eile schwimmt der rund siebzehn Meter lange Gigant des Meeres vielleicht eine halbe Seemeile voran, bevor er wieder abtaucht und mir mit seiner riesigen Schwanzflosse scheinbar zuwinkt. Kurze Zeit später hievt er erneut seine mindestens sechzig Tonnen Lebendgewicht aus den Fluten. Ganz deutlich kann ich die große weiße Narbe auf seinem Kopf erkennen und auch sonst zeichnen sich die vielen, von den Walfangjägern verursachten Kampfspuren an seinem Körper ab. Ohne Zweifel, das ist er … Mocha Dick, der Wal, den der Schriftsteller Herman Melville als Moby Dick berühmt gemacht hat. Fasziniert stehe ich an Deck und sehe dem Riesen bei seinen eleganten Schwimmbewegungen zu. Mehr als zwei Jahre habe ich auf diesen Moment gewartet, jetzt, da er Real ist, soll die ganze Welt erfahren, dass Moby Dick kein Hirngespinst, kein Fantasiegebilde ist, sondern wahrhaftig existiert. Vier meiner Männer wollen Alarm geben, aber ich halte sie zurück.

»Ihr könnt jeden Wal erlegen, aber nicht diesen«, sage ich. Ich habe keine Ahnung, ob sie mich verstehen, doch keiner rührt sich, sie schauen nur zu wie er schwimmt.

»Hol Lenny«, sage ich zu Norman, dem Schiffsjungen. Lenny Colebright ist ein begnadeter Zeichner. Er soll mir ein paar Zeichnungen von diesem legendären weißen Wal anfertigen.

Drei Tage nach dieser Begegnung gebe ich Befehl zur Heimfahrt. Richtung Cap Horn und anschließend die amerikanische Ostküste hinauf bis nach Hause.

Das Schicksal macht jedoch seinen eigenen Plan und kaum, dass wir in die kalten Wasser der Drake Passage eintauchen, verfinstert sich der Himmel und ein gewaltiger Sturm braut sich zusammen. Das Unwetter kommt so schnell, dass wir keine Gelegenheit haben, Gegenmaßnahmen zu ergreifen.

Der Westwinddrift ist in der Überlagerung durch die eisige Polarfront zu einem unberechenbaren Tiefdruckgebiet mit ungeahnten Ausmaßen gewachsen und so sind wir, immer noch voll aufgetakelt, ein Spielball der Elemente. Ohne jegliche Chance auf Gegenwehr macht das Meer mit uns, was es will. Das ganze Spektakel dauerte nur wenige Stunden, erst knickt der Sturm die oberen Spieren der Rahsegel wie Streichhölzer im Wind, damit nicht genug reißt er die Groß-, Innen- und Außenklüver sowie das Vorbramsegel weg. Schutzlos sind wir den seitlich heranrollenden Wellen ausgeliefert, die uns immer wieder in eine bedrohliche Seitenlage drängen. Ein gewaltiger Brecher nimmt uns schließlich den Hauptmast, der im tosenden Sturm fast mühelos wegbricht und drei Matrosen mit sich reißt. Tief im Inneren ahne ich, dass wir hier nicht mehr mit heiler Haut herauskommen, und denke, jetzt wird wohl niemand mehr erfahren, dass es Moby Dick wirklich gegeben hat. Ein Stück Holz trifft mich am Kopf und ich verliere die Besinnung, merke nicht, wie die See meine ›Weiße Lady‹ packt, auf die Seite wirft und unter Wasser drückt. Es dauert nicht lange – nur wenige Minuten, dann ist von mir, meinem Schiff und der Mannschaft nichts mehr zu sehen.

Erst in späteren Jahren, nämlich im Jahre 1859, erfährt ein kleiner Kreis von Eingeweihten, dass ein schwedischer Walfänger einen Wal namens Mocha Dick … auch Moby Dick genannt, angeblich erlegt hat.

ler-Schwickerath vor sich hin. Im Keller angekommen merkte Frau Müller-Schwickerath sehr schnell, dass etwas nicht stimmte. Irgendetwas hatte sie vergessen, aber was?
Sie eilte in den Abfallraum, wo die Container standen. Dort lagen noch so viele Säcke, also waren sie noch nicht geleert worden. Dann war der Wintereinbruch doch für etwas gut.
Frau Müller-Schwickerath wühlte sich langsam durch die Plastiktüten, die sie zuvor aus dem Container mit einem Besenstiel geangelt hatte. Bis jetzt fand sie keine rote Tüte, worin die Schuhe steckten. Nichts … nichts … was sollte sie machen? Verzweifelt schaute sie sich um.
Sie rückte und schubste Kisten und Kästen, schaute in jede Ecke, aber nichts. Wie sollte sie das ihrem Mann nur beibringen? Die Schuhe waren zwar ganz durchgewetzt, die Sohlen zum Teil gelöst, aber vielleicht mit etwas Klebstoff zu reparieren. Grübelnd setzte sie sich auf einen leeren Karton und stützte ihren Kopf in ihre Hände. Leise fing sie an zu weinen und hörte nicht, wie jemand sich hinter sie stellte. »Ach Emmchen, nun wein doch nicht.«
Erschrocken sprang sie auf und fiel ihrem Mann in die Arme. Laut schluchzend gestand sie ihm: »Ich … ich … hab deine Schuhe weggeschmissen.« »So so, das hast du also getan«, flüsterte Herr Müller-Schwickerath in ihre Haare, dabei konnte er sich ein Grinsen nicht verkneifen. »Ja … ja … sie waren doch kaputt … und … und … jetzt finde ich sie nicht mehr wieder.« »Dann sind sie doch eigentlich richtig im Müll gelandet, oder mein Emmchen?«
»Was hast du gerade gesagt?« »Dann sind sie doch dort richtig gelandet, warum soll ich kaputte Schuhe tragen mitten im Winter. Frostbeulen mag ich nicht besonders.« Er gab ihr ein Taschentuch, damit sie sich die Nase putzen konnte. »Nun komm, lass uns nach oben gehen, es ist hier eiskalt und du holst dir einen Schnupfen. Keine Angst alles wird gut.« Er nahm seine Frau bei der Hand und sie fuhren gemeinsam mit dem Aufzug zu ihrer Wohnung. »Frau Emmchen Müller-Schwickerath schau mal, was ich hier habe.« »Schuhe … Win-

ter… Winterstiefel, du hast … sie gefunden?« »Nein, schau genau hin, das sind neue Winterstiefel, übrigens ein Schnäppchen vom letzten Jahr.« Lachend drückte er seine Frau an seine Brust.

»Weißt du, als ich letztens im Keller war, hab ich bemerkt, dass die Jugendlichen aus dem Nachbarhaus an den Containern rumstöberten und etliche Dinge daraus hervorkramten. Was meinst du, meine Schuhe waren auch dabei. Ben, der Junge vom Nachbarn erkannte sie und grinste mich an. Er meinte nur: ›Na, Herr Müller-Schwickerath, da sind wohl mal ein Paar neue Schuhe fällig oder?‹ Siehst du, alles wird gut, eigentlich wollte ich dich noch etwas im Keller schmoren lassen, weil du wohl den Nachbarn etwas von meinem Sammeln und Jagen erzählt hast. Nun gut, ich denke, es war uns allen eine Lehre. Ich werde mich bemühen, auch manches Mal Dinge zu entsorgen, bevor du wieder die Nachbarn informierst.«

Lachend gingen sie in die Küche und Herr Müller-Schwickerath konnte sogar noch eine Tasse Kaffee trinken, ohne zu spät zur Arbeit zu kommen, denn seine Schule war wegen des Schneesturms geschlossen.

PS: Mein Mann ergatterte im Winter 1978 die letzten Schuhe in einem Kaufhaus.

Käfer

Peter Marquardt

Frühling, ja es war Frühling. Ich schloss die Augen, legte den Kopf in den Nacken und sog genüsslich die laue Luft ein. Dieser Duft. So betörend, so unschuldig, so rein. Es roch nach frischem Gras, nach werdendem Leben.
Ich öffnete die Lider und blickte in einen weißen Himmel. Ja, er war weiß; nicht blau. Blendend weiß, wie die Tischtücher aus Dammast, welche die Mutter früher, nach dem Waschen, zum trocknen auf die Leine gehängt hatte. Fast schmerzte das Tageslicht. Ich senkte den Kopf und schaute auf die Wiese. Gleißend helle Flecken tanzten vor meinen Augen, so geblendet hatte mich dieses Weiß.
Dabei hasste ich Weiß im Grunde genommen, war froh, ihm entflohen zu sein. Aber das hier, das hier war etwas Anderes. Es war schön und rein. Überhaupt nicht gefährlich.
Je mehr die hellen Flecken verblassten, desto mehr erkannte ich von der Wiese. Ich saß hier und Fliegen, Bienen, kleine Käfer flogen und krabbelten mit unterschiedlichem Gebrumme und Gesumme darauf herum. Ein Meer von winzigen, weißen Blüten umgab mich, die gemeinsam mit dem saftig zarten Grün des ersten Grases einen wundersamen Teppich bildeten.
Bewegungen auf einer dieser unzähligen Blüten erregten meine Aufmerksamkeit.
Ein Käfer, ebenfalls von strahlendem weiß, zwischen den gleichfarbigen Blumen kaum zu erkennen, schien einen Tanz auf ihnen zu vollführen. Schließlich hielt er inne und krabbelte weiter. Dort, wo er eben noch gesessen hatte, waren die kleinen Blüten fort. Er hatte wohl nicht auf ihnen getanzt, sondern sie aufgefressen.
Ein weißer Käfer, der weiße Blüten frisst. Und tatsächlich, es dauerte nicht lange und auch an der neuen Stelle hatte der Nimmersatt alle Blüten abgefressen. Und dann an einer dritten und einer vierten Stelle und so weiter, und so weiter. Eine

Blüte nach der anderen verschwanden in dem gefräßigen Kerl.
Unwillkürlich musste ich über diesen kleinen Vielfraß lächeln. »Stärkst dich für den Sommer, was?«, murmelte ich.
Er lies sich jedoch nicht stören, sondern fraß und fraß und wuchs.
Hatte er anfangs lediglich die Größe eines Junikäfers gehabt, war er nun bereits so groß wie ein Maikäfer. Eine dicke Hornplatte wölbe sich über seinen Rücken, die in der Sonne weiß strahlte. Er besaß unzählig viele kleine schwarze Beinchen, auf denen er wieselflink von einer Blüte zu anderen krabbelte, nur um diese, mit steigender Geschwindigkeit, wie es mir erschien, aufzufressen.
Und dabei wuchs er immer weiter. Schon in den wenigen Minuten, die ich ihn nun beobachtete, hatte er die Größe meines Handtellers erreicht.
Jetzt erkannte ich zwei keine, spitze Scheren, die er am Kopf trug. Unablässig schnitten sie die Blütenblätter ab und zwei der vorderen Beinchen beförderten sie ohne Unterlass in das winzige Maul.
Ich beugte mich zu ihm herunter und hörte leise das Schaben und Ratschen, wenn die Scheren die zarten Pflanzenteile abschnitten.
Er machte eine Pause und kam auf mich zu gekrabbelt. ›Ob er wohl fliegen kann?‹, überlegte ich. Sein Rückenpanzer sah nicht so aus, als ob er sich teilen könnte, um Flügeln Platz zu machen.
Als er mir dann über den Handrücken krabbelte, entfuhr mir ein »Autsch«. Die kleinen Beinchen schienen mit Widerhaken versehen zu sein. Sie piksten und zwackten auf der Haut. Ich zog den Käfer von meiner Hand herunter, nicht ohne einen erneuten Schmerzenslaut von mir zu geben. Die Beinchen waren fest in der Haut verankert.
Ein roter Kreis blieb an der Stelle zurück, wo ich ihn mir abgerissen hatte. Zur Strafe warf ich ihn einige Schritte von mir entfernt in das Gras. Er landete auf dem weißen Rücken-

Dann drangen fremdartige Geräusche an mein Ohr. ›Eine Straße‹, schoss es mir durch den Kopf, ›es ist mir verboten, sie zu überqueren.‹

Ich ließ mich am Straßenrand nieder und riss mir die Hose vom Leib. Darunter war ich nackt. Der Käfer hatte sich mir auf der Innenseite des linken Oberschenkels festgesetzt.

Wie hell meine Haut ist, stellte ich verwundert fest. Fast weiß. Und die Beine, so dünn. Früher waren sie muskulös und immer braun gebrannt gewesen.

Der Käfer stemmte sich weiter gegen meinen Griff. Kaum, dass ich ihn noch zu halten vermochte.

Schließlich packte ich ihn, so fest ich konnte, und riss die Beine mit den Widerhaken gewaltsam heraus. Es schmerzte höllisch und ich schrie laut auf.

Ein Kreis aus blutenden Punkten zeichnete sich mir auf dem Oberschenkel ab. Meinen Widersacher jedoch hielt ich in der Hand. Die kleinen schwarzen Beinchen zappelten hilflos in der Luft. Ich schleuderte ihn auf den Asphalt der Straße.

Ein großes, weißes Auto fuhr heran und rollte über den Käfer. Als das Fahrzeug ruckartig stehen blieb, war ein Reifen genau auf ihm. Etwas Kalkiges quoll darunter hervor.

Eine Frau in einem weißen Anzug sprang aus dem Auto. Ich hasse Weiß. Ich hasse alles, was weiß ist.

Ich schaute zu dem Käfer. Ich konnte seine Beine nicht mehr sehen. Von der anderen Seite kam ein Mann. Auch er war weiß gekleidet und trug eine Glatze. Ein Schmetterling war darauf tätowiert. Nicht weiß, sondern blau oder schwarz.

Er war groß und muskulös, packte meine Arme und riss mich in die Höhe: »Na da haben wir ja den Ausreißer«, grinste er überheblich. Dann steckte er mir beide Arme in eine weiße Jacke, schlang mir deren Ärmel einmal um den Körper und band sie über der Brust fest.

»Ein Käfer«, keuchte ich, »ihr steht auf einem Käfer, der wollte meine ... «, ich schaute nach unten. Das Blut, die Wunden, die der Käfer gerissen hatte, alles war verschwunden. Nichts zu sehen.

›Dieses Vieh gehörte also auch zu jenen, die es darauf abgesehen hatten, mich zu vernichten. Mich, den Großmeister der Mysterien.‹

Wütend bäumte ich mich auf: »Lass sofort los, sie werden immer wieder kommen, sie werden niemals Ruhe geben! Ich kenne ihr grausiges Geheimnis!«

Ich wollte fliehen, wie schon so oft.

Unbeeindruckt von alldem hob der Mann mit dem Schmetterling mich in das weiße Auto, warf meinen gepeinigten Körper unsanft auf eine schmale Pritsche und legte mir Fesseln an Oberkörper und Beinen an.

Ich versuchte, es zu verhindern, aber der Kerl war zu stark.

»Der Käfer, er war ganz weiß und er wollte mir an die ... «, rief ich in meiner Verzweiflung.

»Alles wird gut«, sagte die Frau, die sich inzwischen neben mich gesetzt hatte. Sie betrachtete prüfend meine entblößten Lenden und errötete ein wenig. Ihre Stimme war sanft und einschmeichelnd. Gleichzeitig verspürte ich einen schmerzhaften Stich im Arm.

»Wir fahren dich jetzt zu deinem weißen Wurm von voriger Woche«, sagte der große Kerl und grinste unverschämt.

Die Frau in dem weißen Anzug schüttelte missbilligend den Kopf. »Nicht zu dem Wurm«, schrie ich und spürte mal wieder Panik in mir aufsteigen, »der will durch mein Ohr in mein Gehirn, das dürft ihr nicht zulassen. Ihr müsst mir helfen! Ihr müsst!« Dann begann die Spritze zu wirken, die die Frau mir gegeben hatte.

Der Hüne zuckte mit den Schultern und sagte: »Der soll früher mal berühmt gewesen sein. Hat wohl Horrorgeschichten geschrieben. Jedenfalls erzählt man das.«

Die Frau nickte verstehend: »Das erklärt zumindest einiges.«

Dann umfing mich die Schwärze einer Ohnmacht.

Weiße Wäsche

Markus Kohler

Das 3000-Seelen-Dorf Schenkelsbach hat eine Kirche – wie es sich gehört - , ein Gasthaus – gehört sich ebenfalls so -, einen kleinen Supermarkt, einen Bäcker, einen Frisör und Christas Wäscherei. In Schenkelsbach hält man noch sehr an Traditionen und altem Brauchtum fest und die Einwohner sind damit zufrieden. Dass dies auch eingehalten wird, dafür sorgt Bürgermeister Knoppel.

Seine Tochter Frederike sollte nun in den Hafen der Ehe einlaufen und hier musste natürlich alles seine Richtigkeit haben. Bereits ein Jahr vorher wurde alles akribisch bis ins kleinste Detail geplant und organisiert. Die Bürger von Schenkelsbach ließen es sich natürlich nicht nehmen, ihren langjährigen Bürgermeister tatkräftig zu unterstützen. So auch Christa Zaberle, eben jene Besitzerin der kleinen Wäscherei. Sie hatte dafür zu sorgen, dass die Tisch- und Bettwäsche in strahlendem Weiß erschien.

Nun also war der Tag der Hochzeit gekommen. Das halbe Dorf war auf den Beinen, den niemand wollte versäumen, wie Fredrike Knoppel unter die Haube kam. Einige böse Zungen hatten ja bereits behauptet, eine solch exaltierte und überspannte Person würde ja doch nie einen Mann abbekommen. Umso überraschter waren sie, als sie das Aufgebot an der Kirche gelesen hatten. Bertold Meierle, der Sohn des ortsansässigen Bäckers, sollte es tatsächlich wagen, Frederike zum Altar zu führen.

Christa Zaberle verstaute soeben den dritten Wäschekorb in ihrem Transporter und lief nochmals zum Haus zurück, um auch noch das Bügeleisen mitzunehmen. Man konnte ja nie wissen, was noch alles passieren konnte. »Frau Zaberle«, hörte sie eine Stimme laut hinter sich rufen. Christa hielt inne und drehte sich langsam um. Sie hatte die Stimme bereits erkannt und hatte eigentlich keine Zeit und keine Lust, sich mit der Schwester des Bürgermeisters zu unterhalten. Seufzend blieb sie jedoch stehen und wartete, bis Hermine Jäger bei ihr angelangt war. »Gut, dass ich sie noch antreffe, Frau Zaberle. Ich wollte doch noch vorher einen Blick auf die Wäsche werfen, bevor sie zum Gasthaus gebracht wird.« Christa stöhnte laut auf, dann antwortete sie: »Aber Frau Jäger, die ganze Wäsche ist bereits in Körben und in meinem Auto verstaut.« Hermine Jäger sah sie misstrauisch an und wollte sich schon auf den Weg zu dem geöffneten Transporter machen. »Frau Jäger«, setzte Christa etwas lauter und energischer an, »sie müssen mir schon vertrauen. Ich habe meine Wäscherei nun schon im zwölften Jahr und bis heute hat es keine Beschwerden gegeben.« Hermine Jäger schüttelte missmutig den Kopf bevor sie sich mit den Worten: »Dann will ich das auch diesmal für sie hoffen«, auf den Weg zurück in die Dorfmitte machte.

Nur wenige Minuten später war Christa am Gasthaus Krone angelangt und überreichte der Wirtin, Frau Henninger, die Waschkörbe. »Die Spitzenbettwäsche ist in dem blauen Korb«, deutete Christa auf den Entsprechenden. »Danke Christa. Bin froh, dass du dich um die Wäsche gekümmert hast. Du kannst dir nicht vorstellen, was ich hier seit einer Woche um die Ohren habe. Und jetzt ist auch noch unsere Küchenhilfe, die Ursel, krank geworden. Also ich bin froh, wenn das hier alles vorbei ist. Morgen Mittag noch das Aushängen des Bettlakens mit dem Jungfernblut, dann Aufräumen und Übermorgen nehme ich mir einen Tag frei.« Christa nickte verständnisvoll. »Sieglinde, wenn du noch Hilfe brauchst …«, sagte Christa. Doch die Wirtin winkte ab. »Ist schon gut, falls beim Zusammenlegen ein paar Falten entstanden sind, bekomme ich die schon wieder heraus.«

Erleichtert darüber, dass Sieglinde Henninger ihr Angebot der Hilfe ausgeschlagen hatte, kam Christa nach Hause. Sie wollte sich in aller Ruhe eine Tasse Kaffee gönnen, um sich dann für das Hochzeitsfest umzukleiden und herzurichten. Sie streifte die Schuhe von ihren müden Füßen, lauschte dem Plätschern der Kaffeemaschine und dachte über Frederike

Knoppel nach. Schon als kleines Mädchen war diese Bürgermeistertochter eine recht unangenehme Person gewesen. Trotzig und eigensinnig erreichte sie fast immer das, was sie wollte. Nun hatte sie sich also auch einen Mann geangelt. Und Bertold Meierle war eindeutig zu gutmütig für sie und auch viel zu fesch. Frederike würde man landläufig wohl eher als Xanthippe bezeichnen mit ihrer fast schon dürren Figur, den streng hochgesteckten roten Haaren und ihrer quäkenden Stimme. »Aber was geht mich das an«, sagte sich Christa, schenkte sich einen Kaffee ein und versuchte, das Kreuzworträtsel in der Tageszeitung zu lösen.

Pünktlich um vierzehn Uhr hatte sich die Kirche restlos mit den Bürgern von Schenkelsbach gefüllt und einige blieben sogar noch draußen vor dem Eingang stehen. Das Wetter hatte ein Nachsehen. Nachdem es die Tage zuvor immer wieder geregnet hatte, schien heute die Sonne von einem nahezu blauen Himmel. Die Zeremonie war sehr schön und Pfarrer Schmidt, der wegen der vielen Menschen doch etwas nervös war, gelang eine wunderbare Ansprache. Bald schon waren alle wieder auf der Straße und begaben sich nur wenige Schritte weiter hin zum Gasthaus Krone.

Dort spielte die eigens gemietete Kapelle bereits auf und die Menschen verteilten sich an den Tischen. Kurz inspizierte Christa die weiße Tischwäsche und war mit dem Ergebnis doch recht zufrieden. Sie wollte eigentlich nur auf ein Stück Kuchen und eine Tasse Kaffee hierbleiben, obwohl der Bürgermeister sie auch ausdrücklich zum Abendessen geladen hatte. Doch Christa spürte immer noch ihre müden Beine und wollte es sich eigentlich heute Abend mit einem Buch auf dem Wohnzimmersofa gemütlich machen. Als die Servierkräfte die zweite Fuhre Kaffee an die Tische brachten, machte sich Christa still und heimlich davon.

Am nächsten Tag gegen dreizehn Uhr hörte Christa laute Böllerschüsse und eine Blaskapelle, die mehrere Tuschs ertönen ließ. »Ah ja«, lächelte sie, »das blutige Laken. Das werde ich wohl morgen hier zur Reinigung haben.« Und so geschah es auch. Frau Bürgermeister betrat gegen zehn Uhr mit einem süffisanten Lächeln die Wäscherei und stellte den Waschkorb mit der befleckten Bettwäsche auf den Tresen. »Die Spitzenbettwäsche meiner Großmutter. Ich möchte die blendend weiß wiederhaben. Wann kann ich sie abholen?« Christa wühlte kurz in dem Korb, um feststellen zu können, ob auch alle Teile abgeben worden sind. »Sie können morgen Nachmittag vorbeikommen, Frau Knoppel.« Die Frau des Bürgermeisters nickte zufrieden und verließ eiligen Schrittes die Wäscherei.

Christa schüttelte die zusammengeknüllte Bettwäsche auseinander und legte sie auf einen Haufen neben der Industrie-Waschmaschine, dabei fiel ihr Blick auf das Laken mit dem Blutfleck. Neugierig hob sie es wieder hoch und betrachtete das kaum 4 x 4 cm große Mal. Es war ein sehr kräftiges Rot, stellte sie achselzuckend fest und um ganz sicher zu gehen, dass sie diesen Fleck auch entfernt bekam, rieb sie ihn schon mal mit einem speziellen Reinigungsgel ein.

Noch am selben Abend holte sie die Wäsche aus der Maschine und hängte sie über eine der vielen Leinen, die in ihrem Arbeitsraum verteilt waren. Weißwäsche sollte nie in den Trockner, denn dann war es umso schwieriger, sie wieder glatt zu bekommen. Das war eine der Erfahrungen, die sie im Lauf der Jahre gesammelt hatte. Als sie das Laken, das den Blutflecken enthalten hatte, glatt zog, bemerkte sie einen hellen Ring darauf. Sie nahm es wieder ab und ging damit ans Licht. Tatsächlich war der Fleck immer noch zu sehen, zwar war er um einiges heller geworden, doch er war zweifellos immer noch zu erkennen. Christa eilte zurück an das Regal über der Waschmaschine und griff nach dem Paket mit Backpulver. Mit diesem Trick hatte schon ihre Großmutter die besten Erfolge erzielt. Sie zog einen Waschzuber unter dem Tisch hervor, legte das Laken hinein und schüttete eine ausreichende Menge von dem Pulver darüber und füllte warmes Wasser auf. Sollte es eine Nacht darin liegen und morgen nochmals in die Waschmaschine.

Unglücklich und in Gedanken versunken stand Christa am nächsten Tag in ihrer Wäscherei, als Herbert Funkler den Laden betrat. Er war Polizist und ließ seine Oberhemden hier immer bei Christa reinigen, da er unverheiratet war und er seiner alten Mutter nicht mehr so viel Arbeit zumuten wollte. Er bemerkte sofort, dass Christa etwas bedrückte, und sprach sie auch direkt darauf an: »Christa was ist mit dir? Wo ist dein freundliches Hallo geblieben, wenn ich den Laden betrete?« Die Angesprochene schüttelte langsam den Kopf. »Ach Herbert, ich bin total ratlos. Ich habe die Bettwäsche von Frederikes Hochzeitsnacht hier. Du weißt schon, die mit dem Blutfleck. Und ich hatte in meinen Berufsjahren hier in der Wäscherei auch schon mit einigen Flecken zu kämpfen, doch ich habe immer gesiegt. Nur ausgerechnet jetzt will dieses Mal nicht vom Laken verschwinden.« Herbert legte seine Rechte auf ihre. »Lass mal schauen«, forderte er.
Als Christa ihm das Bettlaken in die Hand gedrückt hatte, ging er damit vor die Ladentür und besah sich das Malheur bei Tageslicht. »Also Christa, eines kann ich dir garantieren, das hier sind auf keinen Fall Überreste von Blut.« Christa holte erschrocken Luft und stellte sich neben ihn. »Ich nehm das mal mit. Ich habe heute noch etwas in Leupolding zu erledigen und gebe das mal ins Labor. Mein Bekannter dort ist mir noch etwas schuldig, der soll sich das mal anschauen.« Herbert nickte Christa lächelnd zu und übergab ihr die Sporttasche mit seinen weißen Hemden. »Ich schaue auf dem Rückweg wieder bei dir vorbei.«
Christa ging zurück in ihre Wäscherei und hoffte, dass Herbert vor Frau Bürgermeister wieder hier sein würde. Sie konnte sich für den Rest des Tages nicht mehr auf ihre Arbeit konzentrieren, mangelte lediglich die bereits fertige Bettwäsche für Frau Knoppel und begab sich dann in den Garten, um ein wenig Unkraut zu jäten. Drei Stunden später war Herbert zurück und lachte sie freudestrahlend an. Er übergab ihr das Laken und dazu ein kleines Fläschchen.
Frau Knoppel betrat gegen 17 Uhr Christas Wäscherei und

trommelte ungeduldig mit den Fingern auf den Tresen. Christa war in ihrem Arbeitsraum verschwunden, um den Korb mit der fertigen Bettwäsche zu holen. Das Laken jedoch lag ungebügelt obenauf. »Was soll das?«, entrüstete sich Frau Knoppel und deutete darauf. »Moment«, beschwichtige Christa und zog das Corpus Delicti auseinander. Sie zeigte auf den blassen Fleck und schaute dabei direkt in das blasierte Gesicht der Frau Bürgermeister. Diese brauste förmlich auf: »Frau Zaberle, sie glauben doch nicht ernsthaft, dass ich das da …«, aufgeregt deutete sie auf das Wäschestück, »so wieder zurücknehme. Sie nennen sich Wäscherei und sind nicht einmal in der Lage, einen winzigen Flecken Blut zu entfernen?« Christa räusperte sich, bückte sich unter den Tresen und holte das kleine Fläschchen hervor, das ihr Herbert vor einigen Stunden ausgehändigt hatte. »Nun, Frau Knoppel, der Fleck auf ihrem Laken ist kein Blut, sondern Nagellack und ich kann ihm nur mit härteren Mitteln zu Leibe rücken. Das hier ist Terpentin.« Christa hielt ihr das Fläschchen entgegen. »Doch ich wollte sie vorher um Erlaubnis fragen, denn ich weiß nicht, ob die Spitzenbettwäsche ihrer Großmutter dem standhält«

Gertrud Knoppels Gesicht hatte die Farbe des Blutflecks angenommen, als er noch unbehandelt auf dem Laken prangte. Sie schluckte schwer und ließ dann ein süffisantes Grinsen auf ihren Lippen erscheinen. »Ach Frau Zaberle, so war das doch gar nicht gemeint. Sie werden das bestimmt schon noch hinbekommen.« Die Frau des Bürgermeisters zwinkerte ihr unsicher zu. »Ich werde dann Morgen die Wäsche komplett abholen.« Christa rief ihr im Hinausgehen noch hinterher: »Aber sicher und sie werden die weißeste Wäsche bekommen, die sie je gesehen haben.«

Schwarz-Weiß

Petra Weise

»Was ist? Warum schimpfst du so?«, will Frank wissen.
»Ach, meine Schwester hat mir Fotos gemailt.«
»Das ist doch schön.«
Sonja schnauft verächtlich. »Die Fotos aber nicht. Alle nur schwarz-weiß.«
Sonjas Schwester Simone ist Fotografin. Keine gewöhnliche Fotografin, sondern eine echte Künstlerin. Und Künstler knipsen nicht wie Sonja drauflos, sondern machen ein richtig gutes Foto. Es dauert immer schrecklich lange, bis Simone endlich auf den Auslöser drückt. Das Ergebnis ist immer schwarz-weiß.
Auf dem Bild steht Simones Tochter Luise hinter einer großen Torte und versucht, drei Kerzen auszublasen. Die Torte ist grau wie Luises Kleidchen. Auf dem nächsten Foto hält Luise einen großen schwarz-weiß-grauen Blumenstrauß im Arm und lacht in die Kamera. Man sieht die strahlenden Augen, aber man erkennt nicht, dass sie grün sind.
Simone ist davon überzeugt, durch das Entfernen der Farbe Schwerpunkte auf Licht und Schatten, auf Kontraste, Formen und Strukturen zu lenken. Sie meint, der Betrachter würde von Farben abgelenkt.
Deshalb schenkte sie Sonja einen künstlerisch wertvollen Fotokalender. Auf jeder Seite Luise in schwarz-weiß: im Januar auf dem Schlitten, im Februar im Faschingskostüm. Luise trug ein schwarz-graues Clown-Kostüm, ihr Gesicht zeigte einen großen weißen Mund mit schwarzem Rand, um die Augen riesige weiße Ovale mit schwarzen Brauen. Luise auf ihrem Dreirad oder auf einer Wiese inmitten schwarz-weißer Blumen, beim Baden im See. Das Dezemberblatt zeigt Luise in einem grauen Kleidchen neben einem schwarzen Weihnachtsmann mit weißem Bart. Sonja mag solch einen Kalender nicht aufhängen, er stimmt sie traurig.
Sonja liebt Fotos. Sie wählt die schönsten aus und bestellt per

Internet Papierabzüge. Diese klebt sie dann in ein Album und schreibt einen passenden Text dazu. Von Luise klebt sie nur die Bilder ein, die sie bei den seltenen Besuchen selbst knipst. Natürlich in Farbe.
Sonja liebt Farben. Schwarz und Weiß sind keine Farben.

»Ich finde das Foto hübsch«, meint Frank.
»Die kleine Luise ist hübsch«, entgegnet Sonja. »Das Bild ist grauenhaft, grau wie grauenhaft. Erinnerst du dich an Luises ersten Geburtstag? Sie trug einen weißen Pulli und einen schwarzen Kleiderrock, dazu schwarze Strumpfhosen und schwarze Schuhe.«
»Na und? Reine Geschmackssache«, winkt Frank ab.
»Schwarz hat nichts mit Geschmack zu tun. Schwarz steht für Trauer. Allein dafür habe ich eine schwarz-weiße Bluse und schwarze Wäsche im Schrank.«
»Jetzt übertreibst du aber. Und ich sage dir noch etwas: Dein Schwarz-Weiß-Denken ist krank.«
»Wie meinst du das?«
»Na, für dich ist eine Sache entweder richtig oder falsch, gut oder böse.«
»Man muss sich entscheiden können. Ja oder nein. Ich mag das oder ich mag das nicht.«
»Und was magst lieber?«, will Frank wissen. »Schwarz oder Weiß?«
»Weiß natürlich. Wie ein leeres weißes Blatt, worauf ich etwas schreiben oder malen kann.«
»Dann ist es aber nicht mehr weiß.«
»Eben. Genau deshalb.«
Frank zuckt mit der Schulter. Es hat keinen Sinn, mit Sonja zu streiten. Er steht auf und geht in die Küche. »Ich mache jetzt Kaffee.« Dann setzt er lachend hinzu: »Willst du deinen Kaffee schwarz oder weiß?«

Alb-weiß

Florian Knisatschek

Eine Frage, die sich vielleicht schon alle unter uns gestellt haben, als sie eines Tages aufwachten: »Verdammt, was tu ich in Grönland?«

Nun, ich kann nicht beruhigen, ich kann nur aus dem Auslug blicken, und nein, so schnell kann alles nicht aufgelöst werden!

Drinnen: Eine feldbettartige Liege, aus der ich offenbar gerade aufgestanden bin, ja, das verrät mir mein forensisch gepeinigter Verstand, weil sie noch warm ist, eine Tchibo-capsodings, gottlob!

Einige Geräte, deren Nutzen und Zweck ich nicht im Geringsten auch nur deuten kann, und eben dieses kleine Fenster vor meiner Nase hier.

Das Fenster ist arg! Man schaut durch ein Fenster hinaus, und alles ist weiß! Ohne Kontur, ohne Dings, kein irgendwas. Einfach weiß!

»DAS IST WEIß!« Denke ich.

»Chrchrchr… mit einem Weißsturm… chrchrcrrr… ist zu rechn… Chrchrrr... «

Aha, hatte ich also auch ein Euter zu den Ideen der Außenwelt hier.

»Chrchrchrr… kann es zu dem… chrchrr… Phänomen eines Whiteout… chrchrr... kommen!«

»Aha!«, dachte ich.

Nicht, weil ich etwas wusste, sondern nur, weil ich wusste, dass ein Schlichtes ›aha‹ einerseits die depperte Unbegreiflichkeit dieser Situation etwas leichter machen würde, andererseits schien mir die Platzierung eines ›aha‹ hier durchaus angebracht. Es gibt nicht viele Situationen in denen man ein ›aha‹ so leger und bedeutungslos in den Raum stellen kann, aber diese hier war eindeutig eine Solche.

Weil es war echt komisch hier …

So, zurück zum Anfang… Hee! Hirn! Zurück zum AN-

FANG!!
bist du gscheit, da is nix …
oag… !
Ich stehe hier in unbekanntem Weiß, schau aus diesem kleinen Holzkastenfenster in ewiges Weiß, weiß nicht, woher oder WAS überhaupt, Moment, da fällt mir ein: Weißwurst muss man zuzeln!
Aber der Erbauer dieses Holzkastenfensters war echt voll keck und ein Fachmann seines Metiers, es ist dicht!
Herrje, wo bin ich hier überhaupt?!!
Oh, verdammt, es gibt hier einen Kühlschrank, welch Ironie.
Und eine Frage, die sich meiner immer aufdrängt, wenn ich unvorhergesehen auf unbekannte Kühlschränke treffe, ist die Frage nach dem Inhalt.
Also, Tür auf!
WEISSBIER!
Ich fasse es nicht! Dieser brave Fridgerator ist voll mit Weißbier!
Na geh scheißen, ich hätte jetzt so gern einen Dosenkaffee vom Hofer, Mist!
Ein großes Blatt Schinken wäre auch nicht schlecht, aber man verdaut so schlecht in unbekannten Situationen, weshalb ja auch einst der Wiederkäuer erfunden wurde.
Wo bin ich hier nur gelandet!?
Nun, ich habe keine Ahnung! Manchmal landet man schirch, und manchmal schöööön!
Ach so, wo waren wir? Ah ja, vor diesem kleinen Holzkastenfenster edelster Handwerkskunst. Und da kam dann so ein großer Hubschrauber, und mit dem sind wir dann heimgeflogen! Das war voll super!
Es ist schon arg, was man manchmal so alles erlebt. Oder erleben MUSS, weil freiwillig würde man sich ja so was nie aussuchen, solang man noch halbwegs bei Verstand ist.
Pfoo, und nach dem Ganzen trinke ich erst mal ein Glaserl Weißwein. Oidaaa… das war ja noch ärger wie das damals mit dem GELB …

Körpersprache
Dagmar Finger

Auf der großen Wandtafel im Seminarraum steht:

JEDER TAG OHNE LÄCHELN IST EIN VERLORENER TAG

Ich lächele nicht.
Mir ist warm und die jetzt schon abgestandene Luft riecht nach Schimmel. Draußen regnet es. Die Fenster sind geschlossen. Tropfen rinnen über die Scheibe und malen ein Streifenmuster. Die Deckenlampen haben dieses spezielle Licht, in dem ich immer ungesund aussehe.
Neben der Seminarleiterin als Expertin - Studienfach Psychologie - und mir sind weitere elf Teilnehmer anwesend. Wir sitzen in der Mitte des Raumes im Kreis, auf genau diesen Stühlen, die scheinbar extra für solche Seminare erfunden worden sind. Mit verchromten Beinen und einer Sitzschale aus Plastik. Leicht zu reinigen. Stapelbar und praktisch. Diese Art von Stühlen, die mit der Zeit immer glatter werden; auf denen man immer so hin und her rutscht.
Ich weiß nie wohin mit den Händen. Die wollen immer etwas zu tun haben, etwas anfassen, mit etwas spielen. Die Expertin könnte daraus falsche Schlüsse ziehen. Besser, ich setzte mich darauf.
Das ist nicht gerade bequem und mein Körper schaukelt dann schon mal vor und zurück.
Seminar-Hospitalismus, denke ich. Aber wenn man auf den Händen sitzt, kann man unmöglich ruhig sitzen. Wahrscheinlich denkt die Expertin, ich sei nicht im Gleichgewicht. Experten wissen es immer besser.
Mir gegenüber sitzt eine junge Frau. Sie hat die Beine übereinandergeschlagen und wippt mit dem linken Fuß. Ich zähle mit. Bei zwanzig wechselt sie das Bein und wippt mit dem rechten Fuß. Was die Expertin wohl denkt? Als sie wieder

mit dem linken Fuß wippt, sehe ich das weiße Schild untern ihrem Schuh. Es sieht neu aus. Meine Schuhe sind auch neu. Ich brauche das, denn ich weiß mittlerweile, dass ›Im–Kreis-Sitzen‹ dazu gehört und dann alle auf die Schuhe gucken.
Warum mir - stärkt das Selbstbewusstsein - einfällt, weiß ich nicht.
Im Geheimen verbünde ich mich mit ihr, der Schuhe wegen. Nicht wegen der Beine. Mit den Händen unter dem Hintern ginge das auch gar nicht, das Übereinanderschlagen.
Eine Dame links von mir spricht mit ihrer Kreis-Nachbarin. Anscheinend hat sie viel zu erzählen oder die beiden kennen sich aus einem anderen Seminar.
Mit den grauen Haaren und dem spitzen Gesicht sieht sie aus wie eine Fledermaus - denke ich. Sie fuchtelt beim Sprechen mit den Händen, als sei ihr Ultraschall gestört. Immer wieder fallen ihr die Haare ins Gesicht. Sie streicht sie dann mit beiden Händen hinter die Ohren zurück. Ihre Knie stehen in X-Stellung. Die Schuhe haben dicke Korksohlen. Verklemmt, könnte die Expertin jetzt expertieren.
Aber ich bin keine Expertin und gebe auch keine Seminare. Ich trage auch nicht so ein dunkelblaues Kostüm mit knallengem Rock, und die Brille trage ich auf der Nase und nicht in den Haaren. Ich ginge auch nicht so betont aufrecht im Kreis herum. Ich müsste auch nicht ständig von diesen Spickzetteln ablesen.
Wir sollen uns kennenlernen. Ich melde mich als Erste. Ich sage meinen Namen. Verheiratet. Kinder und was ich beruflich so mache. Mir ist egal, ob die Expertin denkt, dass ich mich in den Vordergrund stellen wollte, aber der, der anfängt, steckt den Rahmen ab. Da bin ich mittlerweile Expertin.
Denn kommt jemand mit seiner Ich-teile-mein-ganzes-Leben-mit-euch-Vorstellung, ist man gezwungen, es genauso zu machen. Wenn nicht, dann heißt es: ›Sie ist wortkarg‹ oder ›Sie hat Geheimnisse‹. Dass ich keine Lust haben könnte, mein Leben in einem Psycho-Seminar mit Fremden zu teilen, fällt niemandem ein.

Allerdings bin ich jetzt im Fokus der Expertin – und das ist mir nicht egal.
Die Expertin geht im Kreis hin und her und hält ihren Monolog.
Ich schaue zum Fenster. Der Regen arbeitet noch immer an seinem Streifenmuster.
Am Fensterrahmen blättert der Lack und, wie ich vermute, blühen schwarze Flecken in dem Kitt. Schimmel - Krebs.
Mir fällt ein, dass ich noch einkaufen muss. Vielleicht mehr Obst und Gemüse. Gibt es eigentlich schon guten Biowein? Ich beschließe, meinen Weinhändler nächstes Mal zu fragen.
Die Worte der Expertin erreichen mich gedämpft, wie durch Watte gesprochen.
»Äußere und innere Haltung … Missverständnisse in der Kommunikation … übermittelt über Haltung, Bewegung …«
Plötzlich Unruhe. Stühle rücken über den Boden. Blätter und Bleistifte werden durchgereicht. Meine Hände haben wieder etwas zu tun – das finde ich gut.
Ich stehe auf. Zu früh. Natürlich.
Der missbilligende Blick der Expertin trifft mich. Ich wisse doch noch nicht, um was es gehe und ob ich es immer so eilig habe, sagt sie ganz ohne Watte und ich ärgere mich, dass ich bei ihren Worten zusammenzucke.
Mein undeutliches »kurz strecken«, scheint den Blick der Expertin zu besänftigen. Sie nickt zumindest mit dem Kopf.
Jetzt bin ich erst recht in ihrem Fokus.
Von der Seite stößt mich eine Teilnehmerin an. Mir fällt der Bleistift aus der Hand. Er rollt der Expertin genau vor die Füße. Sie hebt ihn auf. Grazil. Mit dem engen Rock eine Meisterleistung. Ich hätte das nicht gekonnt.
In der Ausschreibung stand: Bequeme Kleidung erwünscht.
Ob das aber auch für graue Jogginghosen gilt?
Neben mir die Dame sagt, dass wir jetzt anfangen könnten, und steht auf.
Jeans, Sportschuhe, Twinset in Hellblau und ein farblich passendes Tuch um den Hals. Schick.

Die Expertin kommt auf mich zu.
Wir stehen uns gegenüber. Auge in Auge. Ich muss an den Pickel an meinem Kinn denken, als ich in ihr makelloses Gesicht sehe.
Wäre sie ein Mann, würde ich jetzt lächeln. Bei Frauen geht das nicht. In den Expertinnen-Augen geht ein ganzes Gewitter nieder.
»Bitte sehr«, sagt sie mit sanfter Stimme und reicht mir den Stift.
Nicht schlecht! Solche Blitze und dann so eine Stimme.
Bei richtiger Haltung den richtigen Ton treffen - Körpersprache als rhetorisches Mittel. So stand es in der Beschreibung.
Vielleicht kann man das so gut, wenn man zuvor Psychologie studiert hat. Ich habe keine Ahnung. Es läuft nicht so gut zwischen uns, denke ich und sehe mich nach den Anderen um.
Die zerstreuen sich gerade. Womöglich auf der Suche nach einem Platz, wo sie ungestört schreiben können. Anscheinend ist Einzelarbeit angesagt.
Ich zerstreue mich auch und tue so, als suchte ich etwas.
Aus dem Augenwinkel sehe ich schon die Expertin auf mich zusteuern.
»Vielleicht ist neben der Küche noch eine Ecke frei, in der sie sich zurückziehen können«, sagt sie. Wieder die sanfte Stimme. Unglaublich.
Sie zeigt mit der Hand auf den kleinen Flur, wo es anscheinend zur Küche geht.
Mein Danke ohne Lächeln dazu muss reichen. Weil die Blitze so schön waren, frage ich: »Gibt's dort auch Kaffee?«
»Kaffee hatten wir schon zu Beginn. Jetzt werden wir uns wohl bis zur Pause gedulden können«, sagt sie und beginnt tatsächlich zu lächeln – trotz der Blitze. »Wir wollen doch erst arbeiten, oder? Mit der Fragestellung kommen sie klar?«
»Ja, ja, kein Problem«, höre ich mich selber sagen und will mich umdrehen. Sie hält mich am Arm zurück.
»Falls nicht, ich bin für Sie da«, blitzt sie ein wenig, nickt mit

dem Kopf dazu und geht.
Was heißt, geht? Sie geht nicht nur, sie stolziert. Mein Blick fällt auf ihre Schuhe. Sie scheinen etwas abgelaufen. Ich reibe mir die Stelle am Arm. Während des Gehens nimmt sie die Brille aus den Haaren und setzt sie auf die Nase. Mir fällt ein, dass meine Brille zu Hause auf dem Küchentisch liegt.
Normalerweise folgt auf Regen auch mal Sonnenschein. Normalerweise. Heute scheint das bei mir nicht zu funktionieren. Puls: geschätzte hundertfünfzig. Atmung: kurz vor Schnappatmung.
»Ganz ruhig bleiben«, sage ich mir.
Einige der Teilnehmer kauen nachdenklich an dem Bleistift, andere Schreiben schon – über das Blatt gekrümmt.
Ich gehe in die Küche und treffe die Frau mit den nervösen Beinen.
»Sie waren doch auf der Toilette, können sie mir sagen, wo ich die finde?«
»Aber sicher«, antworte ich und zeige auf eine Tür. Dort steht groß und breit: WC.
»Danke«, lächelt sie. »Wissen sie, ich besuche schon zum zweiten Mal das Seminar ›Positive Körpersprache‹. Was gefällt mir an mir? - ist ein toller Einstieg. Da nehmen wir uns doch selber einmal in den Fokus. Ich bin immer so unachtsam mir selbst gegenüber.«
Zur Bekräftigung wippt jetzt ihr Kopf auf und ab. Sie strahlt mich an.
Als ich das Gebäude verlasse, fällt die Tür hinter mir mit einem Knall ins Schloss.
Auf einem der Stühle mit verchromten Beinen und einer Sitzschale aus Plastik- stapelbar und praktisch, mit Lehnen, die leicht nachgeben -, liegt das weiße Blatt Papier.
Es hat aufgehört zu regnen.
Ich lächele.

Das weiße Tuch

Renate Zawrel

„Nun“, nuschelte McGregor besserwissend, „sieht ja hier so aus, wie bei der Royal Family.“ Über den Rand seiner Nickelbrille taxierte der Schotte die endlos scheinende Allee, an deren Ende die Kulisse des schottischen Pendants zu Windsor Castle sich gegen den rotgefärbten Abendhimmel abhob. „Finden Sie nicht auch, Skreatcher?“ Die Worte waren an den sich eifrig Notizen machenden Mann gerichtet, der zwei Schritte hinter McGregor trabte.

Ein kurzes Aufseufzen des rothaarigen Sekretärs folgte. „Preacher, Sir. Mein Name ist P-r-e-a-c-h-e-r.“

Geistig leicht abwesend fragte der Mann im Schottenrock nach: „Was meinten Sie gerade, Kreatcher?“

„Preacher, Sir“, korrigierte der Gehilfe ergeben. „Sie haben meinen Namen schon wieder falsch ausgesprochen.“ Sebastian Preacher arbeitete seit mehr als acht Jahren für den Meisterdetektiv aus den schottischen Highlands.

Erik McGregor, ein Spezialist für … nun, nennen wir es ‚alle‘ Fälle. Und ebenso, wie der Schnüffler mit der Nickelbrille auch die kompliziertesten Aufträge erfolgreich abhandelte, ebenso erfolgreich schaffte er die ständige Namensverwechslung für seinen Assistenten.

„Ach so“, bemühte sich der Detektiv rasch um eine pro forma Entschuldigung. „Das wollten Sie sagen, Skrea...Trea…, ähm…“ Ein Räuspern überlagerte die Versuche, den richtigen Namen zu verwenden. Aber wer ständig so viel zu denken hatte, dem konnte man doch diese Banalitäten nachsehen, oder?

Der Schottenrock, eine Hommage an seine heimatlichen Wurzeln, bauschte im leichten Wind auf und hätte fast das gut gelüftete Geheimnis um das „Darunter“ preisgegeben.

Faszinierend. Aufregend. Nein, nein – nicht der Schottenrock. Der neueste Auftrag, den McGregor erhalten hatte.

*

Die betuchte Lady hatte echauffiert auf dem Besuchersessel in der Detektei Platz genommen. Ständig fächelte sie sich mit einem parfumdurchtränkten Taschentüchlein – natürlich befanden sich darauf eingestickten Initialen – einen Lufthauch zu.

Preacher, der am aktenüberfüllten Schreibtisch neben dem Arbeitgeber seinen Platz hatte, wunderte sich insgeheim, dass die gute Frau nicht an dem Odeur ihres ertränkten Fächers erstickte. Der Sekretär saß gut drei Meter neben diesem Angriff auf die Geruchsnerven und schnappte vernehmlich nach Luft.

Miss Courtney, die Betonung legte die gut siebzigjährige Frau auf die Anrede „Miss", warf nur einen kurzen Blick auf den Assistenten und wandte sich wieder dem Meisterdetektiv zu. „Ist Ihr Mitarbeiter immer so kurzatmig? Nun, es ist natürlich heutzutage nicht mehr so einfach, qualifiziertes Personal zu engagieren." Ein schauspielreifes Seufzen sollte den Missstand in der Auswahl von geeigneten Angestellten bekräftigen.

McGregor war solcherart Klientel gewohnt. Klar, zählten die Angehörigen der hiesigen High-Society auch zu seinen Auftraggebern. Widerspruch? Nie im Leben.

Leatcher, oder wie immer sein Sekretär auch heißen mochte, kannte diese Redewendungen der honorigen Gesellschaft ebenfalls zur Genüge. Dass der geistige Intellekt manches Kunden zu wünschen übrig ließ, darüber waren sich die Herren in der Detektei in jedem Fall einig.

„Mylady", erkundigte sich der Schnüffler mit dem Spitznamen ‚der Schotte', und überhörte geflissentlich die Anspielungen der ältlichen Dame mit dem lila gefärbten Haar, „was genau kann ich für Sie tun?"

Geheimnisvoll hatte sich Miss Courtney über den Schreibtisch gelehnt, der daraufhin verdächtig ächzte. Die Miss überstrapazierte das höchstzulässige Gesamtgewicht des Holztisches in bedenklicher Weise.

„Sie müssen wissen, dass ich vergangene Woche in Brendhill Castle war.“ Das fast faltenfrei gespritzte Gesicht der Dame von Rang schien einen Hauch röter als zuvor.
Preacher überlegte, ob das möglicherweise eine Reaktion des Botox auf die geballte Ladung dieses intensiven Parfums sein mochte.
„Brendhill Castle?“, erkundigte sich McGregor scheinbar interessiert. Verborgen unter dem Schreibtisch zeichneten seine frisch polierten Schuhspitzen zum Ausdruck der Langeweile ineinander verschlungene Kreise auf den Parkettboden. „Eine wunderschöne Anlage mit herausragender Gartenarchitektur.“
„Nun“, unterbrach Miss Courtney mit einem Nasenrümpfen den Detektiv, „mein Auftrag wird Sie jedoch nicht in die Rosengärten des Schlossparks führen.“
Die Lady schöpfte kurz Atem. Ob dieser McGregor wirklich der richtige Mann für diesen diffizilen Fall war? Laut sprach sie aus, was sie dachte: „Man hat mir Ihre Detektei empfohlen. Meine Freundin, Lady Sophia Brainstett, schwärmte in den höchsten Tönen ob Ihrer grandiosen Spürnase.“ Ein künstlich gefärbtes Kichern huschte bei der Bezeichnung ‚Spürnase‘ über die knallrot gepinselten Lippen der Klientin.
„Fast hätte ich das angenommen, Mylady“, konterte der ‚Schotte‘ mit ebenso hinterhältigem Grinsen, „dass ich nicht zum Blumenpflücken nach Brendhill reisen soll.“
Preacher unterdrückte ein Lachen. Wenn der Chef auch vergesslich im Bezug auf den Namen seines Sekretärs war, aber an Schlagfertigkeit hatte es ihm noch nie gemangelt.
Miss Courtney überlegte krampfhaft, wie sie diese Antwort ihres Gegenübers einordnen sollte. Die verbale Spitze war ihr ohnehin entgangen. Nun, wir sprachen bereits über die ideenlose Gesellschaft mit mangelnden Geistesblitzen. So musste die Gute nun wohl oder übel über ihren sehr ausladenden Schatten springen und ihren Auftrag an den Detektiv endlich loswerden. Der gekrümmte Zeigefinger winkte verschwörerisch zu McGregor und bedeutete ihm, sich in Flüstertonnähe

der Lady zu begeben. „Bei meinem Besuch in Brendhill Castle begab es sich, dass ...“ Die weiteren Worte waren wirklich nur mehr für die Ohren McGregors gedacht und Preacher musste abwarten, was sein Boss ihm nachher erzählte.

*

Der Wind frischte immer mehr auf und McGregor hatte Mühe, sein kariertes Outfit im Zaum zu halten. Die Optik der stark behaarten, kurzen Dackelbeine des Detektivs, die aus dem Rock lugten, zerrte an Preachers Lachmuskeln.
„Sie haben das Kleingeld für den Entrée?“, wollte der ‚Schotte‘ unter Verwendung des französischen Wortes für ‚Eintritt‘ wissen. Mit derartigen Kleinigkeiten beschäftigte sich der Großmeister der Schnüfflerbranche nicht. Wozu hatte man einen Assistenten?
Gedanklich war McGregor bereits tief in seinen aktuellen Fall involviert. In der Tat, ein abscheuliches Verbrechen musste verhindert werden. Nicht auszudenken, welche Folgen es haben würde, konnte man, de facto er, den Auftrag nicht erfolgreich abschließen.
Preacher, der versuchte, mit dem Stakkato an Schritten seines Dienstgebers mitzuhalten, ließ das Geräusch aneinander klimpernder Münzen in seiner Hosentasche hören. „Jawohl, Sir. Es ist alles bereit.“ Obwohl ebenfalls ein waschechter Schotte, würde Sebastian niemals einen Schottenrock als Kleidung wählen – schon gar nicht als Dienstkleidung. Aber Menschen beanspruchten nun einmal das Recht auf Individualität für sich.
Fast hätte der Assistent die Aufforderungen McGregors überhört, der ihn anwies, den Türklopfer zu betätigen. An dem imposanten Portal prangte ein verwittertes Schild mit der Aufschrift ‚Geschlossen‘.
„Neatcher! Schlafen Sie am helllichten Tag? Sie sollen um Einlass bitten“, murrte der ‚Schotte‘ mit ungeduldigem Unterton. Betont lässig strich er die Falten seines Rockes glatt.

Wie hatte die Lady doch gemeint? Es wäre schwierig, heutzutage richtiges Personal zu finden. Nun, im Grunde genommen konnte sich McGregor nicht beschweren. Sein Mitarbeiter war eine richtige ‚Perle' und sie beide in der Zwischenzeit ein unschlagbares Team geworden. Über die Aufteilung der Fähigkeiten wollte der Meisterdetektiv im Moment nicht nachdenken.
Ein unwirsches „Können Sie nicht lesen?", holte den Träger des Schottenrocks aus seinen Gedanken.
Erik McGregor war nicht besonders groß, daher wunderte er sich, dass er seinen Kopf senken musste, um dem Fragesteller ins Gesicht blicken zu können.
Der grauhaarige Alte erinnerte an einen Schrumpfkopf mit Armen und Beinen. Die Gliedmaßen des verhutzelten Greises hingen an der Seite eines nicht besonders kleidsamen, braunen Kaftans hinunter. Gerade so, als wären sie eher an den Stoff angenäht, als dass sie zu dem menschlichen Körper gehörten. Dass der Mann trotz offensichtlich fehlender Zähne überhaupt eine verständliche Frage artikulieren konnte, verwunderte den ‚Schotten' auf ein Neues.
„Doch guter Mann. Ich ..., ähm, wir", verbesserte sich McGregor rasch, „sind des Lesens sehr wohl mächtig. Allerdings sind wir für einen außerordentlichen Besuch heute angemeldet."
„Äh?", hinterfragte Stewart Bornbutter der Torwächter, die Aussage. „Angemeldet? Bei wem und warum? Und wieso weiß ich nichts davon?"
„Das, guter Mann", sinnierte der Detektiv, „kann ich Ihnen nicht beantworten. Fakt ist, dass wir beide nun unseren Eintritt bezahlen und uns hierhin begeben." McGregor fuchtelte mit dem ausgedruckten Kleinformat eines Grundrisses von Brendhill Castle herum und zeigte sich sogar erbötig, mit seinem Zeigefinger auf das genaue Ziel der Sonderbegehung zu tippen.
Der zu klein geratene Schlossdiener versuchte, seinen Hals zu recken. Als ihm das nicht ausreichend gelang, krächzte er

noch ungehaltener als zuvor: „Und wie soll ich sehen, worauf Sie da mit Ihren Fortsätzen zeigen, wenn Sie es für Leute im ersten Stock hinhalten?" Wesentlich ehrfurchtsvoller schien sein Blick dann aber, als er gewahr wurde, wohin der Weg die beiden Besucher führen sollte.
„Es ist tatsächlich Ihr Wunsch", brachte er die Frage fast nicht über die Lippen, „den beschwerlichen und gefährlichen Weg auf sich zu nehmen?"
„Auftrag ist Auftrag", kommentierte nun Preacher, dem hier alles schon zu lange dauerte. Das Tageslicht würde bald der nebelig trüben Dämmerung Platz machen. Und dann würde es dort, wohin sie mussten, nicht gemütlicher werden.
Bornbutter schüttelte den Kopf dermaßen, dass man befürchten musste, dass die wiederholten Drehungen ihn vom Hals reißen könnten. „Gemach, gemach, junger Mann. Ich muss Sie anmelden und erfragen, ob das auch alles seine Richtigkeit hat."
Der Griesgram schlurfte zwei Schritte zurück und gab – als Zeichen eines ersten Einverständnisses – die mit schweren Eisen beschlagene Tür einen Spalt breit frei, sodass der Detektiv und sein Assistent eintreten konnten.
Es klang mehr wie ein Befehl, als der Alte die Besucher anherrschte: „Warten Sie hier!" und auf den wenig einladenden Fleck hinter dem Tor wies.
Ehe der Torwächter sich zu seinem antiquarisch anmutenden Telefon begab, maß er die unliebsamen Gäste mit einem unmissverständlichen Blick und schimpfte: „Und fassen Sie nichts an."
McGregor seufzte auf. Ein Empfangskomitee hatte er ohnehin nicht erwartet, aber ein wenig mehr Entgegenkommen. Nun, das gehörte wohl auch zu den Erfahrungswerten eines Detektivs. Warten.
„Sehr willkommen scheinen wir nicht zu sein", meinte er zu seinem Assistenten. Um die Wartezeit etwas zu verkürzen, fragte er nach einigen Minuten auch: „Haben Sie an die Taschenlampen gedacht? Ich möchte ungern in den uns erwar-

tenden Räumlichkeiten im Dunkeln tappen."
Preacher überprüfte den Inhalt seines Rucksacks. „Ja, Sir. Zwei Taschenlampen und mehrere Ersatzbatterien." Dass er noch an die Handschuhe, die Plastikbeutel und diversen anderen Utensilien gedacht hatte, verschwieg er. Es war schließlich selbstverständlich, dass er dafür verantwortlich war. Dieser heutige Auftrag barg ohnehin bereits in der Vorbereitung Unheimliches und der Anblick der tief unter dem Schlossareal befindlichen Verliese schürte Ängstlichkeit.
Es nützte nichts. Eben an diesem Hort des Schreckens hatte die Auftraggeberin besagte Aufregung erfahren und die Detektei damit beauftragt, den Fall zu lösen. Es wäre auch wirklich zu tragisch, wenn sich der Vorfall wiederholen sollte, der Miss Courtney widerfahren war und bei der Lady beinahe einen Herzinfarkt ausgelöst hatte.
Widerwilligkeit spiegelte sich in Bornbutters Faltenwurf, seinem Gesicht.
„Sie können passieren. Ich soll Sie bis zum Abstieg begleiten. Damit Sie sich nicht verlaufen", kicherte der Alte hämisch.
McGregor und Preacher mussten immer wieder im Schritt innehalten, als sie dem unfreiwilligen Führer folgten. Der bewegte sich so betont langsam fort, dass sie ihm sonst auf die Fersen getreten wären.
Altehrwürdige Säulen schienen die Fortsetzung der Baumallee vor dem Schloss darzustellen. Gemauerte Gargoyls hockten in Nischen und beobachteten mit seltsam schimmernden Augen die Vorbeitrottenden. Steinerne Ritter wachten über den sich nun öffnenden Innenhof des Schlosses.
Preacher spürte kalte Schauer in seinem Rücken. Alles wirkte hier mehr als bedrohlich. Und dass es in den Verliesen nicht einladender sein würde, konnte sich Sebastian schon ausrechnen.
„Na, Sie Leuchte", schimpfte Bornbutter, als der Assistent ihn beinahe umrannte. Der Alte war so plötzlich vor einem im Boden eingelassenen Gitter stehengeblieben, dass der geistig abwesende Preacher in den Mann hineingelaufen war.

„Wenn Sie in den kalten und feuchten Gängen …“ Ein hinterlistiges Glitzern etablierte sich bei der Schilderung in Bornbutters Augen, „auch so unbeholfen sind ... dann sehen wir uns bestimmt nicht wieder.“
McGregor registrierte, dass der Alte ihnen Angst einjagen wollte. Was würde sie wirklich in den ‚Hall of Death“, wie die Verliese hier genannt wurden, erwarten? Ganz wohl war auch ihm nicht mehr bei der Sache und er beglückwünschte sich zu dem Entschluss, vor Abfahrt nach Brendhill Castle, die Polizei informiert zu haben. Man würde nach ihnen suchen, wenn sie sich bis zum übernächsten Morgen nicht melden sollten.
Bornbutter wies zu den ehernen Griffen, die im Staub des Schlosshofes rostig in den Ringen hingen. „Wenn sich die Herren selbst bemühen wollen.“
Unter Aufbietung all ihrer Kräfte hievten der Detektiv und sein Assistent das massive Gitter so weit auf, dass der Torwächter den Keil aus dunklem Holz darunter-schieben konnte. So wurde verhindert, dass der Eingang zum unterirdischen Tunnelsystem von selbst wieder zufallen konnte.
Mit einer einladenden Handbewegung wies Bornbutter auf die baufällige Holztreppe, deren Sprossen sich bald in undurchdringlicher Dunkelheit verloren. „Wenn Sie bis zum Einbruch der Dunkelheit nicht wieder hier oben sind, haben Sie Pech gehabt. Dann habe ich Dienstschluss.“
Dass das auch nicht weiter schlimm wäre, weil sie dann eben irgendwo im Schlossgebäude Unterschlupf finden könnten, wurde durch die nachfolgende Aussage des Alten gegenstandslos: „Aus Sicherheitsgründen werde ich das Gitter schließen lassen.“ Weiter brauchte er das gar nicht auszuführen. Den Rest konnten sich McGregor und Preacher denken.
„Gehen wir“, raunte der ‚Schotte‘ seinem Assistenten zu. „Bevor noch mehr Dummheit aus dem Schrumpfkopf rauskommt, als nötig ist.“
Die Augen Bornbutters verengten sich zu Schlitzen. Hatte er die unrühmliche Beschreibung seiner Person trotz gedämpfter Lautstärke verstanden?

Der Abstieg in die Tiefe gestaltete sich als akrobatische Meisterleistung. Waren am Beginn der baufälligen Leiter noch alle Sprossen vorhanden, tappte Preacher dann mehr als einmal ins Leere, als sie den letzten Schimmer Tageslicht hinter sich gelassen hatten.
„Mist", schimpfte Sebastian, als sein Fuß, bei dem Versuch die Sprosse zu treffen, neuerlich im Nichts landete. Holzsplitter hatten sich bereits erinnernd in die Handflächen eingegraben, als er zum wiederholten Male eine Rutschpartie hinter sich bringen musste, um wieder Fuß zu fassen.
McGregor bewies mit seinem folgenden Kommentar eindrucksvoll, dass er das nötige Zeug hatte, um jede Situation zu meistern. „Haben Sie sich doch nicht so, Kneatcher. Seien Sie froh, dass Sie wenigstens Ihre Hände wo anklammern können. Stellen Sie sich vor, Sie müssten ohne Haltegriffe eine Sprosse nach der nächsten erstasten."
Sebastian verkniff sich eine Antwort auf den versuchten Scherz. Wenigstens reichte die mangelhafte Abstiegsmöglichkeit bis zum Boden des Schachtes. Preacher kramte im Rucksack nach den Taschenlampen. Selten zuvor hatte er sich über den Lichtkegel so gefreut, wie in dieser Sekunde.
„Sehr schön", kommentierte McGregor. „Ist ja schon die halbe Miete. Wir müssen jetzt da lang."
Ratlos sah ihn sein Assistent an. „Wohin, Sir?"
„Bleacher, konzentrieren Sie sich", maßregelte der Meisterdetektiv. „Es gibt nur einen Gang."
„Sir?" Preacher hatte soeben etwas überdacht.
„Was gibt es?", murrte McGregor genervt. Es widerstrebte ihm, die Möglichkeit einer Übernachtung in den modrig feuchten Gemäuern in Betracht zu ziehen.
Sebastian Preacher gab zu Bedenken: „Können Sie mir sagen, wie Miss Courtney hier heruntergekommen sein soll?"
Der ‚Schotte' musste neidlos anerkennen, dass er daran nicht gedacht hatte. Abgesehen davon, dass der Radius des Schachtes wohl oder übel nicht für die üppige Fülle der Lady maßgeschneidert war, schien es undenkbar, dass die alte Dame

diesen hindernisreichen Abstieg gemeistert hätte.
Den berechtigten Vorwurf Preachers, dass es vielleicht doch erstrebenswerter gewesen wäre, den Plan genauer zu studieren, musste sich McGregor gefallen lassen. Denn der übliche Eingang in die dunkle Verlieswelt lag im Thronzimmer des Schlosses. Gemauerte breite Treppen, für auch noch so gehschwache Besucher geeignet.
Allerdings wurden – als die Verliese noch Aktualität besaßen – die Gefangenen auch über diesen ‚Schlund' in die Tiefe gebracht, um ihnen die Aussichtlosigkeit einer Flucht zu demonstrieren. Wollte Bornbutter sie in eine Falle locken?
Eine Ratte huschte vor den Füßen Preachers in eine Mauerritze. Erschrocken zuckte der Assistent zurück und fluchte leise: „Sehr einladend hier unten."
Erik McGregor verhielt im Schritt. „Halt, Wheatcher. Hören Sie das auch?"
„Was?" Sebastian hielt den Atem an und blickte nervös um sich.
„Ach nichts", knurrte McGregor, „es war nur Ihr lauter Atem."
Die nächsten Meter legten die Männer schweigend zurück. Laut Plan mussten sie bald an die Stelle kommen, an der das Verbrechen geschehen war. Sorgfältig musterte der ‚Schotte' die durchsichtigen Rinnsale, die sich über nackte Felswände ihren nassen Weg zum sandigen Boden bahnten. Woher das Wasser kam und wo es sich sammelte, entzog sich seiner Kenntnis.
Rostige Gitter, verschlossen mit einer mehrmals um die Stäbe gewundenen Kette. Die erste Zelle des Verlieses.
„Ob da wohl noch jemand drin ist?", hauchte Preacher – merklich angespannt – seine Frage in die Dunkelheit abseits des Taschenlampenlichts.
„Sie können ja", polterte McGregor belustigt, „mal laut rufen."
Preacher war beleidigt, und das kam selten vor. „Ich meine ja nur. Die Kette sieht nicht so aus, als ob sie in der letzten Zeit

erneuert worden wäre. Und für den Fall, dass jemand hinter diesen Stäben auf sein Urteil gewartet hat – der wartet dann noch immer.“

McGregor wischte mit der Hand durch die abgestandene Luft. „Nonsens.“ Er positionierte den Lichtstrahl seiner Lampe so, dass er den Plan besser lesen konnte. „Hier, da muss es sein.“ Der Detektiv stoppte vor einem Raum, in den sich zaghaft, durch eine Mauerritze, ein Schimmer Tageslicht stahl. „Gehen Sie schon hinein, Gneatcher“, wies er seinen Assistenten an und fuchtelte auffordernd mit der rechten Hand.

„Warum ich?“ Preacher zögerte. Ihm war dieser Ort nicht geheuer. Hier unten wehte ein Hauch von Verbrechen und lag der Geruch von Verwesung. Auf das Vorrecht, als Erster in diese Zelle hineinzustolpern, konnte er gerne verzichten.

Wer konnte schon sagen, ob da drinnen nicht noch der Geist eines hier Gefangenen herum schwebte? Sebastian war gewöhnt, dass sie außerordentliche Fälle bearbeiteten. Aber das hier war einen Hauch zu viel für den sensiblen Assistenten. Er wollte den Triumph, den Fall gelöst zu haben, gerne seinem Chef überlassen. Dass allerdings McGregor ähnliche Überlegungen hegte, darauf wäre Preacher nie gekommen.

Auch der ‚Schotte‘ scheute sich davor, diesen Ort des Verbrechens näher zu inspizieren. Was, wenn die Lady doch recht hatte? Er verzichtete gerne auf die Bekanntschaft dieser klebrigen Hände, die immer präsenter zu werden schienen, je mehr Miss Courtney herumgefuchtelt hatte. „Nun“, schluckte der Detektiv „dann werde ich Mut beweisen.“ Dass dabei sein Herz in Richtung Hose rutschte und sich Schweißtröpfchen in seinem Nacken bildeten, verriet er wohlweislich nicht. Nur die Stimme klang anders als sonst, als McGregor krächzte: „Leuchten Sie wenigstens ordentlich, damit ich dem Kerl gleich eine überziehen kann, wenn er mir zu nahe kommt.“

Seltsam. Diese Zelle schien irgendwie kein Ende zu haben. Immer tiefer und tiefer in den Raum musste Erik McGregor

seinen Schritt lenken. Leises Flüstern klang von irgendwo her. Es klang wie die Stimme von Bornbutter. Was hatte der mit der Sache zu tun? Ein kalter Lufthauch huschte über das angespannte Gesicht des ‚Schotten'. Woher mochte dieser Luftzug kommen? Gab es hier noch weitere Türen?
Als der Detektiv gerade seinem Assistenten zurufen wollte, dass der ein paar Schritte in die Zelle machen müsste, um mit dem Strahl der Taschenlampe den Raum weiter auszuleuchten, passierte es.
Ein selbsthaftendes Netz legte sich über das Gesicht des Mutigen. Vergeblich versuchte er, das grausige Zeug abzustreifen. Geräuschvoll plumpste die Taschenlampe auf den Boden. McGregors Augen mussten sich an die plötzliche Dunkelheit gewöhnen, die ihn nun umfing. An seinem rechten Ohr spürte er ein seltsames Kribbeln, als ob Finger an der Ohrmuschel entlang streichen würden. Nackte Angst packte den Mann. Die widerlichen Fänge schienen ihm die Luft zu nehmen.
„Preeeeeacher!" Ein angstvoller Schrei hallte durch die Zelle. Sebastian horchte auf. Der Chef hatte ihn bei seinem richtigen Namen gerufen. Es musste etwas Unvorhergesehenes und Schreckliches geschehen sein. Aufgelöst rannte Preacher los und versuchte, sich zu orientieren. „Sir? Wo sind Sie?"
Eine Stimme, die aus dem rechten Bereich des Dunkels zu kommen schien, antwortete: „Das weiß ich doch nicht, Sie Dussel. Denken Sie, dass es hier drin Straßenbezeichnungen gibt?"
Preacher vermochte die verwinkelte Zelle nicht richtig auszuleuchten. Hastig stolperte der Assistent weiter. Nicht ganz uneigennützig. Denn alleine wollte er in diesem Verlies keinesfalls bleiben.
Wenige Augenblicke später stand er neben McGregor und warf bewundernde Blicke auf den Meisterdetektiv.
Ja, Erik McGregor hatte es wieder einmal geschafft. Er hatte den Fall geklärt und das Verbrechen gelöst.
„Machen Sie Fotos, Leatcher", ordnete ‚Schotte' an. „Damit

auch die Nachwelt noch von unseren Taten berichten wird."

Es war gar nicht so einfach, das filigrane Spinnennetz, in dessen klebrigen Fäden sich das weiße Halstuch Miss Courtneys verfangen hatte, bei dem schwachen Licht auf Zelluloid zu bannen.

Eine weis(s)e Entscheidung

Tilli Ulenspeel

Ich hatte das unbestimmte Gefühl, schon einmal hier gewesen zu sein.
Als wäre es ein Déjà-Vu. Da war es wieder, dieses Gefühl der Machtlosigkeit. Mein Körper fühlte sich ungewöhnlich schwer an, die kleinste Bewegung war mühsam. Ich konnte kaum den Kopf drehen. Der Raum war klein, alle Wände und die Decke weiß, die Gleichförmigkeit des Zimmers engte ein. Ich versuchte, mich aufzurichten, doch etwas hielt mich zurück, drückte gegen meinen Bauch, schlang sich wie ein Band um Arme und Beine.
Dann verstand ich: Ich lag immer noch hier, wie schon die ganzen Tage zuvor, mit Gurten auf eine Pritsche gebunden. Einen Moment lang bäumte ich mich auf und kämpfte, stemmte mich mit aller Kraft gegen die Gurte, doch ich fiel schnell entkräftet zurück. Es war vergeblich. Und wieder die Frage nach dem Warum.
Warum?
Wieder blickte ich zur Decke hinauf, als stünde dort eine Erklärung, als gäbe es dort in diesem trostlosen Weiß einen Kontrast, eine klitzekleine Unregelmäßigkeit, welche der Eintönigkeit einen Riss gegeben hätte.
Doch nichts. Kein Riss, kein Fleck, nur eintöniges, weißes Weiß.
Bewegungslos - beinahe tot - lag ich da, die Gedanken so leer wie der Raum.
Zeit war durch Endlosigkeit ersetzt, die Welt auf vier weiße Wände reduziert. Wie lange ich so gelegen hatte, weiß ich nicht.
Plötzlich drang ein schwarzer Punkt in das unendliche Weiß, wechselte die Richtung, stand still, rückte wieder ein Stück vor. Fasziniert folgte ich ihm mit Blicken, sah zu, wie er näher kam, wie er langsam größer wurde, erkannte einen Körper und Beine, die ihn fortbewegten … eine kleine schwarze

Spinne, deren große Freiheit ich sofort beneidete.
Früher hätte ich es mit einer Spinne nicht eine Minute im gleichen Zimmer ausgehalten. Ich hätte sie kurzerhand erschlagen oder meinen Staubsauger hervorgeholt und ohne Bedauern eingesaugt. Nun war ich froh, ein bisschen Gesellschaft zu haben. Ich habe der kleinen schwarzen Spinne sofort einen Namen gegeben: Spinella. Was einen Namen hat, isst man nicht. Das hatte ich auch ganz gewiss nicht vor. Igitt. Aber in Anbetracht der Umstände und der Tatsache, dass ich hier vielleicht noch längere Zeit liegen würde, fand ich es wichtig, mir Freunde zu machen. Momentan noch Singular, aber das konnte sich ja noch ändern. Bestimmt gab es noch mehr von ihrer Sippe.
»Spinella, du hast es gut. Komm runter und sprich mit mir!«
Konnte es wirklich sein, dass ich gerade versuchte, mit einer Spinne zu kommunizieren?
Egal. Versuch macht klug …
Ein seidener Faden. Ein schwarzer Körper, der von diesem Faden abseilte und sich neben meinem Ohr auf dem Kissen niederließ.
»Was gibt's?« Nur ein Wispern. Aber klar und deutlich zu verstehen.
»Ich muss mit jemandem reden! Bitte hör mir zu. Wir roden die Wälder ab, wir verpesten die Luft, wir verschmutzen die Ozeane, wir rotten Tierarten aus, wir wissen nicht wohin mit unseren radioaktiven Abfällen und reisen ins All, um eine zweite Erde zu finden, auf die wir im Notfall ausweichen können, wenn wir hier alles kaputt gemacht haben. Wir erleben gerade das Sterben unseres einzigen Planeten, auf dem wir überleben müssen, bis es eine zweite Erde gibt. Das macht mir Kopfzerbrechen!«
Stille.
Aber dann …
»Ja, ihr seid stolz darauf, wie weit ihr es gebracht habt, und dabei habt ihr euren und unseren kostbaren Lebensraum schon fulminant und nachhaltig zerstört«, hörte ich Spinella

flüstern.
»Spinella, ja ich weiß, was du meinst. Und es wird noch schlimmer werden. Jetzt schon haben wir unverhältnismäßig viele Stürme, Regen, Hitzewellen und Vulkanausbrüche. Ich will die Welt retten. Will dazu beitragen, dass dieser Wahnsinn ein Ende hat. Zur Not auch ganz allein!«
Ich fühlte, wie ich mich immer mehr in meine Gedanken hineinsteigerte und auch, dass ich wohl bei Spinella den Eindruck einer Größenwahnsinnigen erweckte.
»Du spinnst«, kam auch gleich ihre prompte Antwort.
Ich dachte gerade daran, dass das ja wohl eher ihr Part sei, und wollte etwas entsprechendes erwidern, als mich ein eindringliches Klopfen unterbrach. Im nächsten Moment schloss jemand die Türe auf, ein Mann trat ein und riss mir die Bettdecke vom Körper.
»Aufstehen! Sie haben heute einen Einschreibungstermin bei der Uni! Ihre Eltern warten darauf, dass Sie Ihrem Vorschlag, Jura zu studieren, endlich folgen!«
Aus den Augenwinkeln sah ich Spinella sich auf ihrem Faden entfernen. Wieder hinauf zur Decke.
»Nein. Ich möchte Arachnologie und Ökologie studieren!«
»Sie wollen was? Na, hören Sie doch auf zu spinnen. Was wollen Sie denn damit? Mit dieser Einstellung bleiben sie noch ewig in dieser Zelle. Ihre Eltern werden ihren Sinneswandel in dieser Richtung nicht tolerieren. Es wäre besser, Sie würden kooperieren! Meinen Sie vielleicht, mit dieser Haltung etwas in der Welt zu erreichen?«
Der Mann hielt einen Moment inne, folgte meinem Blick an die Decke und fluchte. Dann fing er an, mit der Bettdecke nach Spinella zu schlagen.
»Lassen Sie das! Hauen Sie ab und lassen Sie sie in Ruhe! Spinnen haben mehr drauf, als ihr alle zusammen! Und ich werde das studieren, was ich will, ob meinen Eltern das nun passt oder nicht!«
Achselzuckend wandte er sich um und verließ mich genauso schnell, wie er gekommen war.

Ich war wieder allein in meiner weißen Welt. Hatte es einen Grund, warum ich ausgerechnet hier in dieser weißen Zelle über mich nachdenken und zu einer Entscheidung kommen sollte? Ich philosophierte wieder vor mich hin. Zeit hatte ich ja genug.

Die Existenz der Dinge und des Menschen, auch die Normen des Zusammenlebens müssen selbstverständlich begründet werden. Aber es gibt auch jede Menge Mythen.

Mythen sind Erzählungen über deren Entstehen in einer Urzeit, erinnerte ich mich an mein letztes Klausurthema zurück. Von Mythen spricht man nicht beiläufig. Sie gelten als heilig. Und dazu spielen Farben eine große Rolle. In allen Kulturen. Was war mit ›weiß‹? Hmm… Weiß ist eine ziemlich ›unbunte‹ Farbe.

Wobei in Afrika diese ›unbunte‹ Farbe eine besonders herausragende Symbolik hat. Sie steht vielerorts für Tod und als Körperbemalung dient sie dazu, mit jenseitigen Geistern in Kontakt zu treten. Ich hatte in einigen Geschichten gelesen, dass Termiten, die weißen Ameisen, als Inkarnation der Toten gelten. Ausgerechnet Ameisen! So kleine Tiere …

Mein Blick suchte Spinella. Ja, da saß sie noch und schaute wohl genauso auf mich herab, wie ich auf sie hinauf.

Eine weiße Flagge bedeutet: sofortiger Stopp der Schlacht, Kapitulation, Waffenstillstand oder Frieden.

Nein, kapitulieren wollte ich auf gar keinen Fall. Ich hatte wirklich genug Zeit zum Nachdenken gehabt und wusste genau, dass ich beruflich etwas machen wollte, was den Menschen, Tieren und Pflanzen – ja, der ganzen Welt helfen konnte.

Um den Schein zu wahren, würde ich, wenn mein ›Zellenwärter‹ wieder zu mir hereinkam, allem zustimmen, was man von mir verlangte.

Aber die Einschreibung würde nicht ihren Wünschen entsprechen. Vielleicht würden Sie ja doch irgendwie einsehen, dass ich mich von meinem Ziel nicht abringen lasse.

Vielleicht würde es neue Kämpfe geben und ich wieder in

dieser Zelle landen. Vielleicht …
Doch auf keinen Fall würde ICH die weiße Fahne schwenken! Ich zwinkerte Spinella zu und schloss meine Lider.
Ein Ritter auf seinem weißen Pferd tauchte vor meinen Augen auf …

Weiß

Leopold Fröhlich

Weiß ist das Blatt Papier vor mir. Aber was ist eigentlich Weiß? Weiß ist nicht nur einfach eine unbunte Farbe. Der Farbe Weiß werden die meisten Bedeutungen zugeschrieben. Weiß wird nicht nur wegen seiner guten Erkennbarkeit genutzt. Auch wegen seiner Ästhetik findet Weiß bei vielen Alltagsgegenständen Verwendung. Man denke nur an die Gedecke bei feierlichen Anlässen. Große Relevanz hat auch die Bekleidung in der Farbe Weiß bei vielen kulturellen Ereignisse. Bei religiösen sowie staatlichen Zeremonien tragen Würdenträger wie auch andere Teilnehmer oft weiße Kleidung, die sinnbezogene Botschaften vermitteln.

Die verschiedensten Kulturen, Epochen und Religionen sprachen der Farbe Weiß ausschließlich positive Bewandtnis zu. Weiß wird oft auch als Farbe der Gegensätze bezeichnet. So wird zum Beispiel im asiatischen Raum die Farbe Weiß der Trauer zugeordnet.

Weiß könnte man auch als Mutter aller Farben bezeichnen.

Schickt man weißes Licht durch ein Glasprisma, so spaltete es sich in alle Spektralfarben auf. Umgekehrt funktioniert es genauso. Mischt man die Grundfarben des Lichtes, so erhält man wieder reinweißes Licht. Fazit ist, ohne Weiß gibt es keine Farben. So hat weißes Licht - wie weiße Farbe – eine wichtige Bedeutung in unserm Leben. Nur weißes Licht gewährleistet uns die farbtreue Farbwiedergabe der uns umgebenen Gegenstände. Wer kennt es nicht, das Phänomen, wo das Kleid im Modegeschäft bei Kunstlicht noch so toll ausgesehen hat, und dann bei Tageslicht betrachtet eher einen zweitklassigen Eindruck macht.

Nach diesem kurzen Gedankenspiel über Weiß, würde nichts besser passen, als Weiß die Königin der Farben zu nennen.

Weiß

wie der Tod

Ins unendliche Weiß

Marlies Hanelt

Werner, ein hochgewachsener schlanker Mann, der bereits die Marke von drei Lebensjahrzehnten geknackt hat, fühlt sich pudelwohl. Bis zum heutigen Tag hat er noch nie ein Krankenhaus von innen gesehen. Ärzte sind für Werner ein Gräuel und demzufolge hat er sich in den Kopf gesetzt, auch weiterhin keinen aufsuchen zu wollen. Wähnt sich darum alles mit seinem Körper treiben zu können, was ihm in sein aktives Gehirn kommt. Auch sportliche Aktivitäten gehören zum alltäglichen Programm und sind ein Muss. In seinem spartanisch eingerichteten Wohnzimmer steht ein Hometrainer, der es ihm ermöglicht, auch nachts in die Pedale zu treten. Schweißüberströmt powert er sich bis weit über die körperlichen Grenzen hinweg aus. Gesunde Ernährung ist einfach Pflicht. Quark, Gemüse und Vollkornprodukte sind seine favorisierten Nahrungsmittel und unterstützen sein Vorhaben immens. Jammerlappen, Weicheier und hypochondrisch veranlagte Menschen meidet er wie die Pest. Bringen ihn nicht wirklich voran. Eigentlich ein dem Leben positiv zugewandter Mensch, der seine Lebenszeit genießen möchte. Und das in vollem Umfang. Selbst die Frauen nimmt er sich, wann auch immer es ihm danach gelüstet. Also alles im Lot für Werner. Er ist derjenige, welcher seinem Körper klare Ansagen erteilt und regelrecht drangsalierende Maßnahmen der Macht auf ihn ausübt. Wenn es sein muss, in letzter Konsequenz mit brachialer Gewalt. Warnzeichen werden völlig ignoriert. Lassen ihn nur von seinen Lebensvorhaben ablenken und stagnieren. Warum sollte er auch, denn das Leben währt nur einmal. Der Zweck heiligt eben die Mittel. Da Werner als Topdesigner in einer Berliner Modefirma arbeitet und die neue Kollektion schon fast fertig kreiert ist, kann ihn selbst eine banale Erkältung mit Fieberschüben nicht wirklich etwas anhaben wollen. Hierfür gibt es Vitamine und Erkältungsmedikamente aus der Apotheke. Das ein oder andere

Kopfschmerzmittel fehlt hierbei ebenso nicht. Komplettiert diesen wahnsinnigen Horrormix an Tabletten. Frei nach dem Motto, man kann sich ab und zu auch diese gönnen. Wie lange er sich derer schon exzessiv bedient, weiß er nicht. Der aktive Sport wird das schon ausgleichen, ist seine Devise.
Dass dies so nicht stimmt und völlig unlogisch ist, wird Werner noch sehr viel später am eigenen Leibe erfahren müssen. Die neue Kleiderkollektion steht am Montag in den Startlöchern. Besonders luftige, aus weichen, fließenden Materialien in Schwarz, die im Sommer zu tragen sind, werden von besonders hoch gewachsenen, dürren Models auf dem Laufsteg im Hilton präsentiert. Er möchte einfach der Beste in diesem hart umkämpften Gewerbe sein, und das erfordert oft schlaflose Nächte, die er mit seinen kreativen Modeentwürfen füllt. Ständig neue Ideen zwingen ihn förmlich dazu, die Nacht zum Tag zu erheben. Zwischendurch nur eine kleine Pause, in der Werner einige Tassen kräftigen Espresso trinkt. Mit reichlich Zucker selbstredend. Obwohl er ihn in Lebensmitteln verpönt, gehört dieser nun einmal zu dem von ihm heiß geliebten aufputschenden Getränk. Müdigkeit ist nicht wirklich sein Ding. Schlafen kann er später noch. Eben dann, wenn Werner es zulässt. Aufgeben gilt nicht. Ein weiteres Lebensmotto von Werner, dem er ausgiebig frönt. Die Nacht vergeht wie im Fluge und die wärmende Sonne wirft ihre ersten morgendlichen Strahlen durch Werners weit geöffnetes Wohnzimmerfenster. Er schaut auf die Wanduhr und macht sich langsam fertig für die bevorstehende Modesession. Wäscht seinen männlichen, alabasterfarbenen Körper andächtig unter der Dusche. Rubbelt ihn kurz trocken und besprenkelt sich mit seinem Lieblingsduftwässerchen von Dior. Noch die stilgerechte passende Kleidung übergeworfen und der Tag kann beginnen.
Dass sowohl sein überstrapazierter Körper als auch die Seele total übermüdet ist, verhindert der reichlich genossene Espresso. Einem Trugbild gleich, in dem man die Realität nicht mehr wahrnimmt. Alles verschwimmt in Hektik und überdi-

mensionaler Unruhe für das Modespektakel. Werner empfindet jetzt seinen Körper als Ballast und schüttelt sich rigoros. Will ihn ablegen, wie ein altes durchlöchertes Tuch, das in den Müll gehört. Werners Kräfte sind eigentlich schon längst erschöpft, was er glaubt ignorieren zu können. Schnell noch ein Amphetamin eingeworfen und die Modenschau kann kommen. Jetzt schwebt er im siebenten Himmel und könnte die ganze Welt herzen und umarmen. In diesem Zustand des völligen Hochs setzt er sich in seinen PKW und startet den Motor, der daraufhin aufheult. Legt den ersten Gang ein. Lässt die Kupplung langsam kommen. Schaltet kurz darauf in den Zweiten. Dann in den Dritten und hernach den Vierten. Es folgt der fünfte Spargang. Drückt das Gaspedal bis zum Anschlag durch und jagt mit überhöhter Geschwindigkeit die Straßen entlang. Missachtet selbst das rote Ampellicht und düst haltlos über die Kreuzung. Er liebt den Geschwindigkeitsrausch genauso wie seinen Espresso. Das hat Folgen für Werner. Unachtsam und überhaupt nicht auf den Verkehr konzentriert, da seine Gedanken längst beim Modeszenario sind, scheppert es höllisch. Ein von rechts kommendes Fahrzeug ist ihm in die Seite gekracht und hat sich mit seinem PKW verkeilt. Aufgefaltet wie ein dünnes Stück Papier, sitzt Werner eingequetscht und blutüberströmt da, als es Nacht um ihn herum wird.

Teilweise lächelnde, aber auch erschrockene Passanten stehen einfach nur da und glotzen. Nur einer fasst sich ein Herz und wählt die Nummer der Feuerwehr. Schildert dort den Vorfall. Die Polizei und Krankenwagen werden von dort aus informiert und sind mit durchdringendem Sirenengeheule und Blaulicht alsbald zur Stelle. Schnelligkeit ist nun angesagt, denn der Tod wartet nicht. Hat jedoch schon seine schwarzen, widerlichen Hände nach Werner ausgestreckt. Will sich seines Körpers bemächtigen. Wie ein Vergewaltiger, der sein Opfer ausgesucht hat und bald töten wird. Werners Gehirn ist zwar kaum noch funktionsfähig, lässt ihn aber dennoch mental in andere Sphären gleiten. Einem dunklen Tunnel gleich, an deren Ende ein weißes, helles Licht leuchtet, schwebt seine Seele langsam in die Unendlichkeit. Will eine Liaison mit ihr eingehen. In diesem Moment der unsäglichen Stille und Ausgeglichenheit hebt sie sich aus seinem blutenden Körper und Werner betrachtet sich selbst von oben. Wie er da auf der Bahre im Krankenwagen liegt und keinen Mucks mehr von sich gibt. Tot zu sein scheint. Er vernimmt sogar die gehetzten Stimmen der Sanitäter. Irgendwie konnten ihn die geschulten Feuerwehrmänner aus dem Wrack herausschneiden und die zwei Notärzte die Erstversorgung übernehmen. Einer der beiden Retter redet etwas wie »Reich mir bitte schnell den Defibrillator rüber«, der andere öffnet den Notfallkoffer und legt die zwei titanbeschichteten Pads mit den Elektroden auf Werners Brustkorb und der linken Seite an. Stellt es auf Volt ein, worauf es, durch die Spannung bedingt, hochjault und Werner fast von der Bahre hebt. Er sackt zurück. Nichts. »Noch einmal«, befiehlt der erste Notarzt. »Gib mehr Spannung drauf!« Dass gleiche Prozedere. Plötzlich kommt Werner langsam zu sich. Schlägt die Augen auf. Nimmt das Umfeld noch nicht richtig wahr. Aber sein Herz hämmert endlich im Sinusrhythmus. »Wir haben ihn wieder. Willkommen unter uns Lebenden, Herr König«, freut sich der Arzt und lächelt euphorisch. Streichelt über Werners Wange, während der Krankenwagen mit Blaulicht und Sirene vor dem städtischen Unfallkrankenhaus hält.

Vorab über Handy informierte Ärzte in der Notfallaufnahme rennen, gekleidet in weiße Arztkittel, Richtung Krankenwagen und ziehen die auf Schienen befindliche Bahre heraus. Das Rädergestänge klappt herunter und Werner wird seiner Bestimmung zugeführt. Nicht dem Tod, sondern einer lebensrettenden Operation. Noch einmal dem Sensenmann von der Schippe gehopst, hat sich Werner nach vier Wochen Krankenhausaufenthalt einigermaßen erholt und sofort in die Hände und Obhut eines erstklassigen Arztes begeben, der sich seines Suchtverhaltens annimmt. Eine Therapie kann Werner nicht ausschließen, da diese von Nöten ist, um eben fürderhin auch ohne Aufputschmittel auszukommen. Dazu muss Werner unbedingt lernen, sein Leben konsequent ändern zu wollen. Denn nur so hat er ansatzweise die Chance, geheilt zu werden. Das Leben geht manchmal seltsame, verstrickte Wege. Wer also seinen Körper rücksichtslos mit irrwitzigen, hoch dosierten komplexen Tabletten bombardiert, ohne vorher einen Arzt zu konsultieren, beutet ihn schonungslos aus. Auch wenn er Sport treibt und sich richtig gesund ernährt. Nicht immer geht es glimpflich aus und man überlebt. Denn ein Werner steckt irgendwie, mehr oder weniger, in uns allen. Aus dem schwarzen Tunnel, mit einem grellen weißen Licht am Ende, kann schnell ein Endlostunnel werden, der schier ohne Ausweg bleibt. Demzufolge, geht bitte etwas Achtsamer mit euch um, denn aus Weiß kann schnell ein Schwarz werden. Für immer und ewig. Das Leben bietet durchaus noch andere Möglichkeiten, denen man sich zuwenden und frönen kann. Macht euch also nicht den weißen, trügerisch - obskuren Mitteln, in Form von Aufputsch- Schlaf- und Sättigungspillen unterwürfig, sondern nutzt euren Verstand und die darin befindlichen Fantasien. Rast nicht dem Mainstream hinterher. Erfindet euch individuell selbst und sagt auch ab und zu einmal –NEIN-. Zu Risiken und Nebenwirkungen könnt, nein sollt, ihr den kompetenten Arzt und Apotheker befragen. Denn sie sind die Fachleute, was Medikamente betrifft.

Nebel - Weiß

T.B. Ems

Müde und erschöpft löschte Marina die letzten Lichter, blickte sich noch einmal um und öffnete dann die Hintertür ihrer kleinen Bar. Fröstelnd zog sie die Schultern hoch, als sie den weißen Nebel sah, der sich über die Stadt gelegt hatte. Es war kurz nach drei Uhr morgens. Ihr Barkeeper Lars war vor einer Stunde gegangen. Er wollte auf Marina warten und sie ein Stück zu ihrer Wohnung begleiten, die hinter dem großen Stadtpark lag. Seine Frau war hochschwanger und schlief in letzter Zeit nicht mehr so gut. Marina wusste, dass er auf den schnellsten Weg zu ihr wollte. Lächelnd hatte sie ihm erklärt, dass er nach Hause gehen sollte und sie schon groß sei und auf sich aufpassen könnte. Erleichtert hatte ihr Lars beim Abschied zugewunken und die Eingangstür von außen abgeschlossen. Das machte er jeden Abend und Marina konnte sich darauf verlassen. Dennoch rüttelte sie an der Tür und ging zu jedem Fenster, um sich zu überzeugen, dass sie geschlossen und verriegelt waren.

Beinahe wäre sie auf die langstielige, weiße Rose getreten, die vor der Hintertür auf dem Asphalt lag. Verwundert hob sie die Königin der Blumen auf und sah sich um. Der Nebel war zäh wie Brei und sie konnte nicht einmal bis zur Straßenecke sehen. »Vielleicht habe ich einen heimlichen Verehrer«, schmunzelte sie in Gedanken und behielt die Rose in der Hand, als sie abschloss. Es war kalt. Sie zog den Gürtel ihres hellbraunen Mantels enger um ihre schlanke Taille und setzte ihre selbst gestrickte, weiße Mütze auf. An der Straßenecke überlegte sie kurz, welchen Weg sie einschlagen sollte. Ging sie um den Park herum, würde sie eine Viertelstunde länger unterwegs sein. Angestrengt sah sie auf die Ampel, die ausgeschaltet war. Rasch überquerte sie die Straße und lief in den Park hinein.

Direkt unter dem schmiedeeisernen Eingangstor lag wieder

eine weiße Rose. Marina war verwirrt. Sie konnte sich keinen Reim darauf machen, was das zu bedeuten hatte. Wer wusste, dass sie beinahe jede Nacht die Abkürzung durch den verwaisten Park nahm, um schneller nach Hause zu kommen? Unsicher sah sie sich um, doch der weiße Nebel war dicht und undurchsichtig. Sie konnte kaum etwas erkennen. Der Nebel verschluckte alles. Was direkt in ihrer Nähe war, konnte sie nur schemenhaft sehen. »Vielleicht sind die Rosen gar nicht für mich«, überlegte sie fieberhaft. »Aber warum fand ich dann die erste vor dem Hintereingang meiner Bar?« Ratlos und zögernd hob sie die Rose auf. In dem Moment schrie ein Kauz und sie fuhr erschrocken zusammen. »Oh mein Gott, meine Nerven sind heute Nacht auch nicht die besten«, stöhnte sie verstört und beschloss, mit schnellen Schritten durch den Park zu laufen. Sie wollte, so schnell es ging, aus diesem Nebel heraus und in ihre gemütliche Wohnung kommen.

Der Kauz schrie wieder. Markerschütternd durchdrang der Schrei die dichten Nebelschwaden. Ein kalter Schauer lief Marina den Rücken hinunter. Ein weiteres Geräusch in unmittelbarer Nähe, das sich wie ein knackender Ast anhörte, ließ ihre angespannten Nerven vibrieren. »Ich hätte niemals in dieser Nacht die Abkürzung durch den Park nehmen sollen.« Noch nie fühlte sie so stark, wie in diesem Moment, wie die Angst in ihr hochkroch und ihr den Atem nahm. Sie spürte die Hysterie, die immer mehr von ihr Besitz ergriff. Marina lauschte angestrengt, doch es drang kein Laut zu ihr. Der zähe, weiße Nebel verschluckte die Geräusche, bis wieder Äste hinter ihr knackten und sie plötzlich langsame Schritte vernahm, die in der weißen Suppe dumpf und schwer klangen. Sie schrie spitz und entsetzt auf. Marina ließ die weißen Rosen fallen, die lautlos auf den Schotterweg fielen. Schweiß rann ihr über das blasse Gesicht. Sie spürte die Kälte nicht mehr. Die Angst beherrschte sie und sie sah in dem Nebel Schatten und Schemen, die ihr noch mehr Furcht einjagten. Sie rannte los. Äste und Blätter verfingen sich in ihrer Mütze und rissen sie ihr vom Kopf. Ein dünner Ast hing in den Weg hinein und ritzte ihre Wange auf. Der scharfe Schmerz trieb ihr Tränen in die angstvoll aufgerissenen Augen. Etwas, das sie nicht gesehen hatte, lag auf dem Weg. Marina stolperte darüber. Sie versuchte, den Sturz zu vermeiden, und ruderte wild mit den Armen. Sie schrie schmervoll auf, als der Schotter ihre Hände aufriss. Hastig rappelte sie sich auf. Das Blut gefror ihr in den Adern, als sie ein hämisch boshaftes Lachen hörte, das ganz in ihrer Nähe war.

Blind vor Tränen, die ihr heiß die Wangen hinab liefen, stolperte und rannte sie blindlings durch den weißen Nebel, der immer dichter wurde. Mit ihren aufgescheuerten Händen wischte sie sich über das angstverzerrte Gesicht. Voller Panik und mit einer Höllenangst im Nacken sah sie sich um. Sie glaubte, die Schatten um sie herum kamen auf sie zu, um sie zu verschlingen. Sie griffen nach ihr und zerrten an ihrer Kleidung. Ihr Herz klopft wild gegen die Brust. Keuchend und mit Todesangst in den Augen wurde sie langsamer. Erschöpft und ausgelaugt rang sie nach Atem. »Ich muss weiter. Ich darf nicht stehen bleiben«, schrie es in ihrem Kopf. Taumelnd und unsicher auf den müden Beinen mobilisierte sie ihre letzten Kräfte und lief weiter. Abrupt riss sie den Kopf hoch, als sie wieder die schweren Schritte hinter sich hörte. Schnaufend und entkräftet blieb sie stehen und starrte in das Weiß, das sie umgab und einhüllte. »Verschwinde«, schrie sie in den Nebel. »Lass mich in Ruhe. Hörst du?« Die Schritte hinter ihr verstummten. Wer auch immer hinter ihr war, blieb stehen und bewegte sich nicht. Marina spürte eine bösartige Präsenz um sich. Sie wusste, dass sie in Gefahr schwebte. Ihr Verfolger, wollte sie mürbe machen und dann zuschlagen. »Verschwinde!«, schrie sich noch einmal. Ihre Stimme klang viel zu hoch und man hörte die Angst heraus, die ihr die Kehle zuschnürte. Ein bösartiges Lachen, das rau und hart klang, antwortete ihr. Ihre Sinne schrien alarmiert auf. »Er ist noch näher als vorhin. Viel zu nah«, erkannte sie und versuchte, ihr Zittern unter Kontrolle zu bringen. »Oh mein

Gott, hilf mir, dass ich aus diesem unheimlichen, weißen Nebel herauskomme«, schluchzte sie leise. Sie bemerkte nicht, dass sie weinte. Die Tränen liefen ihr über die erhitzten Wangen. Schwankend schleppte sie sich weiter. Sie horchte angestrengt auf die Geräusche, die lauter wurden. Dann sah sie verschwommen rote und helle Lichter, die blass und matt den Nebel durchdrangen. »Autos! Da vorn ist die Straße.« Völlig entkräftet, aber mit neuer Hoffnung, die in ihr aufkeimte, lief sie auf die Lichter zu, die immer klarer wurden, je näher sie zu dem schmiedeeisernen Tor kam, das aus dem Park führte.

Ein Autofahrer hupte und bremste erschrocken ab, als er die junge Frau erblickte, die hektisch und keuchend die Straße überquerte, ohne sich umzublicken. Marina blieb schweratmend auf der anderen Straßenseite stehen und sah hinüber zum Park. Schemenhaft glaubte sie, eine Gestalt zu erkennen, die zurück in den weißen Nebel ging. Ein kalter Schauder erfasste ihren Körper. »Ich bin ihm entkommen. Mein Gott, ich danke dir«, flüsterte sie erleichtert, doch ihre Augen waren noch immer voller Entsetzen und Furcht weit aufgerissen. Langsam lief sie die Straße entlang. Sie hielt sich nah an den Hauswänden und blickte sich ständig um. Endlich erreichte sie den Altbau, in dem sie wohnte. Nervös und hektisch wühlte sie in ihrer Manteltasche, bis sie den Schlüsselbund in der Hand hielt. Mit zitternden Händen schloss sie die schwere Holztür auf. Im Treppenhaus tastete sie an der Wand nach dem Lichtschalter, als die Tür hinter ihr, heftig aufgestoßen wurde und in ihren den Rücken stieß. Bevor sie wusste, was geschah, spürte sie einen kräftigen Arm, die sie festhielt und eine Hand, die ihr einen durchtränkten Lappen auf Nase und Mund drückte. Weiße, grelle Blitze tanzen vor ihren Augen, bevor sie in eine dunkle Schwärze fiel, während sie die bösartige Stimme aus dem Park sagen hörte: »Dachtest du wirklich, du würdest mir entkommen?«

Der Tot schenkt dir ein weißes Erbe

Ilona Penna

Violette hatte genug von den Eskapaden ihres Lovers. Er hatte es sich zur Aufgabe gemacht, sämtliche Röcke der Reichen und Schönen lieber vor dem Bett zu sehen als angezogen bei den Damen, die er vernaschte, als wären es schneeweiße Marshmallows, die man ins Feuer hält, um sie schmackhaft zu machen. Ja, schmackhaft waren wohl die oft zu jungen Dinger und Feuer hatten sie allemal in ihren hübschen Hintern. Violette weinte nicht, machte keine Szene und rieb sich auch nicht an seinen immer wieder kehrenden Ausrutschern. Konnte man überhaupt so oft ausrutschen? Das fragte sie sich, während sie ihren Koffer nahm. Sie würde es verstehen, wenn sie auf einer Eisbahn wohnen würden. Violette lächelte gequält. Noch ein Blick zurück in das Penthouse, das sie mit diesem Idioten fast fünfzehn Jahre geteilt hatte. Das war es also, dachte sie. Fünfzehn Jahre vorbei und nichts blieb, außer ein bitterer Beigeschmack, wenn sie an Christian dachte. Zwei Wochen vor ihrem Entschluss zu gehen war das Maß eben voll gewesen. Ihr Auslandsmeeting endete einen Tag früher als geplant, weil Violette von ihrem Freund und Anwalt eine Nachricht auf ihr Handy bekam, die Erstaunen, Trauer und auch Freude in ihr auslöste. Eine Großtante väterlicherseits hatte, nach 99 Jahren der Fülle, das Zeitliche gesegnet, schrieb er. Da sie in der Erbfolge und überhaupt die einzige Verwandte war, sollte sie die Hinterlassenschaft der Tante antreten. Violette buchte einen Flug zurück nach London. Während sie im Flugzeug saß, machte sie Pläne über ihre Zukunft. Sie wollte Christian all seine Fehltritte nun endgültig verzeihen und mit ihm einen Neubeginn starten.

Als sie zu Hause ankam, mit Blumen und Champagner im Gepäck, überkam sie ein seltsames Gefühl. Es war zu still, zu fremd und die Luft im Raum schien parfümgeschwängert. Violette ahnte, was auf sie zukam. Leise stellte sie den Koffer

im Flur ab, legte ihren weißen Mantel daneben und ging langsam auf die Schlafzimmertür zu. Mit klopfendem Herzen und dem Wunsch zu sterben, drückte sie die Klinke der Tür nach unten. Einen Augenblick lang verharrend und lauschend öffnete sie die Tür einen Spaltbreit. Violette liebte ihr Schlafzimmer, das sie mit perlmuttweißen Möbeln, Vorhängen und Teppichen ausgestattet hatte. Es war ihr Traum von Reinheit, welche dieses Zimmer auch für sie ausstrahlte. Doch das, was sie befürchtete, traf sie hier nicht an. Alles lag sauber und ordentlich an seinem Platz. Das Bett war gemacht. Sie wunderte sich über die Ordnung, die hier herrschte. Denn Christian räumte niemals auf. Nicht mal die Höschen seiner Häschen, die er nicht nur an Ostern vernaschte und selten aus Schokolade waren. Die straffgezogene weiße Tagesdecke zeugte davon, in den Tagen ihrer Abwesenheit nicht einmal einen einzigen Zentimeter vom Bett entfernt worden zu sein. Also war Christian auch nicht zu Hause. Er hatte wohl seine Nächte zwischen den weißen Schenkeln der Untreue verbracht.
Traurig ging sie in die Küche, die ebenso unberührt war, und schenkte sich ein Glas Weißwein ein. Plötzlich vernahm Violette ein Geräusch. Es hörte sich an wie das feine Klirren von Gläsern. Dann dümmliches Gekicher. Violett lenkte ihre Aufmerksamkeit auf die Dachterrasse, von der diese Geräusche gekommen waren. Langsam ging sie die Treppen hoch. Sie sah aus dem großen Fenster, das nur angelehnt war und bekam bestätigt, dass dieses Gekicher doch nicht von den Kichererbsen im Küchenschrank kam, sondern von einer gut gebauten Enddreißigerin, die ihr weiß-gefärbtes Haar bis zu ihrem doch noch sehr prallen Hintern, trug, der, nackt wie Gott ihn geschaffen hatte, auf dem Schoß von Christian thronte. Violette stand mit offenem Mund und starr wie Lots Frau am Fenster und glaubte nicht, was sie sah. Christian legte zärtlich seinen linken Arm um das gepuderte Stück Erotik und mit der rechten Hand massierte er genüsslich ihre weiße Silikon-Pracht. Violettes Erstarrung ließ nach, unbe-

merkt stieg sie Treppe hinunter, ging in die Küche und holte eine Schere.
Kurz überlegte sie noch, ob sie wirklich zu so einer Tat fähig war. Doch ihr enttäuschtes Herz meinte »NUR ZU, VIOLETTE, TU ES!« Auf leisen Sohlen schlich sie wieder nach oben. Christian und das Blödchen waren vertieft in ihr Liebesspiel. Violette trat hinter sie, setzte mit der Schere an und ›schnipp schnapp, Haare ab‹. Das weiße ›Ersatzhaar‹ ergoss sich leblos in den Schoß ihres untreuen Freundes. Genauso leblos wie das ›GUTE STÜCK‹ von Christian daraufhin war. Erhobenen Hauptes ging Violette nach unten, während das Blödchen die abgefallenen Extensions von Christians gelähmter Freude sammelte und wie ein wildgewordenes Nashorn tobte. Violette nahm ihren Koffer, der noch gepackt im Flur stand, legte sich befriedigt mit einem Lächeln den weißen Mantel über die Schulter und buchte sich einen Flug nach Canterville, um das Erbe ihrer Großtante zu besichtigen und anzutreten.
Was sie dort in dem herrlich gelegenen weißen Schloss erleben sollte, konnte sie ja nicht ahnen. Man sagte, dass des Nachts eine Frau, ganz in weiß gekleidet und weinend, durch die Gänge des Schlosses geht, weil sie von ihrem Liebsten betrogen wurde und sie sich daraufhin das Leben nahm. Die erste Nacht in diesen wunderschönen, mystischen und weißen Mauern wurde für Violette die Hölle.
Nach der langen Reise und am Ende ihrer Kräfte wollte sie nur noch zu Bett gehen. Sie traute ihren Augen nicht, denn das Schlafzimmer, das sie sich aussuchte, erstrahlte in einem herrlichen Perlmutt-Weiß. Sie legte sich auf das Bett und fiel in einen unruhigen Schlaf, aus dem sie mit einem lauten Poltern und Klopfen gerissen wurde. Violette öffnete nur mühsam ihre Augen. Da stand sie: Eine zierliche Frau, von einer Schönheit, wie Violette sie noch niemals gesehen hatte. Der Wind spielte mit ihrem langen, weißen Haar und ihrem schneeweißen Nachthemd. Violette erschrak und schlüpfte schweißgebadet unter die Decke. Während sie versuchte,

diese Begegnung als Sinnestäuschung abzutun, wurde ihre Bettdecke langsam, Stück für Stück, weggezogen. Violette zitterte am ganzen Körper und nahm ihren ganzen Mut zusammen, die Augen zu öffnen, um dem Spuk ein Ende zu bereiten. Tausend weiße Lichter tanzten aufgeregt im Zimmer, dann sah sie die Frau noch einmal. Ein gellender Schrei zerriss das noch schlafende Canterville. In der zweiten Nacht, so sagt man sich, sah man eine in Weiß gekleidete Frau einen weißen Sarg, mit Lilien geschmückt, zur Familiengruft begleiten. Von Violette hörte man nichts mehr …

Die schneeweiße Schuld

Roland Moser

Schau! Es glitzert! Mein Gott wie das glitzert! Und ich stehe hier mitten drin! Der Mond leuchtet und diese tausend kleinen Glitzersteinchen wollen nicht aufhören, mir zu zeigen, wohin der Weg führt.
Kalt.
Ja es ist bitterkalt. Ich wollte nicht weglaufen. Nein, ich wünschte, du hättest mir zugehört. Einfach nur einmal zugehört. Warum nur hast du mich angeschrien? Ich kann doch nichts dafür. Ich meinte es doch nur gut!
Nun bin ich hier. Allein. Ganz allein.
Es glitzert. Und es ist einfach kalt. So furchtbar kalt. Ich friere. Ich zittere.
Hier kann ich so nicht stehenbleiben. Ich muss weiter.
Mit jedem Schritt höre ich das Knirschen des Schnees unter meinen Füssen! Es knackt mit jedem Schritt. Der Mond zaubert mir weitere Glitzersteinchen auf meinem Weg. Ich muss weitergehen. Ich friere, mit jedem Schritt friere ich mehr. Aber ich fühle Wärme. So kalt es auch ist, wird mir heißer.
Oh, wie sehr wünschte ich mir, dass du mir verzeihen könntest.
Ein Geräusch in der Ferne!
Ruft da nicht jemand meinen Namen?
Ich bleibe stehen und horche.
Da! Schon wieder höre ich, wie mein Name gerufen wird.
»Hallo? Bist du es?«, rufe ich in die Dunkelheit.
Nichts. Keine Antwort.
»Hallo«, rufe ich jetzt aus vollem Herzen.
Nichts.
Habe ich mich getäuscht?
Ich bin alleine. Unsagbar alleine. Da ist keiner, der mich ruft.
Ich bin selber schuld. Ich selber. Ich habe es gemacht. Ja, ich selber. Ich habe nicht aufgepasst.
Ich, ich, ich!

Ich wollte das so nicht. Bitte, glaub es mir.
Ich wollte nicht, dass mein Bruder stirbt. Ich wollte nicht, dass er tot ist.
Ich wusste ja nicht, dass das Eis so dünn ist.
Es war doch nicht Absicht von mir.
Nein, Stefan wünschte es sich doch so sehr. Er wollte hinaus auf diese Eisfläche. Er wollte es doch so sehr. Ich bin sein großer Bruder und wünschte doch, dass es meinem kleinen Bruder immer gut geht. Ich schwöre es!
Hast du nicht gesagt, ich solle auf ihn aufpassen und schauen, dass es ihm gut geht? Hast du das nicht gesagt?
Er wünschte es sich doch so sehr.
Hätte ich ihn zurückhalten sollen?
Warum muss immer ich die Verantwortung übernehmen, wenn du keine Zeit hast, für ihn und mich?
Für uns?
Du?
Warum muss ich immer tun, was du willst?
Weißt du noch, als ich klein war und keine Luft bekam?
Und wie du mich geschüttelt hast? Wie du geschrien hast, ich solle doch um Gottes Willen atmen!
Mein Gott, wie kalt es hier doch ist.
Es glitzert.
Der Schnee ist so schön. Ich bin müde. Es tut so gut. Ich setze mich einfach in den Schnee.
Wie schön doch so ein freies Feld ist. Weit und breit kein Baum.
Kein Haus.
Keine Menschen mehr, die mir sagen, was ich soll, sollen müsste.
Schneeweiß.
Dieses Feld und diese Nacht. Der Mond. Die Sterne.
Und diese Schneekristalle um mich herum.
Wie schön sie doch im Mondlicht glitzern.
Ich bin verzaubert.
Es ist fast, als würde ich fliegen.

Ich bin weit weg.
Hörst du mir überhaupt zu?
Mama?
Hörst du? Ich wollte nicht, dass mein Bruder auf diese Eisfläche geht. Aber er wollte es doch so sehr.
Er. Er ganz alleine.
Mama. Hilf mir. Ich friere. Ich zittere. Mir ist so kalt. Bitte wärme mich.
Ich bin allein. So allein.
Warum nur hast du immer verlangt, dass ich auf meinen kleinen Bruder aufpassen soll? Ich bin doch selber noch so klein. Ich brauche doch auch jemanden, der mal auf mich aufpassen muss.
Oh Gott, wie schön glitzern diese weißen Schneekristalle auf dem Feld.
Oh wie schön der Mond doch scheint.
Ich verzeihe dir, Mama.
Ich liebe di…

Vaters Beerdigung

Sandra Karin Foltin

Stetig fällt der Regen und macht ein trommelndes Geräusch auf den zahlreichen Regenschirmen. Überrascht stelle ich fest, das tatsächlich alle Leute einen dunklen Schirm haben, kein Rot dabei oder fröhliches Grün. Das hätte Mutter auch nicht geduldet, alles musste angemessen sein für Vaters Beerdigung. Merkwürdig, was einem in seiner solchen Situation durch den Kopf geht.

Meinen Schirm hat Mutter mir gegeben, also ist er Schwarz. Ich hatte nicht daran gedacht, einen mitzunehmen, hatte ganz viele andere Gedanken. So viele Gefühle, die hochkamen. Jetzt bin ich aber doch froh, einen Regenschirm zu haben, ich will nicht klatschnass zum Beerdigungskaffee meines Vaters gehen.

Meine Mutter ist perfekt darin, etwas zu organisieren, an alles zu denken.

Der Pfarrer am offenen Grab redet und redet, ich mustere die Anwesenden. So viele Menschen sind gekommen, um ihm die letzte Ehre zu erweisen. Verwandte, Nachbarn, Geschäftspartner und wer weiß, was noch alles für Leute. Die meisten kenne ich nicht. Alle sind ausgesprochen gut angezogen, stilvolle Trauer, so würde meine Mutter es wohl nennen.

Eine Handvoll buntes Herbstlaub tanzt, völlig unbeeindruckt von dem ernsten Ereignis, im Wind an mir vorbei. Sehnsüchtig blicke ich hinterher. Mein schwarzer Wollmantel hält mich zwar warm im Herbstwind, aber er kratzt unangenehm im Nacken. Unauffällig reibe ich mich immer wieder, bis meine Mutter es doch bemerkt und mich strafend ansieht. Ich kann sie förmlich hören in meinen Gedanken: »Was sollen denn die Leute sagen, wenn du auf der Beerdigung stehst und dich ständig kratzt, als hättest du Flöhe?« Ein untadeliges Benehmen war ihr immer schon wichtig, das wird sich wohl kaum geändert haben. Was andere von ihr halten, was sie über sie denken, darüber definiert sie ihr Leben.

Das war schon so, als ich ein kleines Kind war. Ich blende das Gerede vom Pfarrer aus und lasse meine Gedanken schweifen, in meine Kindheit.
Wenn ich in meine frühesten Erinnerungen gehe, denke ich an den riesigen Garten meiner Eltern. Ich, spielend auf dem Rasen, meine Mutter in ihren Rosenbeeten. Mein Vater war selten da, er war damals schon ein erfolgreicher Geschäftsmann und viel auf Reisen. Wenn er zuhause war, beachtete er mich kaum. Ich bekam Geschenke überreicht und wurde dann von einem Kindermädchen in mein Zimmer gebracht. Wenn ich mich gut benahm, bekam ich noch mehr Geschenke, bevor er wieder wegfuhr. Meistens waren es hübsche Kleidchen oder kostbare Porzellanfiguren, mit denen ich nicht spielen durfte. Sie wurden in eine Vitrine in meinem Zimmer gestellt.
Irgendwann weinte ich einmal, weil mein Vater ein Bild nicht zu würdigen wusste, das ich ihm gemalt hatte. Er warf nur einen flüchtigen Blick darauf und ging dann einfach. Das war eins der wenigen Male, dass meine Mutter mich tröstete: »Dein Vater kann mit so kleinen Kinder nicht viel anfangen. Das wird besser, wenn du größer wirst und dich vernünftig mit ihm unterhalten kannst.«
Das waren die Schlüsselworte für meinen Ehrgeiz. Obwohl ich noch sehr klein war, wollte ich unbedingt die Aufmerksamkeit und Zuneigung meines Vaters erringen. Gutes Benehmen und kluge Konversation schienen mir der Weg dahin. Vier Jahre war ich alt. Ich lernte wie eine Besessene. Meine Mutter war damals sehr stolz auf mich, glaube ich. Wenn andere Kinder im Dreck spielten und ihre Kleidung zerrissen, saß ich am Teetisch und versuchte, mich wie eine Erwachsene zu benehmen.
Und es schien zu funktionieren, Vater bemerkte mich, ab und zu sprach er sogar ein paar Worte mit mir. Er war beeindruckt, was ich in meinem Alter schon alles wusste. Immer, wenn Nachbarn kamen, erwähnte er mich lobend. Meine Mutter platzte beinah vor Stolz. Und da ich sah, dass meine

Bemühungen sich lohnten, verdoppelte ich meine Anstrengungen. In der Schule bekam ich nur Bestnoten und Auszeichnungen.
Für meine Mutter war es natürlich großartig, das war das Leben, das sie sich immer gewünscht hatte. Alles war in Harmonie und die Nachbarn bewunderten sie. Die anderen Mütter holen sich Erziehungstipps von ihr.
Mutter unterstützte mich in meinen Bemühungen, mich in allen Bereichen des Lebens hervorzutun, und trieb mich immer weiter an. Schnell brachte sie mich wieder auf Kurs, wie sie es nannte, wenn ich mich doch einmal wie ein Kind benahm und spielen wollte. Spielende Kinder wurden schließlich nicht bewundert.
Aber ich verzichtete gern auf alles, wenn mein Vater mich nur liebte und stolz auf mich war.
In diesen Jahren war ich so glücklich, ich liebte meinen Vater und er liebte mich. Als ich zehn Jahre alt wurde, bemerkte mein Vater, dass ich mich für Pferde interessierte. Er kaufte mir ein Pony, organisierte meinen Reitunterricht und kam sogar zu meinen Turnieren. Auch im Sport wurde ich sehr ehrgeizig, denn jedes Mal, wenn ich gewann, legte mein Vater seinen Arm um mich und flüsterte mir zu: »Ich bin stolz auf dich.« Nie war ich glücklicher als in diesen Jahren.

Unsanft stößt meine Tante mir ihren Ellbogen in die Seite. »Träumst du? Du solltest dich um deine Mutter kümmern, die Leute gucken schon, weil du so weit wegstehst!« Missbilligend sieht sie mich an. Ich zucke mit den Schultern, seit ich nicht mehr bei meiner Mutter wohne, habe ich mich daran gewöhnt, das schwarze Schaf zu sein. Nach dem Studium bin ich in der Stadt geblieben. Ich bin die undankbare Tochter, die sich nicht um ihre Eltern kümmert, wie es ihre Pflicht gewesen wäre. »Geh jetzt zu deiner Mutter, streiten könnt ihr nach der Trauerfeier«, zischt meine Tante mir zu. Alte Gewohnheiten kann man schlecht abschütteln und so tue ich das, was mir gesagt wird. Meine Mutter sieht mich böse an.

»Muss ich dir immer wieder sagen, wie wichtig es ist, dass alle den Familienzusammenhalt spüren?«, meckert sie so leise, dass nur ich sie hören kann. Als gäbe es so etwas wie Familienzusammenhalt. Aber das ist für meine Mutter nicht wichtig, wichtig ist nur, dass alle denken, es gäbe so etwas bei uns. Wieder zucke ich mit den Schultern, was mir einen weiteren bösen Blick einbringt.

Mittlerweile hat sich der Männergesangsverein aufgebaut und singt: »Ich hat´ einen Kameraden.« Mutter tupft sich mit einem schwarzen Spitzentaschentuch immer wieder über die trockenen Augen. Ich wette, alle Leute würden schwören, bei ihr ein Meer an Tränen gesehen zu haben. Ganz die liebende Gattin, die ihren schrecklichen Verlust betrauert.

Innerlich schüttele ich den Kopf, wenn alle wüssten, dass meine Eltern schon seit vielen Jahren nur noch im gleichen Haus lebten, aber völlig unabhängige Leben führten. Nur für Außenstehende eine glückliche Ehe vorspielend. Getrennte Schlafzimmer, und getrennte Leben, aber eine Scheidung wäre nicht denkbar gewesen, so etwas tat man einfach nicht.

Wieder schweifen meine Gedanken ab, aber diesmal gibt sie mir einen Ellbogenhieb in die Seite. Die Leute stellen sich auf, um der Familie zu kondolieren. Ich habe das Gefühl, es wird sich noch endlos hinziehen, aber was kann ich schon tun?

Irgendwann ist auch das vorbei. Das Hotel, indem der Beerdigungskaffee stattfindet, ist direkt neben dem Friedhof. Langsam gehen die Leute zu Fuß dorthin. Mutter allen voran. Ich bummele noch ein bisschen, und stehe am Grab meines Vaters. Viele gemischte Gefühle durchströmen mich. Aus meiner Tasche hole ich eine einzelne, weiße Rose und lege sie auf die frische Erde, dann drehe ich mich entschlossen um und gehe den anderen hinterher zum Hotel.

Als ich ankomme, haben alle schon ihre Jacken und Mäntel ausgezogen und sind dabei, sich an die Tische zu verteilen. Mutter hat die Sitzordnung genau festgelegt. Ich stehe noch eine Weile einfach da und warte. Dann hat Mutter mich ent-

deckt, wild gestikulierend kommt sie auf mich zu. »Zieh endlich deinen Mantel aus und komm her, du kannst mir helfen!«
Ich sehe ihr fest in die Augen und lasse meinen Mantel zu Boden gleiten. Empört schnappt meine Mutter nach Luft und alle Gäste starren mich an.
Mein schneeweißes Kleid bildet einen scharfen Kontrast zu all den schwarz gekleideten Menschen um mich herum.
Meine Stimme ist laut und deutlich, sie zittert nicht.
»Was hast du, Mutter? Du weißt doch, das war Vaters Lieblingsfarbe! Seit ich zwölf war, hast du mich jeden Abend so angezogen, kurz bevor er in mein Zimmer kam. Und in mein Bett, um da das zu tun, was du nicht mehr wolltest.«
Nun starren die Leute sie an und nicht mich, aber niemand kommt ihr zu Hilfe, als sie ohnmächtig zu Boden sinkt. Ich nehme meinen Mantel, drehe mich um und verlasse das Hotel.
Ohne mich noch einmal umzudrehen, lasse ich endlich meine Vergangenheit hinter mir.

Weiß die friedliche Farbe

Steve W. Hengy

Meine Frau schrie mir ins Ohr, schlitternd schlug mein Auto durch die Leitplanke.
Der erste Schlag schickte uns das Glas der Frontscheibe entgegen. Explosionsartig erreichte mein Gesicht die beißende Kälte. Das Produkt des Schneesturms brannte auf meinem Gesicht wie Feuer.
Der Zweite Schlag, ich hörte, wie sich das Blech meiner Motorhaube zusammenschob.
Der Motor erstarb. Langsam öffnete ich meine Augen. Da es mir nicht möglich war mich zu bewegen, verweilte ich einfach in diesem Zustand, halb schlafend halb wach. Ich hatte keine Schmerzen, seltsamerweise war mir angenehm warm.
Vor mir lag eine unberührte Schneelandschaft. Es war wunderschön - so weiß, so rein, so unberührt.
Weiß, die friedliche Farbe.
Ich spürte eine angenehme Vibration und versuchte, deren Ursprung zu finden.
Barbara - oh mein Gott, meine Frau, auf dem Beifahrersitz lag meine Frau, fast als würde sie schlafen. Doch aus ihrem Mund ran ein wenig rotes Blut. Sie zitterte wie Espenlaub und röchelte, dabei bewegte sie ihre Lippen. Ich lauschte genauer. »Eric mir ist kalt, so kalt, Eric«
»Barbara, ich bin da, Baby«.
Sie lag neben mir und ich wusste, dass sie Schmerzen hat, dennoch kam ich nicht daran vorbei zu bemerken, wie schön sie ist. Eine so reine Haut, so zart, so Weiß.
Weiß, die friedliche Farbe.
Ich löste mich ein wenig von meiner Starre. Ich konnte nur meinen Oberkörper bewegen. Meine Beine waren eingeklemmt. Ich schaute, ob Barbara frei war, aber auch ihre Beine waren gefangen. Jetzt, wo ich mich bewegte, spürte ich die Kälte. Jede Bewegung drückt diese Kälte in meinen Körper. *»Barbara wir müssen durchhalten, Hilfe wird kommen.«* Ich strei-

chelte ihre wunderschön weißen Wangen. Aber ich spürte sie nicht. Sie war so kalt. Ihre Augen waren geschlossen, aber ich wusste, sie war gegangen. Ich stellte mir vor, dass sie in das wunderschöne Weiß spielen gegangen ist.

Weiß, die friedliche Farbe.

Wieder besah ich die friedliche weiße Landschaft. So ruhig, so idyllisch, Jeder Luftzug gab mir das Gefühl, etwas von dieser weißen Reinheit und Ruhe in mich aufzunehmen. Es fühlte sich schön an, davon muss ich Barbara erzählen. *Barbara?* Sie war weg, sie war in diesem Weiß verschwunden.

Weiß, das friedliche Nehmen.

Ich betastete Barbara nochmals, ich konnte sie nicht spüren. Meine Finger waren taub. Die Kälte, die vorher noch so anregend gewesen war, kippte in Bedrohung um. Mir war so kalt und mir wurde klar, ich würde erfrieren. Die Schneelandschaft, warum war sie so friedlich? Ich versuchte, dieses distanzierende Weiß anzuschreien. Es war zwecklos, ich brachte kein Ton aus meiner erfrierenden Lunge.

Weiß, so kalt und herzlos.

Ich fror so unheimlich und wurde müde, ich schaute auf die weiße Fläche und erblickte meine Frau, sie tanzte und winkte mir. Langsam wurde mir warm. Ich stieg aus dem Wagen und rannte auf meine Frau zu. Sie lachte und wir tanzten ins ewige Weiß.

Weiß, die friedliche Farbe.

Johann und Johanna

Illona Penna

Johann und Johanna sind nun mehr als vier Jahrzehnte verheiratet.

Natürlich ist der weiße Lack in jeglicher Art beschädigt. Ob nun das Miteinander oder das gegeneinander, die zärtlichen Stunden, Kino oder Theater, es ist einfach nicht mehr das, was es einmal war. Johann verzieht sich schon seit Jahren, nach dem Frühstück, in seinen Keller, um die Zeit und nicht seine einst geliebte Johanna totzuschlagen.

Während dessen funktioniert Johanna, wie all die Jahre zuvor. Haushalt, Wäsche, Kochen.

Treffen die zwei aus Versehen mal doch aufeinander, dann haben sie sich nicht mehr viel zu sagen. Sie führen eine Hass - Ehe. Dementsprechend unzufrieden und mürrisch reagieren die Beiden bei jeglicher Unterhaltung.

Johanna: »Was möchtest du heute essen?«

Stille

Johanna: »Ich gehe jetzt einkaufen!«

Johann: »Mmh…«

Johanna nimmt den Mantel und den Schlüssel.

Johann schaut von seiner Zeitung hoch und murmelt unverständlich.

»Bring Weißbier und Zigaretten mit.«

Johanna: »Hast du was gesagt?«

Johann: »Mmh…«

Johanna geht.

Johann steht auf und beobachtet Johanna am Fenster. Es passt ihm nicht, dass sie sich fürs Einkaufen so rausgeputzt hat und geht missmutig in den Keller und flucht. »Sie wird schon seh´n, was sie davon hat.« Er schließt die Tür hinter sich ab.

Zwei Stunden später kommt Johanna zurück und werkelt in der Küche. Es interessiert Johanna nicht, dass Johann im Keller ist.

Doch Johanns Neugier treibt ihn nach oben.
Johann: »Wo ist mein Bier?«
Stille
Johann reißt den Kühlschrank auf und sucht.
Johanna. »Was suchst du denn?«
Johann: »Bier«
Johanna: »Ist keins mehr da.«
Johann: »Aha, bin dir wohl nichts mehr wert?«
Johanna: »Wie kommst du darauf?«
Johann: »Mmh…«
Johanna kocht schweigend weiter.
Johann setzt sich in den Sessel mit der Zeitung und beobachtet Johanna.
Er ist wütend und überlegt sich, was er nicht alles mit Johanna anstellen könnte.
Er stellt sich vor, wie er sie langsam, aber sicher vergiftet. Jeden Tag ein kleiner Tropfen Rattengift in der von ihr so heiß geliebten weißen Honigmilch. Er sieht schon den weißen Schaum vor ihrem Mund. Er lacht in sich hinein und stellt sich die Beerdigung vor. Weiße Lilien, weiße Taschentücher, weißer Sarg. Alles sollte schön unschuldig aussehen. Weiß und unschuldig, wie frisch gefallener Schnee.
Johanna bleibt freundlich und still und verrichtet ihre Arbeit. Sie deckt liebevoll den Tisch, legt eine weiße Tischdecke darauf und, zur Feier des Tages, weißes Geschirr. Nun bittet sie Johann zu Tisch.
Johann schaut angewidert in die Töpfe, dreht sich um und macht sich ein Stück Brot zurecht.
Johanna lächelt ihn sanft an, steht auf und bringt ihm sein geliebtes Weißbier.
Sie lacht und sagt: »Ich habe dich nicht vergessen, wollte dir damit nur zeigen, dass du etwas deutlicher mit mir sprichst.«
Johann nimmt die bereits geöffnete Flasche, schiebt Johanna mit einem »Mmh…« zur Seite und verschwindet im Keller.
Johanna lächelt und räumt das unberührte Essen in den Kühlschrank.

Währenddessen plant Johann den weißen Tod seiner Johanna. Plötzlich kann Johann wieder lachen und summt ein Lied.
Johanna sitzt im Wohnzimmer und wartet, sie wartet wie jeden Tag und lächelt.
Spät in der Nacht kommt Johann aus dem Keller und ist freundlich wie nie, zu seiner Johanna.
Er geht in die Küche und macht Johanna heiße Milch mit Honig.
Johanna lächelt und trinkt.
Sie geht in die Küche und öffnet eine zweite Flasche Weißbier für ihren Johann und stellt sie ihm auf die noch blütenweiße Tischdecke. Beide lächeln.
Denn keiner der Beiden weiß, dass sie den letzten Weg, wohlweislich, gemeinsam gehen.

Spuren im Schnee

Asmondina Tear

Die winterliche Kälte legte sich wie ein Schleier über die Stadt, malte kunstvolle Blumen auf die Fensterscheiben und ließ die Menschen schneller nach Hause eilen oder ihre Mäntel enger um die Körper ziehen. Aus einer dreckigen Seitengasse drang ein mühsam unterdrücktes Niesen, während die 16-jährige Michelle ihre Hände gegeneinander rieb. Aber weder diese Bewegung, noch die improvisierte Feuerstelle schützten gegen die beißende Kälte, zumal das junge Mädchen kaum Stoff am Leibe trug. Eine alte, verwaschene Jeans, ein weißes Shirt und eine schwarze Lederjacke, mehr besaß sie nicht. Alles andere hatte sie verkauft, um ihren Lebensinhalt zu finanzieren: Kokain. Seit etwa drei Jahren war Michelle von dem illegalen Rauschmittel abhängig und langsam machte der Zerfall sich innerlich wie äußerlich bemerkbar. Ihr ganzer Körper war abgemagert und voller Narben, die Wangen eingefallen, ihre Haut fleckig wie ausgetrocknet und die Pupillen hatten die Größe eines Tellers. Oft wurde sie von Passanten mitleidig auf ihren Zustand angesprochen, doch Michelle blockte solche Unterhaltungen immer schroff ab.

Diese Art von Leuten hatte damals die Augen vor der Realität verschlossen und ihr jegliche Hilfe verweigert, also brauchten sie jetzt nicht damit anzufangen. Gedankenverloren spielte das junge Mädchen mit einer Strähne ihres schwarzen Haares, welches schon ziemlich verfilzt aussah. Drogensucht und das Leben auf der Straße waren großer Mist und trotzdem bereute Michelle es nicht, dass sie ihrem alten Leben den Rücken gekehrt und bei Nacht und Nebel einfach geflohen war. Zu ihrer Erleichterung hatten ihre Eltern nicht mal versucht, sie zu finden, denn auch wenn Michelle zur Finanzierung ihrer Sucht manchmal auf den Strich gehen musste, die Freier waren wenigstens Fremde. Ein ungewolltes Schluchzen entwich

Michelles Kehle, als ihre Gedanken in die Vergangenheit zurückreisten.

In ihren ersten zehn Lebensjahren hatte es keinen Vater gegeben, weder körperlich noch in Gesprächen oder Erinnerungen, und weil sie mit ihrer Mutter sehr glücklich gewesen war, hatte Michelle nie Fragen gestellt. Diese kümmerte sich sehr liebevoll um ihre kleine Tochter und glich damit so manches erfolgreich aus wie zum Beispiel das Fehlen eines Freundeskreises. Aber einige Tage nach Michelles zehntem Geburtstag änderte sich alles schlagartig, denn ihre Mutter lernte einen neuen Mann kennen. Zunächst war Michelle darüber sehr glücklich, weil die oft angeprangerte Anormalität endlich verschwunden war, und auch als ihre kindlichen Sinne sie scheinbar grundlos zu warnen begannen, bemühte das kleine Mädchen sich redlich, ihren ›neuen Vater‹ zu mögen und sich für ihre Mutter zu freuen, auch weil diese regelrecht aufblühte.

Doch dann begann es, langsam wie schleichendes Gift, ihre Mutter nahm sich immer mehr Zeit für ihren neuen Freund und brachte ihn auch mit nach Hause. Jedes Mal fühlte Michelle sich wie ein störender Schatten und zog sich in die Einsamkeit ihres Kinderzimmers zurück, wo sie den Tränen freien Lauf ließ. Zwar sorgte ihre Mutter nach wie vor für Essen, Trinken, Kleidung und Freizeit, aber die wärmende Geborgenheit war verschwunden. Zuweilen machte Michelle sich heftige Vorwürfe, die mit Beginn der Pubertät noch schlimmer wurden.

Die Nachricht von der bevorstehenden Hochzeit war für die dreizehnjährige wie ein Schlag ins Gesicht und es schien, als würde ihr gesamtes Leben ins Scherben brechen, und die Aussage ›dann sind wir eine richtige Familie‹ empfand Michelle als blanken Hohn. Jeder zaghafte Versuch des Gesprächs wurde entweder ignoriert oder eiskalt abgeblockt, und das junge Mädchen entschied sich für den inneren Rückzug, was ihr kurze Zeit später zum Verhängnis wurde.

Denn nur drei Monate nach der Trauung offenbarte ihr Stiefvater sein wahres Gesicht und vergewaltigte Michelle brutal.
»Es wird nie wieder vorkommen«, sagte er immer, und bis heute wusste sie nicht, ob er seine eigene Lüge wirklich geglaubt hatte.
Über zwei Jahre dauerte ihre Qual, das Martyrium, von dem ihre Mutter nichts bemerkte. Ständig war sie beruflich unterwegs oder viel zu erschöpft, um sich die Probleme ihrer Tochter anzuhören. Mitunter fragte Michelle sich sogar, wessen Blick lebloser war. Zu ihrem Glück fiel ihr wenige Wochen später ein sogenanntes Erfahrungsbuch über eine Vergewaltigung in die Hände, welches das junge Mädchen nach einigem Zögern erst kaufte und schließlich heimlich in ihrem Zimmer las. Jedes Mal rann ihr der kalte Schweiß über die Stirn, aber zeitgleich war es eine Ermutigung. Auf einmal wusste Michelle, sie musste es beenden.
Nur wenige Tage später ging sie zu einer Beratungsstelle, dann zur Polizei und zeigte ihren Stiefvater an. Bei seiner Verhaftung stritt dieser natürlich alles ab und ihre Mutter würdige Michelle keines Blickes, auch bei der Gerichtsverhandlung sprachen sie kein Wort und am Ende warf ihre Mutter sie raus.
»Ich habe keine Tochter mehr«, waren ihre letzten Worte gewesen.
Nach dem ersten Schmerz versuchte das junge Mädchen, sich auf der Straße durchzuschlagen, doch je mehr sie seelisch verkümmerte, desto intensiver wurde ihr Kontakt zu harten Drogen. Jene gaben ihr über einen kurzen Zeitraum das Gefühl schwärmerischer Leichtigkeit oder brachten das selige Vergessen. Michelles zitternde Finger ertasteten den winzigen Beutel in ihrer Jackentasche, noch etwa fünf Gramm reines Kokain, sollte sie einen Teil davon jetzt schnupfen oder heute sauber bleiben, wie sie es sich ursprünglich vorgenommen hatte? Ein eisiger Windhauch griff unter ihr Shirt, ließ Michelle frösteln, und zusammen mit den wiedererweckten Schatten ihrer Vergangenheit stand die Entscheidung fest.

Scheinbar emotionslos griff das junge Mädchen nach ihrem Plastikröhrchen und zog sich das weiße Pulver durch die Nase. Sofort durchströmte ein Glücksgefühl ihren Körper und Ängste, Erinnerungen, selbst die Kälte schienen unendlich weit entfernt. Verträumt blickte Michelle zum Nachthimmel empor.
»Die Sterne leuchten wunderschön«, dachte sie.
Doch nach etwa einer Stunde war der Flash vorüber und statt der Euphorie blieb nur tiefe Leere. Das junge Mädchen seufzte und rappelte sich auf, jetzt gab es nur noch einen Ort, an dem sie Zerstreuung und vielleicht auch Zuflucht finden konnte.
Das kleine Café am Rande des Flusses war trotz der späten Stunde hell erleuchtet und hinter dem Tresen stand ein junger Mann mit schwarzen, schulterlangen Haaren. Seine Kleidung bestand aus einem weißen Rüschenhemd, schwarzer Jeans und ebensolcher Weste, eine Kombination, die ihm oft schwärmerische Blicke der meist jugendlichen Kundschaft sicherte. Er beantwortete jene stets höflich, aber mit klarer Distanz. Keine der farblosen Frauen war imstande, sein Interesse zu erregen, zumal sie nur seine düster-romantische Schönheit sahen. Martin seufzte, putzte seine Brille und konzentrierte sich auf das leise Pfeifen der Espresso-Maschine. Obwohl er die Nachtschicht mochte, kroch die Erschöpfung allmählich in ihm empor und das sinnlose Geplapper der Jugendlichen machte es nicht besser. Erst das zarte Läuten der Türglocke riss ihn aus der Lethargie und anstatt eines gelangweilten Blickes drehte er sich ruckartig um.
»Michelle«, ein Lächeln glitt über sein Gesicht, als er das junge Mädchen sah. Schnell kam er hinter dem Tresen hervor und zog sie in eine kurze Umarmung, welche, zu seiner Überraschung, erwidert wurde. Auch sein Gegenüber zwang sich zu einem verkniffenen Lächeln und Martin erkannte sofort, dass Michelle wieder zugedröhnt war. Seine Hand ballte sich zur Faust, der junge Mann verabscheute ihren Drogenkonsum, doch jetzt war weder die Zeit noch der Ort für Vorwürfe.

»Willst du einen Tee?«, fragte er stattdessen. »Geht aufs Haus.«
Michelle nickte und setzte sich an einen Tisch, welcher möglichst weit von den anderen Gästen entfernt war, sie spürte die angewiderten Blicke im Rücken und tat ihr Bestes, diese zu ignorieren. Stunde um Stunde verging und auch wenn Martin nur Zeit für einen kurzen Blickkontakt hatte, so verweilten seine Gedanken pausenlos bei Michelle. Er hatte so sehr gehofft, dass sie heute sauber bleiben würde, was war passiert? Nachdenklich erinnerte Martin sich daran, wie er das drogenabhängige Mädchen kennengelernt hatte.
Ein grauer Regentag im Herbst war es gewesen, als er Michelle völlig durchnässt und bibbernd vor seinem Café hatte sitzen sehen. Ihre Finger waren blau gewesen vor Kälte, und dennoch war kein Laut über ihre Lippen gekommen. Nach anfänglicher Skepsis hatte Martin sie hereingebeten, ihr einen Kaffee spendiert und sich ein wenig unterhalten. Zu seiner Verblüffung war Michelle, trotz ihres heruntergekommenen Äußeren, fähig gewesen, sich normal auszudrücken und auch über verschiedene Themen zu diskutieren. Aber es hatte eine lange Zeit gedauert, ehe sie Vertrauen fassen und ihm ihre Geschichte erzählen konnte. Seither war Martin nach Kräften bemüht, das junge Mädchen mit Essen, Trinken und einem offenen Ohr zu unterstützen, mit mäßigem Erfolg. Die Drogen hielten Michelles Seele erbarmungslosen in ihren Klauen, und es schien kein Entkommen zu geben. Ein Seufzer der Erleichterung glitt über Martins Lippen, als der letzte Gast sein Café verließ und er die Tür zuschließen konnte. Achtlos warf er seine Schürze auf den Boden und wandte sich Michelle zu, welche sichtlich erschöpft in der Ecke kauerte.
»Also«, Martin bemühte sich um einen freundlichen, aber bestimmten Tonfall, »was war los? Warum hast du heute wieder geschnupft? Du hast versprochen, es nicht zu tun!«
Die Angesprochene verdrehte die Augen, eigentlich wollte sie nicht darüber reden, doch Martin etwas vorzulügen war unmöglich, und so berichtete sie von den schrecklichen, trauma-

tisierenden Bildern ihrer Vergangenheit, welche sie mit voller Wucht heimsuchten, ganz egal, wie sehr sie versuchte, zu fliehen. Zuerst hatte der junge Mann ihr heftige Vorwürfe machen wollen, doch der Wunsch erstarb mit jedem gesprochenen Satz. Am Ende nahm er das junge Mädchen nur tröstend in seine Arme, wohl wissend, dass sie diese Nähe nicht unbedingt ertrug. Doch heute erwiderte Michelle seine Zärtlichkeiten und kuschelte sich sogar ein wenig an seine Brust, was Martins Herz schneller schlagen ließ. Schon lange hegte der junge Mann solche Gefühle, hatte jedoch aus Furcht geschwiegen. Er wollte sie weder verschrecken noch überfordern. Martins Blick wanderte nach draußen, wo dicke Schneeflocken über den Asphalt tanzten.

»Pass auf«, meinte er unbeholfen und schaute ihr leicht errötend ins Gesicht. »Draußen wird es immer kälter und ich möchte nicht, dass du erfrierst. Was hältst du davon, heute hier zu übernachten? Im Café ist Platz genug, außerdem kannst du duschen.«

Michelle nickte in einer Mischung aus Erleichterung und Freude, vor der eisigen Nacht war ihr schon bange gewesen.

»Danke«, in ihrer Stimme lag unendlich viel Sanftmut und offenbarte einen Teil jenes Mädchens, welches sie früher gewesen war.

Kurze Zeit später lag Michelle geduscht, mit frisch gewaschener Kleidung und in mehrere Decken gehüllt, auf der Bank, voller Vorfreude auf eine ruhige Nacht. Außerdem hatte das Magenknurren nachgelassen, nachdem Martin ihr ein belegtes Baguette gereicht hatte, den emotionalen Aufruhr ihres Freundes bemerkte sie nicht und schloss mit einem letzten wohligen Schnurren die Augen. In Martin dagegen tobte ein Gefühlssturm, welcher ihn zu zerreißen drohte. Immer wieder sah er das Bild jener unbeschwerten, fröhlichen Michelle vor seinem geistigen Auge und es ließ sein Herz bluten. Wie viel konnte sexueller Missbrauch zerstören? Seine Hand ballte sich wütend zur Faust, irgendwann würde dieser dreckige Bastard dafür bezahlen. Aber vielleicht konnte seine Liebe die

Wunden heilen oder zumindest soweit lindern, dass sie sich selbst eine Chance gab, von den Drogen loszukommen. Im Moment war das junge Mädchen in einem Teufelskreis aus Hoffnungslosigkeit und Rausch gefangen und sprach, wenn überhaupt, nur selten von einem möglichen Entzug, wie das gebrochene Versprechen zeigte.

Martin wusste, es würde nicht einfach werden. Doch sein Herz brannte lichterloh und er würde bei ihr bleiben, koste es, was es wolle. In einem Anflug von Mut näherte der junge Mann sich ihr und legte sich vorsichtig seine Lippen auf ihre, es war ein keuscher Kuss und doch offenbarte er seine ganzen Empfindungen. Wie vom Blitz getroffen schreckte Michelle hoch und starrte ihren Gegenüber entgeistert an, die Augen waren vor Schreck noch größer als sonst und die Lippen bebten.

»Wa… warum hast du das getan?«, fragte sie keuchend und ein Rinnsaal Blut lief über ihren Mundwinkel.

»Weil ich dich liebe«, erwiderte Martin betont ruhig, obwohl der Anblick ihn schmerzte.

»Nein, das darf nicht sein«, das junge Mädchen schüttelte panisch den Kopf, befreite sich aus der Umarmung und rannte blindlings aus dem Café, ohne sich noch einmal umzudrehen. Die verzweifelten Tränen auf Martins Wangen sah sie nicht.

Wie ein Tier auf der Flucht hetzte Michelle währenddessen durch die Straßen, sie war orientierungslos und ihre Gedanken liefen Amok. Martin hatte sie geküsst und ihr seine Liebe gestanden. Er, der einzige Mensch auf dieser Welt, dem sie vertraute, hatte ein falsches Spiel gespielt und solche verwerflichen Gefühle entwickelt. Der schale Geschmack in ihrem Mund ließ sie würgen, während die Tränen wie Sturzbäche über die Wangen liefen. Ihr Stiefvater hatte auch immer gesagt, dass er sie liebe, beteuert, er wolle wie eine Familie sein und dafür hatte er sie verletzt, beschmutzt, zerstört.

»Warum?«, schrie das junge Mädchen innerlich und stürzte kraftlos auf den schneebedeckten Boden. Sie durfte Martin niemals wiedersehen! Aber da war auch noch ein winziger Teil in ihrem Herzen, welcher sich gegen diese Tatsache sträubte und außerdem verzweifelt nach dieser unbekannten, beängstigenden Nähe verlangte. Gleichzeitig verströmte er eine Wärme, wie Michelle sie noch nie zuvor gespürt hatte, jene ließ das Herz höher schlagen, den Bauch kribbeln und wollte Geborgenheit, Verständnis und Nähe geben. Dinge, wie sie in ihrer von Rauschmittel und Finsternis geprägten Welt nicht geben durfte. Michelles leblose Augen erstarrten, war sie etwa dabei, sich zu verlieben?

Ein hysterisches Lachen entwich ihrer Kehle und verwandelte sich innerhalb von Sekunden in ersticktes Weinen. Das konnte nicht sein, das durfte nicht sein! Wie in Trance griff das junge Mädchen in ihre Jackentasche, holte das letzte Kokain hervor und inhalierte es innerhalb weniger Augenblicke, sie wollte vergessen, einfach nur vergessen. Das letzte, was Michelle sah, war ein helles Licht, welches immer näher kam.

Zur gleichen Zeit eilte Martin, nur mit einem Pullover bekleidet durch die menschleeren Straßen, trotz beißender Kälte blieb er nicht stehen, ein schlechtes Gewissen und eine böse Vorahnung trieben ihn an. Er hatte alles falsch gemacht, welcher Teufel hatte ihn geritten, Michelle einfach so zu küssen? Ihre Lebensgeschichte war ihm bekannt gewesen, und aus diesem Grund hätte er ihre Reaktion zumindest erahnen müssen. Martins Atem zeichnete graue Wolken in die Luft, aber er konnte und wollte nicht aufgeben, irgendwo musste sie sein. Wahllos durchsuchte der junge Mann die Gassen, folgte unbekannten Fußspuren und rief immer wieder Michelles Namen, ohne zu wissen, ob sie überhaupt antworten würde.

Der Morgen graute bereits, als er ihren Körper entdeckte, wie eine schlafende Prinzessin lag sie fast vollständig unter der Schneedecke begraben, in ihrer Hand hielt sie noch das Plastikröhrchen, die Spur vom letzten Rausch, welcher sie das Leben gekostet hatte. Eilig überprüfte Martin die Körperfunktionen, obwohl es wusste, dass jede Hilfe zu spät kam.

Schluchzend zog er Michelle in seine Arme, hielt sie so fest, wie er es im Leben gerne getan hätte. Sein verzweifelter Schrei ließ die grauen Mauern erzittern, während die Tränen auf seinen Wangen zu Eis gefroren.

Zufrieden nahm Gustav die Schaufel hoch, legte sie über die linke Schulter, hielt sie so in sportlich anmutender Pose und trat die Erde fest. Sara beobachtete ihn dabei mit einem Lächeln in ihren dunkelblauen Augen. »Das hast du gut gemacht, mein Schatz«, sagte sie.

Sie nahm in an der Hand und zog ihn sanft in Richtung Haus. Ein paar Meter vor dem Eingang löste Gustav sich und bog ab zu dem Gartenschuppen, wo er die Schaufel zu den anderen Gartengeräten stellte, als sei alles wie immer.

Alles wie immer…

Aber … was war heute schon noch wie immer?

Als Gustav das Haus betrat, hatte Sara frischen Kaffee gebrüht.

Schweigend tranken die beiden miteinander den Kaffee und Gustav bedauerte ein wenig, dass sie den Sonntagskuchen schon aufgegessen hatten.

Sara schien denselben Gedanken zu haben.

Sie stellte die Tasse hin, hielt sie in ihren zarten Händen, als wolle sie diese an der Tasse wärmen, und sagte: »Soll ich uns heute noch mal einen Gugelhupf machen, Gustav? Magst du einen? Das wär doch eine schöne Idee …«

Gustav nickte nur.

Er dachte an den Unglauben in den Augen des Vermieters, kurz bevor er tot umgefallen war.

Was haben wir getan, dachte Gustav. Er dachte es ohne eine Regung oder Emotion, ohne Bedauern, ohne Reue. Der alte Geizhals hatte doch genug Geld. Was musste er ihnen auch allmonatlich das Leben zur Hölle machen, sie sogar bedrohen, wenn die Miete, wie meist so um den fünfzehnten, auf dem Konto des Alten eingegangen war, und ihnen dann auch noch mit Rausschmiss drohen?

Ja, dachte Gustav, hast es verdient … irgendwie hast du es verdient.

Du kannst mir glauben, das Leben ist für so einen freien Pressefotografen wie mich kein Zuckerschlecken.
Er lächelte. Ihm war ganz sicher nicht nach Lachen zumute, überhaupt nach dem heutigen Morgen mit seinem grande finale … aber das alles hatte eine gewisse tragische Komik, der er sich nicht entziehen konnte.
Vielleicht mach ich daraus eine geniale Kriminalgeschichte, dachte Gustav. Zusammen mit Sara. Sie schreibt doch. Schreiben wir jetzt mal miteinander. Unter Pseudonym natürlich, wär ja blöd, wenn die arme Frau Malle so davon erfahren muss, wohin ihr reizender Göttergatte wirklich verschwunden ist.
Sara schloss die Augen und lächelte. Vielleicht hatte auch sie bereits denselben Gedanken.
»Machen wir´s?«
Gustav zuckte bei dieser Frage fast zusammen. »Wo?«, fragte er nur.
Sara stand auf, ging um den Tisch und setzte sich auf ihn. Ihre Finger wanderten nach unten.
Sie küsste ihn und dabei sah sie ihn gegen ihre sonstigen Gewohnheiten direkt an.
»Wir schreiben darüber, Gustav. Ja? Das wird der beste Krimi überhaupt … damit machen wir unseren Bestseller …«
Sie zog ihn hoch und dann seine Hosen runter, dann drückte sie ihn zurück auf den Stuhl und … Gustav schloss die Augen. So kannte er Sara gar nicht. Sie war wie ausgewechselt.
Nachher dachte Gustav an Whiskey on the rocks. Whiskey …
Nein, dachte Gustav. Du trinkst jetzt nichts …
Er erinnerte sich an den Geschmack von Whiskey.
Nur zu gut erinnerte er sich daran.
Wie lange hatte er nichts mehr getrunken? Fast zehn Jahre?
Da hatte er Sara kennengelernt. Und dann beschlossen, dass er aufhören musste mit dem Trinken!
Dringend aufhören.
Der Unglauben … der tiefe Unglauben … in den Augen …

Gustav dachte daran, dass sie dem ahnungslosen Malle Mittel gegen Ratten wie ihn gegeben hatten … eingeflößt mit Tee … und der hatte sich gar nicht gewundert über diesen komischen Nachgeschmack.
Gustav begann zu lachen. Er lachte, und Sara schaute ihn fragend an.
»Wenn wir das nur früher gemacht hätten!« Gustav wischte sich die Lachtränen von den Wangen.
Sara blieb ganz ruhig und nickte. »Er war weiß wie die Wand in der Küche, kurz bevor er tot umgefallen ist … Vielleicht machen wir in der Küche jetzt auch marokkanische Gewürzfarben. Weiß … die Farbe der Unschuld … irgendwie unpassend.«
Und jetzt lachten sie beide.
Eine Woche später kaufte Gustav im nahen Baumarkt acht kleine Obstbäume. Zu Hause setzte er sie dann ein, direkt auf und um den Flecken mit Malles Leiche drunter.
Danach brauchte er dann einen kühlen Drink.
Er ließ sich von Sara in einem seiner alten Whiskeygläser seinen Lieblingsdrink bringen … Seit zehn Jahren trank Gustav in schwierigen Momenten gerne in Anlehnung an seinen früheren Favoriten Whiskey on the rocks … Wasser auf Eis.
Gustav setzte sich mit dem Glas auf den Liegestuhl vor den neuen Obstbäumen … er schaute sich ganz ruhig seine neuen Pflanzen an … und er dachte nichts. Er schickte seine Gedanken auf Wanderung … irgendwohin, wo sie ihn nicht berührten.
Es war ein ruhiger Vormittag. So ruhig wie sein neuer Favorit ihn machte … Wasser auf Eis.

Weiß

wie der Winter

Schnee - Fall

Luzie Irene Pein

Anmutiger
Flockentanz
Hüllt den Pfad
In einen reinen Mantel

Schritte durchkreuzen
Verletzen Gehweg
Unberührtes empfindet
leidvollen Schmerz

Gleichwohl erstrahlt
Anlehnendes Schneeweiß
Bringt Helligkeit
In das Dunkel

Aufklärung

Alpendodln, Schnaxln, Jagatee

Rudi Treiber

Die Märchenwelt der Berge hat seine eigenen Reize und die Geschichten darüber sind geheimnisvoll und bizarr. Sie führen dich fort ins Unergründliche, Finstere, Helle und Dunkle. Sie zerren dich ins Blau und vor allem ins Weiß.

Weiß wie der Schnee, klar wie die Bäche, rein wie die Luft und Grün wie der Wald. Voll Sehnsucht warten sie auf die ersten Flocken, damit sie die ausgemergelten Hänge bedecken, um so die Sünden der landschaftlichen Ausbeutung zu kaschieren. Und kommt Mutter Natur einmal zu spät, dann wird mittels Schneekanonen der Winter nach Belieben vorverlegt oder verlängert. Zu kurz ist die Zeit der Erholung für die, in Agonie liegende, Landschaft. Zu lange wurden Wald und Wiesen vergewaltigt und geschändet. All die sichtbaren Schäden müssen mit aller Gewalt vor dem zahlenden Publikum verborgen werden, zugedeckt mit einer Schicht aus künstlich produziertem Schnee, der den Gewässern der Alpen die Substanz raubt und mehr zerstört, als er zu verdecken fähig ist.

Immer neue Lifttrassen werden in die Natur geschnitten, immer breitere Zufahrtsstraßen gebaut. Die Konsequenzen sind Muren und Lawinenabgänge. Sie zerstören die Existenzen vieler dort angesiedelter Menschen. Die Bergbauern sind in ihrer Existenz bedroht und wandern ab. Aus jedem Heustadl entsteht eine Skihütte, aus jedem Kuhstall eine Diskothek. Apartments und Häuser aus Beton werden in die Landschaft geschissen. Straßen werden in die Bergwelt gesprengt und Einkehrhütten scharen sich um die Pisten und werben mit lauter Volksmusik, um den schnellen aber teuren Besuch. Dabei gibt es Schnapsei, Brettljause, fesche Buam und Madeln mit strammen Wadeln und jede Menge zum Schnacksln. Auf da Alm, da gibts ka Sünd. Da „Schmäh" rennt oder zumindest das, wovon man glaubt, dass es einer ist.

Alles muss schnell gehen, der Lift, die Gondel, die Bohnensuppe aus der Mikrowelle oder das Würstel mit Krautfleisch. Nebenbei soll das Wetter herrlich sein, der Schnee gführig und die Madeln willig. Man trägt die neuesten Klamotten und fährt den besten Ski, den jeder Sieger vor die TV Kamera hält.

Längst sind die Skipisten so unsicher wie die Bundesstraßen im Fasching. Man tschechert, grölt herum und fährt besoffen ins Tal - doppelt so mutig und dreimal so schnell. Man nimmt keine Rücksicht mehr. Man verletzt andere, zum Teil schwer, und sucht - so schnell es geht - das Weite. Die Verantwortlichen scheuen sich, rigoros dagegen einzuschreiten, denn sie befürchten den Rückgang der Gäste und die Einnahmen der Wirte, denn jeder Euro zählt. Geld regiert die Welt und die größten Vollidioten werden stillschweigend als willkommene Gäste behandelt, denn sie füllen das Säckchen der Gastronomen, Liftgesellschaften und Skiausrüster.

Die meisten der Bauern dort würden noch Kühe melken und Ställe ausmisten, anstatt in lässiger Manier das „Prestige“ Auto vor der Diskothek zu parken.

Die perfekte Paarung aus nicht zu verleugnender Ursprünglichkeit und unternehmerischer Arroganz.

Die Möglichkeit, der Gier ein Ende zu setzen, wird Mutter Natur von alleine irgendwann einmal setzen. Aber dann, wenn Horrorszenarien Wirklichkeit geworden sind, ist es zu spät. Nicht nur die geschundenen Wintermonate hinterlassen ihre Spuren, auch im Sommer lässt man nichts unversucht, um Touristen dorthin zu schleppen, wo sonst nur Gämsen oder Steinböcke springen.

Alles muss erschlossen werden, nichts kann ein Geheimnis der Natur bleiben. Sie führen die Meute heran an die Naturreservate unseres Landes, sie hinterlassen ihren Lärm, ihren Schmutz und vor allem ihr Unverständnis. Nur wenige verstehen mit der Natur so umzugehen, wie man es sollte. Sie kennen keine Grenzen und die Unberührbarkeit gewisser Regionen empfinden sie als Einschränkung ihrer Freiheit, doch die Freiheit anderer akzeptieren sie nie.

Im Grunde ist der Tourismus, in manchen Gebieten, in der jetzigen Form - Zuhälter der Hure Natur. Man benützt sie so lange, solange noch etwas aus ihr herauszuholen ist. Zuhälter sitzen überall. In den Gemeindestuben, die Bewilligungen erteilen. In den Banken, die alles finanzieren. In den Parteien, die alles letztlich ermöglichen. Sie alle machen die Natur gefügig. Gefügig für uns, die wir sie wochen- oder tageweise benützen. Wir bumsen sie ohne Zärtlichkeit und Gefühl. Wir verwenden keine Kondome, denn, ob wir sie krankmachen, ist uns egal. Nach kurzer Befriedigung wenden wir uns ab und anderen Dingen zu. Wir dürfen uns nicht wundern, dass sie nach jahrzehntelanger Qual ihrer ursprünglichen Aufgabe, nämlich dem Menschen Erholung zu bieten, nicht mehr nachkommen kann und will.
Auch wenn wir es heute nicht glauben wollen, die Natur hat ihre Schmerzgrenze erreicht und wenn wir nicht aufhören sie zu quälen, wird sie eines Tages sterben und zurückbleiben wird ein toter, geschundener Kadaver.
Abgeschabte Wiesen werden die Muren bis in die Täler gleiten lassen und sie werden Häuser mit sich reißen. Lawinen werden ungehindert zu Tal donnern und die Gäste werden aus Angst ausbleiben. Bäche werden überquellen zu reißenden Strömen und jahrzehntelang Aufgebautes verschlingen. Die Arbeitsplätze werden schwinden und die Armut vergangener Tage wird sich einstellen. So wird sich der Kreis schließen, der vor Hunderten von Jahren geöffnet wurde und die Menschen, in ihrer Gier und in ihrem Egoismus, werden zurückgeführt zur Ursprünglichkeit ihres Seins. Nämlich, dass sich der Mensch der Natur unterzuordnen hat und nicht umgekehrt.

Einkaufstour – oder: »Wie bescheuert muss man sein«

Alexander Urban

Ich muss einkaufen.
Das ist nichts Besonderes, sicher nicht, aber es ist Dezember, es hat seit Tagen geschneit und die Räumfahrzeuge räumen mal soeben den Schnee von den ›wichtigen Verkehrsstraßen‹ weg. Und das auch erst so gegen 14:30 Uhr. Bis dahin kann ich von meinem Balkon aus Autos fröhlich Meter für Meter weiterfahren sehen - links und rechts, nicht vorwärts. Auch mal im Kreis. Sieht lustig aus und hört sich auch lustig an.
Unsere Straße wird nicht geräumt. Unsere Nebenstraßen auch nicht. Außerdem geht es zu unseren Häusern entweder steil rauf oder steil rauf und dann steil runter, dann über eine Einfahrt, bei der man sich schon mal den Auspuffendtopf, die Ölwanne oder die Achsen vernichten kann, sollte man nicht vorsichtig genug über den Hügel auf unseren Parkplatz rangieren.
Ich habe eine Garage. Nach 23 Jahren auf der Haben-wollen-Liste war ich auch echt mal dran.
Mit Autofreischaufeln habe ich also nichts zu tun. Schon eher mit unserem Parkplatz: Der wird vom Hausmeister nämlich gar nicht geräumt; 70 cm breiter Fußweg bis zu unserer Mount Everest-mäßigen Einfahrt. Aber die Treppen zur Haustür sind exzellent gestreut.
Ich muss aber immer noch einkaufen.
Und ich habe Winterreifen drauf.
Also beschließe ich um 15:30 Uhr, den nächsten Lidl anzufahren. Dick vermummt wate ich durch etwa 30 cm Schneehöhe zu meiner Garage und bekomme das angefrorene Tor nicht auf. Gegen meine Bärenkräfte (Adrenalinschub) hat der Frost aber nach geschätzten drei Minuten keine Chance. Ja, ich bin eher der aggressive Typ.
Nachdem ich dank Winterreifen relativ problemlos durch den Schnee aus der Garage rausgekommen bin, das Tor geschlossen habe, fahre ich schlitternd und rutschend (es schneit auch

schon wieder) Richtung Mount Everest. Hier hätte mir mein gesunder Menschenverstand etwas sagen müssen. Als ich den Berg schlitternd geschafft habe, sehe ich auf der nächsten Straße mehrere Autos stehen, deren Besitzer sie wohl aufgegeben hatten, da sie nicht weiterkamen. Und für die ging es Berg runter. Wie für mich jetzt auch, denn:

Ich muss einkaufen.

Und Winterreifen hab´ ich auch.

Ich bremse mich also bis zur Kreuzung, fahre rechts über die ungeräumte Straße, Wende mit hängen und würgen, bis ich über die geräumte Zufahrt auf die Hauptstraße komme. Na geht doch.

Im Schneegestöber lande ich dann über (die natürlich ungeräumte) Straße im nächsten Stadtteil bei Lidl. Der Parkplatz ist auch nicht geräumt.

Das ist Ihnen sicher auch schon aufgefallen: Sie sollen kaufen, aber ob Sie auf die Fresse fliegen? Ihr Auto Karussell spielt? Egal. Hauptsache Geld ausgeben. Und die Lieferzone freihalten.

Es ist relativ voll auf dem Parkplatz, aber ich finde einen Stellplatz, der nur zu geschätzten 50% mit aufgetürmtem Schnee belegt ist; das Heck meines Autos steht also nur etwas zu weit hinten. Beim Blick auf die anderen Parker sehe ich das als OK an.

Ich vergesse wieder, meine Freisprechanlage auszuschalten, finde den Chip und nehme mir einen Einkaufswagen, betrete den Discounter durch den Eingang. Warum ich zum wiederholten Male den Roboter »Achtung! Kein Ausgang!«, dröhnen höre wird mir auf ewig schleierhaft bleiben.

Ist Ihnen auch schon aufgefallen, dass Menschen beim Einkaufen (neudeutsch »Shopping«) ihr Gehirn ausschalten? Wie kann man es denn sonst erklären, dass sie Einkaufswagen grundsätzlich beim Schauen, ob der Salat noch gut ist, so abstellen, dass man gar nicht dran vorbeikommt. »Entschuldigen Sie«, sagt der nachfolgende, seinen Einkaufswagen vor sich schiebende, höfliche Mensch. Ignoriert die Ignoranz des

seinen Hintern hinausstreckenden, der natürlich zusätzlich den Gang blockiert, gekrümmt prüfenden Mitkunden. Schiebt den Wagen ein wenig zur Seite, darauf bedacht, dass er nicht den anderen Kunden berührt, und wuselt sich so an Gemüse und Milchprodukten vorbei, wohlwissend: Der Mensch hat mich gar nicht registriert! Ich würde ihm seinen Salat liebend gerne Blättchen für Blättchen in den Arsch schieben!
Habe mich aber wiedermal beherrscht.
Und ›Entschuldigen sie!‹ gesagt.
Nach meinem Einkauf schiebe ich den Wagen mit Mühe und Not durch Schneematsch zu meinem Auto, öffne die Heckklappe, die ich natürlich wieder nicht abgeschlossen habe, werfe alles hinein, zumachen. Mit dem Versuch, nicht überfahren zu werden bringe ich den Einkaufswagen erfolgreich zurück und komme auch lebend zu meiner Karre, in die ich mich frierend reinsetze. Erst mal einen Schluck Wasser aus der Pulle (hinter dem Fahrersitz liegt immer eine), Zigarette an, die sich selbst ausgeschaltete Freisprechanlage wieder einschalten (völliger Quatsch: Um diese Zeit ruft mich kein Mensch auf meinem Mobiltelefon an).
Nach ›gefühlten‹ (neudeutsch ohne Sinn) fünf Minuten beschließe ich dann doch, den Heimweg anzutreten. Also starte ich meinen Opel Astra GL, das GL suche ich noch heute, könnte der ewig beleuchtete Aschenbecher sein, schaue in sämtliche Spiegel, mein Kopf rotiert wie ein Wirbelwind und fahre rückwärts.
Und trete voll auf die Bremse.
Circa 30 cm rechts von der Heckscheibe sehe ich a) einen Einkaufswagen und b) zwei Personen und höre Geschrei.
Um Himmels willen, habe ich jemanden angefahren? Offensichtlich nicht, denn das Gespann taucht kurz darauf an meiner Fahrerseite auf - der Wagen links neben mir ist wohl ihrer.
Noch leicht panisch kurbele ich (GL bedeutet jedenfalls auch nicht elektrische Fensterheber) die Scheibe runter und sehe

einen langen Lulatsch von ca. 45 Jahren, eine pummelige Frau von ›gefühlten‹ 45 Jahren, aber wie 65 aussehend. »Können sie nicht aufpassen und sehen, dass ich fahre?«, brülle ich die beiden an. Der lange Lulatsch stellt sich vor das Fenster:
»Du nix müssen noch Gas geben!«
Aua.
Auf so ein Deutsch und Geduze kann ich schon mal gar nicht!
»Sie sehen doch, dass ich ausparken will, können sie nicht ETWAS aufpassen!«, brülle ich den Kerl an.
»Du nix müssen noch Gas geben!!«
»Sie müssen aufpassen!« Jetzt kommt auch noch die Tante dazu, während sie die Einkäufe verstaut.
Man hätte natürlich Folgendes tun müssen:
- sich beruhigen.
- den Herrn darauf aufmerksam machen, dass ›Duzen‹ einer fremden Person unhöflich ist.
- er erst mal korrektes Deutsch lernen soll.
- beide auf die Schwierigkeiten eines Autofahrers bei Schneewetter hinweisen.
- ihn und die Dame an gegenseitige Rücksichtnahme im Straßenverkehr erinnern.
Stattdessen
- greife ich zum Abschnallknopf.
- will dann die Fahrertür aufbrettern und den Typen umrammen.
- ihn dann zusammentreten.
- und fröhlich grinsend auf die Reaktion der Frau warten.
- um dann von der Polizei wegen ›Unzurechnungsfähigkeit im Straßenverkehr‹ sowie Körperverletzung festgenommen zu werden.
Nee, wer soll sich dann um meine Katze kümmern?
Also brülle ich nur böse: »Vergessen sie´s, ich habe keine Lust, mich Weihnachten auch noch zu ärgern!«
Habe ich das schon erwähnt: Es ist Heiligabend.

Und ich musste einkaufen.
Beim Wegfahren höre ich die Pummeltante noch sagen: »Der soll weniger trinken, dann bekommt er auch nicht so eine rote Birne. So ist das!« (Ich habe hohen Blutdruck) Ich bremse abrupt, meine rechte Hand wandert wieder Richtung Abschnallknopf. Ich überlege bei stillstehendem Auto mindestens eine Minute mein weiteres Vorgehen. Dass sie sich in akuter Gesundheitsgefahr befanden, haben die Typen mit Sicherheit nie kapiert. Entscheidung: Ich brülle aus dem noch immer offenen Fenster: »Danke! Das hab´ ich gehört!«, und schlittere mit meinen GL Richtung Ausfahrt.
Die Rückfahrt hat zwei Stunden gedauert.
Ich fuhr fröhlich Meter für Meter links und rechts, nicht vorwärts. Auch mal im Kreis. Sieht lustig aus und hört sich auch lustig an.
Auf Umwegen kam ich dann doch noch an unserem Block an, war heilfroh und bog auf unseren verfluchten Parkplatz ein.
Zu früh.
Landete in einer selbst mit Winterreifen unschaffbaren Masse an Schnee. Kurz vor dem totalen Kollaps gab ich es auf, die Karre mit einer Kehrschüppe freizuschaufeln, und beendete diesen Tag mit wegen unerträglichen TV-Programms nötigen mehreren Horror-DVDs.
Einen Tag später …
Kosten für das Rausziehen meiner Karre: 140 Euro!
Benzin, Reifenabnutzung: Keine Ahnung!
LIDL-Einkaufswert: 3 Euro!

Aber ich musste einkaufen ...

Weiß

wie die Liebe

Ganz in Weiß

Elfride Stehle

»Ich mag eigentlich gar kein Weiß«, sagt Eva und dreht sich vor dem Spiegel hin und her.

»Duuu wolltest doch unbedingt in Weiß heiraten – das hast du jedenfalls immer wieder beteuert.«

»Ach papperlapapp, Mama – du weißt genau, dass es anders ist«, und schon zerrt Eva das lange Spitzenkleid über ihren Kopf, wirft es aufs Bett und steht Sekunden später in ihren Lieblingsjeans und dem weiten Pullover vor ihrer verdattert dreinblickenden Mutter.

»Sag jetzt nicht, dass du in der lottrigen Aufmachung vor den Traualtar treten willst«, schreit Mutter Elsa entsetzt auf. Dann stürzt sie zum Bett und fuchtelt mit dem Kleid in der Hand schimpfend vor Evas Augen herum: »Weißt du, wie viel Stunden ich an diesem Kleid gesessen habe? Nein, das weißt du natürlich nicht, wie solltest du auch … und nun soll alles umsonst …« Weiter kommt sie nicht – Eva hat fluchtartig das Zimmer verlassen.

Markus, vom Krach angelockt, sieht Eva nur noch aus der Wohnung rennen. Entgeistert fragt er: »Wo, zum Teufel, will sie denn hin?«, beißt sich aber auf die Lippen, als er in das leichenblasse Gesicht seiner zukünftigen Schwiegermutter schaut. Elsa schüttelt nur verständnislos den Kopf und sackt plötzlich in sich zusammen. Markus versteht die Welt nicht mehr, denn in genau einer halben Stunde müssten sie schon im Standesamt sein. Dann fällt sein Blick auf die am Boden liegende Elsa. Er kann sie keinesfalls so liegen lassen. Hat sie nicht irgendeine Herzkrankheit? ›Am besten, ich rufe sofort den Notarzt‹, schießt es durch seinen Kopf und tippt die 112 ins Handy. Dann hievt er seine korpulente Schwiegermutter auf den Plüschsessel im Flur. Ihre weiße Gesichtsfarbe hält an, bis der Arzt kommt.

Am Tropf hängend und mit Signal ist sie zehn Minuten später schon auf dem Weg ins Krankenhaus.

Markus bleibt zurück in der WG, die er, seit zwei Jahren, gemeinsam mit Eva bewohnt. Traurig blickt er vor sich hin. Heute sollte doch der schönste Tag in seinem Leben sein. Aber ohne Braut? Nicht möglich!
In dem Moment geht die Wohnungstür auf, und Eva steckt den Kopf durch den Türspalt. »Ist sie weg?«
»Wer? Deine Mutter?«
»Natürlich, meine Mutter«, antwortet Eva und kommt herein. »Sie lernt es einfach nicht«, spricht sie weiter und verdreht dabei die Augen. »Schon seit meiner Kindheit drückt sie mir ihren Willen auf. Nicht ich wollte in Weiß heiraten, sondern sie.«
Markus muss grinsen. »Ich hatte nicht die Absicht, deine Mutter zu heiraten.«
»Ach, du erst wieder.« Eva lacht.
»Und weißt du, meine Süße, mir ist es vollkommen schnuppe, ob du in einem weißen Brautkleid oder in deinem Schlabberlook steckst, wenn du nur ›Ja‹ sagst.«
»Mache ich, mein Schatz, aber nicht mehr heute«, flüstert Eva und gibt ihrem Markus einen dicken Kuss. »Erst muss Mama wieder gesund sein, das verstehst du doch?«
Markus nickt und sagt: »Lass uns ins Krankenhaus fahren.«
Leise betreten Eva und Markus das Krankenzimmer. Dort liegt sie nun, in einem weißen Bett. Das kalkweiße Gesicht hebt sich kaum ab von dem Kopfkissen. Und dann noch die Wände dieses sterilen Zimmers – »Das Krankenhaus scheint die Farbe WEISS gepachtet zu haben«, murmelt Eva vor sich hin.
»Was hast du eigentlich gegen die Farbe Weiß«, fragt Markus, dem Evas letzte Worte nicht entgangen sind.
Mit einem kurzen Blick auf ihre schlafende Mutter zieht Eva ihren Bräutigam schnell aus dem Zimmer. »Markus, das erzähle ich dir auf dem Weg zum Standesamt.«
Markus sieht auf die Uhr, dann mit hochgezogenen Augenbrauen zu Eva und meint: »Standesamt? Höchstens für einen neuen Termin.«

Im Auto erzählt Eva, wie sie als Kind von ihrer Mutter mit weißen Anziehsachen malträtiert wurde. »Mal musste ich weiße Strümpfe tragen, mal eine weiße Bluse, dann wieder ein weißes Kleid, und manchmal war ich ganz in Weiß. Glaube mir, irgendwann hasste ich diese Farbe. Weißt du jetzt, warum?«

»Ach du Arme.« Markus streichelt Evas Arm und sagt dann, bevor er das Auto vor dem Standesamt parkt: »Jetzt ist mir alles klar, mein Schatz.«

Mit einem neuen Hochzeitstermin in der Tasche fahren Eva und Markus zurück in die Klinik.

Als sie das Krankenzimmer betreten, ist gerade der Arzt bei Elsa. Zum Glück war es nur ein Schwächeanfall, erfahren sie von ihm.

Eva setzt sich zu ihrer Mutter ans Bett und nimmt ihre Hand. »Mama, die eine Nacht überstehst du auch noch hier. Bis zu unserer Hochzeit in vier Wochen bist du wieder auf den Beinen.«

»Das ist gut. In vier Wochen schaffe ich es, dir ein neues Kleid zu nähen«, sagt Elsa mit den strahlendsten Augen einer Mutter.

»Mama, aber in meiner Farbe … garantiert nicht in Weiß!«

»Ich hab's verstanden, mein Töchterlein«, und sie zieht den Nachttischkasten auf, um ein paar Farbstifte herauszunehmen.

»Zeichne mit deiner Lieblingsfarbe ein Kleid, damit ich den Stoff besorgen kann. Hier hast du noch ein Blatt Papier.«

Eva gibt ihrer Mutter einen Kuss, steckt die Stifte in ihre Tasche und meint lächelnd: »Dann bis morgen, Mama.« Gemeinsam mit Markus verlässt sie das Krankenzimmer. An der Tür dreht sich Eva noch einmal um und sieht das weiße Stück Papier noch auf dem Nachttisch liegen …

Das Brautkleid

Christine Erdic

Bewundernd streichen die Hände des Mädchens über den seidigen, weißen Stoff mit der feinen Stickerei. Ein Hochzeitskleid vom Feinsten.

»Ich wusste gar nicht, dass du mal verheiratet warst, Tante Mary«, sagt es zu der alten Frau, die stumm in ihrem Schaukelstuhl sitzt und ihrer Großnichte ruhig zuschaut. Die Kleine sollte eigentlich nur eine Strickjacke aus dem Schrank holen, denn die betagte Großtante fröstelt jetzt schon so oft. Auch an warmen Tagen schafft die Sonne es kaum mehr, sie zu wärmen.

Heute aber ist ein kalter, grauer Tag, und der Wind pfeift um das alte baufällige Haus an der wilden Küste Cornwalls.

Ein stürmischer Tag, wie damals im November …

Die Gedanken der alten Frau gehen weit zurück in die Vergangenheit.

Sie ist wieder das junge Mädchen mit den langen, lockigen Haaren. Unbekümmert springt sie den Weg zum Kai hinunter und ihr Lachen schallt weit über das Meer.

»Ich war nie verheiratet, Brigid«, sagt sie leise, »es war wohl schon alles vorbereitet für die Hochzeit. Aber dann kam alles ganz anders …«

Seufzend schaut sie auf ihre Hände nieder, die ihr Alter verraten, ebenso wir ihr gutmütiges Gesicht, das von tiefen Falten durchzogen ist. Leise erzählt sie weiter, und Brigid setzt sich zu ihr auf den kleinen Schemel neben den Schaukelstuhl.

»Als ich Fernando kennenlernte, veränderte sich die Welt für mich. Er kam aus einem fernen Land, aus Italien. Ich habe nie erfahren, warum er seine Heimat verlassen hatte, es war auch nicht wichtig für mich. Ich war einfach nur glücklich, dass er da war. Bald schon waren wir ein Paar. Meine Familie war zunächst nicht sehr glücklich darüber, doch irgendwann erlag auch sie seinem südländischen Charme.«

»Hast du ein Foto von ihm?«, fragt Brigid neugierig.

Mary nickt: »Bring mir doch bitte den kleinen Schmuckkasten von der Kommode.«

Dann hält sie das vergilbte Foto eines schlanken, dunkelhaarigen Mannes in den Händen.

»Das ist er, mein Fernando. Wir beschlossen schon bald, zu heiraten. Es sollte nur ein kleines Fest werden. Fernando war Fischer aus Leidenschaft. Als er am Tag vor unserer Hochzeit in den frühen Morgenstunden mit seinem Boot hinausfuhr, hatte ich eine seltsame Vorahnung. Ich hatte Angst, dass ich ihn nicht wiedersehen würde, dass es ein Abschied für immer war. Dann kam der Sturm. Es war furchtbar, einer der schlimmsten Stürme, die Cornwall je heimgesucht hatten. Die Frauen der Fischer warteten an jenem Tag vergeblich. Niemand kam lebend zurück von denen, die hinausfuhren. Manche wurden später an Land gespült, andere blieben für immer verschollen, so wie Fernando. Ich konnte ihn noch nicht einmal begraben.« Tränen tropfen auf die Hände der alten Frau. Dann blickt sie auf. »Bitte bring mir das Kleid.«

Brigid ist erschüttert. Sie steht auf, holt das Hochzeitskleid aus dem Schrank und hilft Großtante Mary, es überzuziehen. Es passt noch immer, ebenso wie der schmale goldene Ring, der in dem Kästchen war und nun den Finger der alten Dame schmückt.

»Heute, an diesem stürmischen Tag, werde ich dich wiedersehen und dir das Ja-Wort geben«, murmelt sie leise. In ihren sonst so trüben Augen ist ein überirdischer Glanz. Als Brigid wieder in das Zimmer tritt, das sie für einen Augenblick verlassen hatte, um den Fotoapparat zu holen, ist der Glanz erloschen. Das Foto ist den Händen der alten Frau in dem weißen Kleid entglitten und schwebt wie in Zeitlupe zu Boden. Doch auf ihrem Gesicht liegt ein friedlicher, fast glücklicher Ausdruck, und da weiß Brigid plötzlich, dass Mary und Fernando nun vereint sind.

Dein Herz so rein

Karin Pfolz

Es hat so etwas besonderes, dieser Augenblick, an dem das Warten zu Ende ist. Täglich fühlt sie ihn, täglich hasst sie ihn, und doch braucht sie ihn. Denn sie weiß genau, wenn sie nicht wartet, dann muss sie aufgeben. Auf diese Momente des Glücklichseins verzichten. Aber sie kann es nicht. Denn dann wären nur die traurigen Momente da. Und obwohl die einsamen Tage und Nächte so wahnsinnig viele, die schönen so wenige, sind sie unverzichtbar. Einfach ein Grund zu leben.
All die Lasten des Vergangenen sind dann vergraben, weil sie im Augenblick des Zusammentreffens nicht mehr spürbar sind.

Sie erinnert sich zurück, an das erste Mal, als sie sich alleine trafen. Die Angst davor, dass sie wieder verletzt werden würde, Panik davor nicht weglaufen zu können, ließ sie zittern und die Tränen standen in ihren Augen, als er die Türe für sie öffnete. Doch die Antwort auf ihren Zustand waren keine Worte. Es war eine Umarmung, die ihr Vertrauen und Liebe gab.
Denn, sein Herz war rein. Einfach ehrlich, ohne Flecken der Lüge.
Doch immer, wenn sie wieder wegfuhr, dann war da der Schatten. Das Gefühl, dass einmal der Augenblick kommen würde, wo sie nicht wiederkehrt. Dass sie nicht mehr da sein kann für ihn – und er für sie. Die Abstände waren so lang, zwischen Gehen und Wiederkommen.

Oft versuchte sie schon, das zu ändern. Ihn dazu zu bringen, dass er ein wenig anders für sie da ist. Einfach sie nicht immer an den letzten Platz stellt, weil die Arbeit wichtiger ist.

Sie hat es nicht geändert, aber er. Denn der gemeinsame Weg

war zu Beginn ein sehr steiniger. Doch reine Herzen und ehrliche Liebe halten dem stand. Sie wachsen zusammen.

Selbst jetzt noch, nach Jahren des gemeinsamen Lebens, hat sie dieses Kribbeln noch immer, wenn sie die Strecke zu ihm fährt. Eine Fahrt, wo sie schon jeden Stein im Asphalt der Straße kennt, jede Abzweigung, jede eingefahrene Spur der LKWs. Sie kennt die Gefahren der Route. Weiß, wo sie locker 160 km/h fahren kann, welcher Brummer auf ihre Spur ausschwenken wird und sie zum Bremsen zwingen. Sie hört die Stimme, die zu ihrem Leben gehört, aus dem Autoradio. Kennt jeden Text der Lieder. Und mit jeder Minute ähnelt sie mehr einem aufgeregten Teenager, als einer erwachsenen Frau. Denn sie fährt nach Hause. An den Platz, wo ihre Seele wohnt.

Es hat so viel Mut und Kraft gebraucht, nach all der dunklen Vergangenheit absolutes Vertrauen in einen Menschen zu haben. Doch einmal im Leben begegnet man dem Menschen, dessen Seele so weiß ist und dessen Herz so rein, um nur noch nach vorne schauen zu können, nicht in die Vergangenheit. Das einzige, das wir dazu brauchen, ist der Mut, diesen einen Schritt zu diesem Menschen zu gehen.

Sie war wieder glücklich

Tamara Wiegand

Ich habe gelesen, wenn Menschen schlafen, dann träumen sie - alle - und immer. Wissenschaftlich erwiesen ist, dass sich achtzig Prozent aller Menschen an ihre Träume erinnern. Durch unsere Träume kommen wir in direkten Kontakt mit unserem Unterbewusstsein. So können wir viel über uns erfahren.

Ich weiß, dass auch ich träume. Besonders erinnere ich mich an Albträume, die oft wiederkehren. Ich falle und danach wache ich schweißgebadet auf. Erklären kann ich diesen Traum allerdings nicht. Dazu habe ich noch ein Handicap, ich spreche im Schlaf und mein Partner wird dadurch wach und versteht einige Worte. Er will dann wissen, ob ich Ärger hatte oder habe. Ich antworte dann nur, nein, ich will schlafen. Oft passiert es, dass ich so laut spreche, dass ich selber aufwache. Meistens hatte ich dann tatsächlich Ärger oder ich bin über etwas sehr traurig und verarbeite das im Schlaf.

Es ist nun schon einige Jahre her. Die Ehe mit meinem damaligen Mann war zerrüttet. Ich fuhr wieder einmal alleine mit meinem Sohn und mit meiner Freundin sowie deren zwei Söhnen in Urlaub. Mein Ehemann hatte, wie immer, berufliche Gründe und konnte oder wollte nicht mitfahren. Der Mann meiner Freundin blieb auch lieber zuhause. Er war ein begeisterter Jäger und war froh, dass er nun mit seinen Vereinskameraden, ohne das Murren seiner Ehefrau, zur Jagd gehen konnte. Diese Ehe hatte auch schon bessere Tage gehabt. Ach ja, wir fuhren an die See nach Belgien zum Zelten. Genaugenomen nach De Panne. Meine Schwester und meine zwei Nichten waren schon dort. Meine ältere Nichte hatte ebenfalls einen Sohn, der drei Monate jünger als meiner war. Die Jüngste ging noch zur Handelsschule. Es waren die großen Sommerferien. Mein Sohn und der älteste meiner Freundin waren neun, der Jüngste sieben Jahre alt und sie besuchten noch die Grundschule. Es war ein sehr heißer Sommer.

Meine Schwester wohnte damals schon im Rheinland, wir wohnten im Ruhrgebiet. Die Reiseroute hatte mir meine Schwester am Telefon mitgeteilt und ich hatte diese gut sichtbar und groß auf einem Zettel aufgeschrieben. Den bekam meine Freundin in die Hand und unsere drei Söhne hatten auf dem Rücksitz genügend Platz. Ich hatte einen VW Käfer, natürlich gebraucht, gekauft. Wir hatten eine Versicherungsagentur und befanden uns im Aufbau. Ich arbeitete in der Fremdakquise und versuchte, Termine für ein Versicherungsgespräch zu machen. Es waren in der Regel junge Ehepaare, die ein Kind bekommen hatten. Die Adressen besorgte ich mir beim Standesamt. Ich war eigentlich sehr erfolgreich und war somit eine fähige Mitarbeiterin meines Mannes. Die Termine nahm ein Angestellter wahr. Dieser machte sehr viele Vertragsabschlüsse und lobte meine Vorarbeit.
Eine Sekretärin hatten wir auch schon eingestellt und es ging mit dem Geschäft aufwärts. Also war die Anschaffung meines Käfers eine sinnvolle und wichtige Angelegenheit.

Viel Platz hatte ich in diesem Auto nicht. Meine Schwester hatte für uns und die Kinder noch Zelte und so kamen wir mit dem Kofferraum für Kleidungsstücke gut zurecht.
Angst zu fahren hatte ich nicht. Es war eigentlich meine erste große Fahrt auf einer Autobahn.

Es gab damals noch keine Handys, so konnten wir uns nur nach dem Zettel richten.

Besonders sind mir die Ardennen im Gedächtnis geblieben. Da mussten wir ziemlich hohe Berge meistern. Das war neu für mich. Doch die Fahrt verlief gut und wir erreichten den Zeltplatz gegen sechzehn Uhr. Meine Schwester erwartete uns am Eingang und freute sich, dass wir es so gut geschafft hatten. Als Erstes bekamen wir einen Kaffee und die Kinder spielten schon im Sand und aßen Butterbrote, die bereits vorbereitet waren. Wie in Belgien üblich war es Weißbrot. Das war für die Kinder super. Sie arbeitete nach ihrer Scheidung als Verkäuferin im Aldi-Nord und hatte dort auch die Lebensmittel gekauft. Wir beteiligten uns natürlich anteilmäßig an ihren Auslagen. Es war tatsächlich gut kalkuliert und wir freuten uns, dass noch ausreichend Geld zur Verfügung stand.

Meine Schwester war mit ihren zwei Töchtern und einer guten Bekannten nebst Kindern schon eine Woche in De Panne. Meine Nichten wollten mit uns in die angesagteste Diskothek des Ortes gehen. Wir tanzten sehr gerne und freuten uns darauf. Meine Schwester wollte auf die Kinder aufpassen.

Abends machten wir uns schön und gingen fröhlich in die Diskothek. Dort lernte ich meinen zweiten Mann kennen. Er sah mich, kam auf mich zu und wir tanzten. Er sprach englisch und ich verfiel sofort in mein Spanisch, das ich sieben Jahre lang gelernt hatte. Mein Mann glaubte, eine Spanierin kennengelernt zu haben. Seine Muttersprache war Französisch und wir kamen sprachlich mit Spanisch und Englisch zurecht. Ich sah eigentlich nur einen hübschen, jungen Afrikaner mit einem ebenmäßigen Gesicht und einer tollen Figur. Er tanzte vorzüglich und geschmeidig. Gegen Mitternacht spielte die Band langsame Melodien und ich fühlte mich in seinen Armen wie im siebten Himmel. An diesem Abend ging ich nicht zurück zum Zeltplatz. Ich ging mit ihm in seine Pension und wir liebten uns. Er war die Erfüllung meiner Träume. Es war für mich völlig normal und meine Freundin und Nichten sahen es ebenso. Kurz vor Morgengrauen brachte er mich zum Zeltplatz. Die Kinder schliefen noch und ich machte ihnen das Frühstück. Ich verbrachte nun jeden Abend mit Martin, so hieß mein Geliebter. Über Tag musste er arbeiten und am Abend holte er mich vom Zeltplatz ab. Es war für uns eine herrliche Zeit. Wir waren uns unserer Liebe vollkommen sicher und glücklich. Wir wollten zusammenbleiben. Die Kinder mochten ihn auch und er liebte Kinder.

Sein Studium als Techniker in Verviers war beendet und er sollte eigentlich zurück in sein Heimatland Ruanda. Die Regierung dort hat seine Ausbildung bezahlt. Mit seinem Freund Phil, einem Belgier, arbeitete er zu dieser Zeit auf Montage, da er nicht zurückwollte.

Wir mussten noch viele Hürden überwinden. Erst einmal musste ich zurück.

Das Schicksal half mir. Mein Noch-Ehemann bemerkte eine starke Veränderung an meinem Verhalten. Ich sehnte mich so sehr nach Martin, dass es schon wehtat. Er war überall, auch in meinen Träumen. Es war keine Woche vergangen, da weckte mich mein Noch-Ehemann und erzählte mir die ganze Affäre. Wie er dazu käme, fragte ich. Höhnisch sagte er mir, du hast mir alles in Englisch erzählt, sein Name ist Martin.

Am nächsten Morgen war ich froh, dass er nun die Wahrheit kannte. Wir haben uns, so schnell es ging, getrennt. Mein Ehemann war fair und ich konnte mit meinem Sohn zu meinem Traummann ziehen. Dieser wohnte schon in Deutschland bei meiner Schwester. Ich hatte bald schon Möglichkeiten, unsere Dinge ordentlich zu regeln. Ich war voller Energie und schaffte uns ein zuhause in Deutschland. Nach Belgien wollte Martin nicht mehr zurück.

Wir wohnen nun im Rheinland und:

Ich bereue nichts.

In beiden Welten vereint

Marena Jovic

»Oh Damien, das war die schönste Hochzeit, die man sich vorstellen kann. Danke, dass du sie mir ermöglicht hast«, hauchte Maja, als sie eng umschlungen die Treppe zu ihrer Hochzeitssuite emporstiegen.

»Du hast sie dir so sehr gewünscht, mein Liebling«, antwortete Damien. Vor ihrer Suite im alten Schlosshotel angekommen, drehte Maja sich noch ein letztes Mal für Damien, damit er ihr entzückendes weißes Hochzeitskleid bewundern konnte.

»Mich interessiert ja eher, was da drinsteckt«, neckte er sie, nachdem er sie mit seinen Armen auffing. Er steckte die Karte in das Schloss, sodass die Tür sich öffnete und beide eintreten konnten. Sofort fiel die Tür wieder ins Schloss. Jetzt konnte und wollte Damien sich nicht mehr beherrschen und zog Maja in die Arme. Seine Zunge strich sacht über ihre Lippen, die sie bereitwillig öffnete, um ihr Einlass zu gewähren. Erst ganz zart, dann intensiver wurde ihr Spiel. Sie schlang ihre Arme um seinen Hals, um ihn noch dichter an sich zu ziehen. Langsam öffnete er die Häkchen an der Rückseite ihres Kleides, welches auf den Boden herabfiel. Zwischenzeitlich wurde auch er von Maja entkleidet: Erst sein Hemd, dann die Hose, die jetzt ebenfalls zu Boden fiel. Die Schuhe flogen in die Ecke.

»Damien, ich liebe dich so …« Weiter kam sie nicht, denn wieder presste er seinen Mund auf ihren. Ihre Zungen verschlangen ineinander. Sie spürte sein hartes Geschlecht an ihrer empfindlichsten Stelle. Gekonnt öffnete er ihren BH, der jetzt ihre wohlgeformten Brüste entblößte. Kurzzeitig lösten sie sich voneinander, um sich ihrer restlichen Sachen zu entledigen. Sein Phallus hatte sich in freudiger Erwartung bereits aufgerichtet. Wieder nahmen sie ihr Spiel auf, während sie ihn sanft zu sich zog. Nun stand sie an der Wand, eingeschlossen von seinen starken Armen. Vorsichtig hob er ihr Bein. Nun gab er sein Zungenspiel auf und beobachtete sie, während er in sie eindrang. Ein kurzes, lustvolles Stöhnen drang an sein Ohr. Langsam stieß er zu. Maja konnte die Gier in seinen Augen erkennen. Seine Lippen wanderten zu ihrer Brust, deren steifen Nippel er zart liebkoste, ohne seinen Rhythmus zu unterbrechen. Ihr Atmen wurde heftiger und seine Stöße immer schneller. Damien merkte, wie seine Fangzähne ausfuhren. Er musste aufpassen, dass er Maja nicht verletzte. Ihr Blut pulsierte in ihrer Vene.

Jetzt konnte er sich nicht mehr halten. Noch ein letzter Stoß und er ergoss sich in ihr. Zeitgleich bekam auch sie ihren Orgasmus, was beide mit einem wohligen Stöhnen quittierten.

Ihren Kopf drehte sie zur Seite, was ihm ermöglichte, seine Zähne in ihre pochende Vene zu graben und ihr süßes, verführerisches Blut zu schmecken. Danach verschloss er die Wunde wieder, indem er über sie leckte.

Er spürte ihre Hand, die sich auf seinen Hinterkopf legte und ihm zärtlich durch sein Haar fuhr. Er sah auf und blickte sie an.

»Ab heute sind wir auch menschlich miteinander verbunden.«

»Ja, Damien, in deiner und in meiner Welt.«

Nachdem sie geduscht hatten, legten sie sich in das weiße, mit roten Rosenblättern bestreute Himmelbett. Es schien wie für sie gemacht. Ihr Kopf ruhte auf seiner Brust. Sie besah sich ihren glitzernden Diamantring.

»Er ist wunderschön. So einen Ring habe ich mir schon immer gewünscht.«

Es wurde schon hell, als sie einschlief.

Den Tag hatte Maja, wie ständig, seit sie bei Damien eingezogen war, verschlafen. Sie streckte ihre Hand aus, jedoch lag Damien nicht neben ihr. Jetzt hörte sie ein Geräusch im Bad, dann wurde die Tür geöffnet und Damien erschien. Er war nur mit einem Handtuch um seine Hüften bekleidet. Sie stierte ihn an, sein Sixpack, seine Armmuskeln. Maja konnte nicht verhindern, dass sie schon wieder feucht wurde. Damien schien es nicht anders zu gehen. Er kam lasziv auf Maja zu und legte sich neben sie.

»Guten Morgen, Maja. Hast du gut geschlafen?«
»Ja, wie eine Tote.«
Sein Mund suchte ihren und wurde sofort empfangen. Währenddessen schob er die Bettdecke zurück, um ihren Körper zu betrachten. Seine Lippen wanderten zu ihrem schon steifen rosigen Nippel, den er jetzt in den Mund nahm und mal sanft, dann wieder intensiv daran zu saugen. Seine Hand streichelte über ihren Körper und wanderte nun zu ihrer Scham. Er hatte ihre Klit gefunden und umkreiste sie sanft. Ein lustvolles Stöhnen drang aus ihrem Mund, sie wand sich unter seinen Berührungen.
Noch immer bedeckte das Handtuch seine Hüften. Er knotete es auf und warf es anschließend zur Seite. Maja öffnete währenddessen die Augen und sah seinen immer steifer werdenden Penis. Sie setzte sich auf und nahm den Schaft in ihre Hand, dann beugte sich über ihn, um ihn sanft zu umkreisen, bevor sie ihn ganz in den Mund nahm. Sie leckte den Schaft entlang und nahm ihn wieder in den Mund. Sein Atem wurde immer schneller.
Nun drückte sie ihn sanft in Rückenlage auf das Bett. Sie stieg über ihn, positionierte seinen Schwanz unter sich und glitt mit ihrer Nässe an ihm herunter. Ein sanfter Ritt begann. Eine Hand umfasste ihre Hüfte, während sie sich auf seine starke Brust stützte. Somit konnte Damien zeitgleich ihre Brustwarzen stimulieren. Lange würde sie sich nicht mehr zurückhalten können. Ihr Rhythmus wurde immer schneller, bis Damien sich mit einem lauten Stöhnen in Maja entlud. Einen Augenblick später wurde auch sie von einem heftigen Orgasmus geschüttelt, der Damien's Glied massierte. Erschöpft ließ sie sich auf seine Brust gleiten, die sich unter

seiner Atmung hob und senkte. So blieb sie noch eine Weile liegen.
Langsam glitt sie von ihm herunter und legte ihren Kopf auf seine Brust. Dies war inzwischen ihre Lieblingsposition geworden.
»Oh Maja, seit ich dich habe, bin ich glücklich. Mit dir ist einfach alles wunderschön.«
Sie sagte nichts. Ihr inniger Kuss war ihm Antwort genug.

Nachdem sie geduscht hatten, nahmen sie ihre Koffer, dann sie mussten abreisen. Karl, ihr Chauffeur, wartete schon am Eingang des Hotels. Als sie sich von allen verbliebenen Hochzeitsgästen verabschiedet hatten, stiegen sie in den bereits wartenden Wagen und fuhren zurück in ihre Wohnung.
Dort angekommen trug Damien seine Gefährtin hinauf in die Wohnung, direkt in ihr Schlafzimmer. Was sie dort erblickte, ließ sie strahlen.
»Damien, das ist ja das gleiche Bett wie im Schloss zu unserer Hochzeit. Wie hast du das gemacht? Alles in Weiß gehalten und auch die Rosenblätter hast du nicht vergessen«, kam Maja aus ihrer Schwärmerei nicht wieder heraus. Überschwänglich begab sie sich in seine Arme und beide verband ein intensiver Kuss.
Inzwischen hatte Karl auch die restlichen Sachen gebracht.
»Damien, geh bitte raus. Ich habe auch noch eine Überraschung für dich«, lächelte sie und drängte ihn sanft aus der Tür, die sie hinter ihm schloss.
Damien sah seine Briefe durch, die er in seiner Abwesenheit erhalten hatte. Dann hörte er, wie Maja nach ihm rief. Er trat zur Tür und öffnete sie. Was er dann sah, verschlug ihm die Sprache: Maja war für ihn noch einmal in ihr Brautkleid geschlüpft. Nun stand sie vor ihm und drehte sich. Sie sah aus, wie eine Göttin.
»Maja, du bist wunderschön! Ich liebe dich so sehr!«
»Willst du dein Geschenk nicht auspacken?«, neckte sie ihn. Das ließ er sich nicht zweimal sagen. Er sah ihr in die Augen,

während er die Häkchen am Rücken öffnete, sodass ihr Kleid zu Boden fiel. Dann nahm er sie in seine Arme und legte sie sanft auf das neue Himmelbett. Nachdem auch er sich entkleidet hatte, legte er sich zu ihr und sie wiederholten ihre Hochzeitsnacht.

Der Holunderbusch

Sandra Pulletz

»Wieso soll ich eigentlich täglich mehrmals in der Küche stehen?«, maulte Elsa ihren Freund Charly an, als sie am Morgen das Frühstück vorbereitete. »Ich sehe das nicht ein!«
»Weil du ein besonderes Talent fürs Kochen hast, Schatz!«, erwiderte Charly.
»Statt faul vor dem PC zu sitzen, könntest du ruhig mal was helfen!«, fauchte sie. Wütend schmiss sie eine Cocktailtomate nach Charly und ließ alle Schüsseln stehen. Elsa lief aus dem Haus und brauste mit dem Auto zum nahegelegenen Waldrand. Sie musste raus aus der kleinen Wohnung, wo sich ihr Ärger stapelte.
Als sie ausstieg, atmete sie die herrlich frische Luft tief ein. Elsa liebte die Natur. Schon als Kind war sie pausenlos draußen gewesen.
Die Vögel zwitscherten um die Wette und ein tiefblauer Himmel spannte sich über die Landschaft. Nun versuchte sie, durch ein schnelles Schritttempo ihren Frust endgültig zu bändigen.
Hier in der unberührten Natur konnte sie sich immer richtig entspannen. Es funktionierte auch heute, allerdings dauerte es seine Zeit, bis sie sich abreagiert hatte. Sie genoss den Duft von feuchter Erde und jungen Blättern und fühlte sich wieder ausgeglichener.
An einer Weggabelung machte sie halt und konnte sich im ersten Moment nicht entscheiden: Sollte sie den anstrengenden, steilen Pfad oder den weiteren, aber ebeneren Weg wählen. Sie wählte den Längeren.
Mit einem Mal blieb Elsa stehen. Sie nahm einen wohlriechenden, süßlichen Duft wahr, der ihr allzu bekannt vorkam. Sofort erinnerte sie sich an Oma Luise, bei der sie als Kind viel Zeit verbracht hatte. Oma wohnte in der Nähe des Waldes. Die beiden unternahmen oft lange Spaziergänge. Elsas

Oma wusste sehr viel über die verschiedenen Bäume und Pflanzen. Im Sommer sammelten sie Beeren, im Herbst Edelkastanien, aber Elsas Lieblingsjahreszeit war schon immer der Frühling gewesen, wenn alles grün wurde und zu blühen anfing.
Elsa ging dem Geruch nach, der sie so in Bann zog. Sie musste nicht weit gehen. Plötzlich sah sie ihn, den Holunderbusch. Er war übersät mit weißen, sternförmigen Blüten. Staunend blieb Elsa davor stehen. Wie oft hatte sie mit ihrer Oma diesen weißen Schatz geerntet? Oma Luise brachte ihr bei, wann man am besten die Holunderblüten pflückte, wie man sie trocknete und dann zu köstlichem Sirup weiterverarbeitete. Denn die empfindlichen Blüten durften nur geerntet werden, wenn sie vollständig geöffnet waren und einen betörenden Duft verströmten. Oma schnitt immer ganze Dolden ab und legte diese in ihren Weidenkorb. Zuhause trockneten die Blüten auf unbedrucktem Papier im Schatten. Danach ließen sich die Blüten leicht lösen.
Oma Luise verwendete die weißen Blüten auch als Naturmedizin. Zum Beispiel, wenn Elsa mal wieder eine Erkältung bekam oder Fieber hatte.
Den Großteil der weißen Pracht verarbeitete Oma Luise jedoch zu herrlichem Holunderblütensirup. Bei der Herstellung durfte Elsa immer helfen. Die schwierigste Aufgabe bestand darin, die Blüten zu waschen. Da mussten sie ganz vorsichtig sein. Danach wurden die weißen Blüten mit Zitrone und Wasser angesetzt und zwei Tage stehengelassen. Im Anschluss seihte man die Mischung ab, gab reichlich Zucker hinzu und kochte alles auf. Das Abfüllen in Flaschen überließ Elsa meist Oma Luise. Als Belohnung für ihre Arbeit genossen sie dann den ersten, mit Wasser verdünnten, Holundersirup der Saison in Omas und Opas Garten. Opa Willi gesellte sich gerne dazu und legte noch ein paar Minzeblätter in das Glas.
Aber Oma Luise hatte noch ein wunderbares Rezept auf Lager. Nämlich gebackene Holunderblüten. Das war Opa

Willis Lieblingsessen. Es gab die Speise nur ganz selten, eben weil die Holunderblütenzeit so kurz war. Oma Luise bereitete das Essen liebevoll zu, alle kamen zu Tisch und waren glücklich. Als Elsa so vor dem weiß übersäten Busch stand, bekam sie Lust auf gebackene Holunderblüten. So wie Oma Luise sie immer zubereitet hatte. Kurzerhand pflückte Elsa ein paar Dolden und versuchte diese, so vorsichtig wie möglich, nach Hause zu transportieren. Das würde ein Festmahl geben!
Elsa dachte auf der Rückfahrt nach. Sie konnte sich nicht erinnern, dass Oma Luise und Opa Willi je gestritten hatten. Im Gegenteil: Sie führten eine harmonische Ehe. Obwohl Oma Luise den ganzen Haushalt führte, zusätzlich die Kinder großzog und sich auch rührend um die Enkel kümmerte, beschwerte sie sich kein einziges Mal.

»Charly bist du da?«, rief Elsa, als sie die Haustür ins Schloss fallen ließ.
Sie erhielt keine Antwort und dachte schon, Charly wäre außer Haus, da hörte sie ein Klappern in der Küche und ging dem Geräusch nach.
»Hallo, Schatz!«, begrüßte er sie und zwinkerte ihr zu. In der Hand hielt er ein Tuch und trocknete das frisch gewaschene Geschirr damit ab.
Elsa stand verblüfft da.
»Ich dachte mir, wenn du für unsere Mahlzeiten sorgst, dann könnte ich ja spülen …«, erklärte Charly ihr.
»Das ist eine prima Idee von dir!« Elsa lächelte zufrieden. »Tut mir leid, dass ich am Morgen so sauer war.«
Charly machte eine abwinkende Handbewegung. »Es war genauso meine Schuld. Du hast recht, ich sollte mich mehr in den Haushalt mit einbringen!«
Elsa wusste gar nicht, was sie erwidern sollte. Vor Glück strahlte sie ihn an und zeigte ihm ihren geernteten Schatz.
»Ich bereite uns jetzt gleich etwas Feines zu!«
Charly grinste. »Dann decke ich schon mal den Tisch!«
Später an diesem Tag fuhren die beiden zum Friedhof.

Dort besuchten sie das Grab von Elsas Großeltern. Elsa hatte für sie extra einige von den Holunderblüten aufgehoben. Vorsichtig legte sie eine Dolde mit prächtig weißen Blüten auf den Grabstein. Ihre Großeltern sollten auch etwas von dem Schatz, den sie heute gefunden hatte, haben.

Weiß!

Sabrina Nicolai

Eine Farbe voller Reinheit
stets von Gefühlen umnachtet.
So stehst du da und wartest.
Wartest auf den Moment,
den dir keiner nehmen kann.
Ein Traum in weiß,
er ist gekommen.
Dein Kleid erstrahlt
in reinstem Weiß.
Deine Tränen kannst du nicht stoppen.
Willst den Moment nie vergessen,
denn es ist ein neuer Weg.
Der Weg des Glücks
wurde dir geschenkt.
Dein Herz es lächelt voller Stolz.
Der Tag in weiß
wird dein Schicksal sein.
Voller Tränen, Glück und Hoffnung.
Wie lange hast du dich danach gesehnt,
den einen in deinem Leben zu finden.
Wie sehr hast du gehofft,
eines Tages entdeckt zu werden.
Und schau dich an,
es ist soweit.
Dein Weg führt dich
zu deinem Traum in weiß.

Heut Nacht

Andrea C. Beutel

Ich habe geträumt heut Nacht
von Rosenbüschen und Jasmin
habe dich gesucht im Traum
fand dich auf einer Hochzeit
meiner Hochzeit
nein, unserer Hochzeit
du stauntest über mein weißes Kleid
ich über deinen feschen Anzug
du küsstest mich
gaben uns das Ja-Wort
Musik erklang
wir tanzten bis spät in die Nacht

Schweißgebadet wachte ich auf
mein Herz raste
du lagst neben mir
schliefst tief und fest
dein gleichmäßiger Atem beruhigte mich
liebevoll umarmte ich dich
du nahmst im Schlaf meine Hand
hieltest sie fest an dich gepresst
kuschelte mich an dich
und beide fanden wir uns wieder im Schlaf

Weiß

wie im Märchen

Der Riese Gerneklein und der Jammerwind

Marianne Schaefer

Vor langer, langer Zeit wohnte der Riese Gerneklein einsam und alleine hoch oben in den Bergen ganz in der Nähe des Himmels. Dort gab es nur Eis und Schnee und er lebte nicht gerne dort. Niemand mochte ihn und keiner kümmerte sich um ihn. Deshalb jammerte er den ganzen Tag und die wilden Winde trugen sein Jammern bis hinunter in den Kastanienwald.

Unten am Rande des Waldes saß die Hexe Bilsenkraut vor ihrer kleinen Hütte und bereitete Kräutertropfen gegen starke Schmerzen zu. Die Sonne schien strahlend hell vom Himmel, Vögel zwitscherten um die Wette und sie summte vergnügt eine Melodie. Plötzlich kam Wind auf. Er blies ihr das laute Jammern und Wehklagen des Riesen ins Gesicht, sodass sie sich die Ohren zuhalten musste. »Jammere nur«, schrie sie gegen den Wind an, »jammere nur, so laut du kannst. Ich will dich hier unten nicht haben. Auch wenn du noch so viel wimmerst! Du bist zu groß für unseren Kastanienwald. Ich werde deinen Wunsch niemals erfüllen und dich kleiner zaubern, nur damit du unter uns leben kannst. Bleib, wo du bist - da oben in deinen Bergen. Du verstehst dich nur aufs Zerstören, bist faul, und wenn dich die Wut packt, bewirfst du uns mit Eis und Schnee. Du lässt unsere Kastanienbäume erfrieren, die Tiere leiden deshalb Hunger und dir macht es Spaß.«

Sie rannte in ihre Hütte, schlug die Türe zu und draußen tobte der Jammerwind weiter und ließ die Fensterläden klappern. Die Hexe Bilsenkraut war eine gute Hexe. Nur im Notfall machte sie von ihrer Hexenkunst Gebrauch. Alles, was sie besaß, teilte sie mit den Tieren und den Bewohnern des Kastanienwaldes. Sie hielt sich Ziegen für die Milch, Bienen für den Honig, sammelte Kräuter für Schmerzmittel und trocknete Beeren und Pilze für den Winter. Sie hatte für jeden ein offenes Ohr und in ihren warm blickenden Augen spiegelten sich Sonne, Mond und Sterne zugleich. In der Nacht hatte der Wind ohne Unterlass geheult und ihr keinen Schlaf gegönnt. Und auch jetzt noch am frühen Morgen gab er keine Ruhe. Irgendwie kam ihr das alles sonderbar vor, denn meistens beruhigte sich Gerneklein schon nach wenigen Stunden wieder.

Gegen Mittag bekam sie Besuch. Der Bürgermeister Aktenstaub kämpfte sich vom Wind getrieben auf ihre Hütte zu. Er war außer Atem und schrie schon von Weitem: »Bilsenkraut, du musst was tun! Erfüll dem Riesen endlich seinen Wunsch und lass ihn hier im Kastanienwald leben. Der Jammerwind des Riesen ist nicht mehr zu ertragen. Die vielen Klagen, die auf meinem Schreibtisch landen, lassen ihn fast zusammenbrechen. Ich habe die ganze Nacht nicht geschlafen!«

»Ich auch nicht«, dachte die Hexe und schleuderte dem Bürgermeister empört entgegen: »Der Riese? Hier leben? Kommt nicht infrage!«

»Ich befehle es dir«, brüllte Herr Aktenstaub zurück, »sonst lasse ich den Kastanienwald abholzen und deine Hütte abreißen.« »Dann zaubere ich den Wald wieder hin und meine Hütte auch!« »Dann holze ich eben wieder ab!«, brüllte der Bürgermeister zurück. »Und ich zaubere neu!«, geiferte Bilsenkraut. Vom Berg herunter fegte wieder ein heftiger Windstoß mit wehklagendem Gejammer. Er riss dem Bürgermeister Aktenstaub die Mütze vom Kopf und nahm ihm die Luft zum Atmen. »Tu endlich was«, rief er der Hexe nun bittend zu und legte die Hände über die Ohren. Bilsenkraut überlegte kurz, dann sagte sie: »Also gut. Du hast gewonnen, Bürgermeister. Aber erwarte keine Hexenwunder von mir!«

Sie schlurfte zurück in ihre Hütte, um sich wärmer anzuziehen, denn es war ein langer Weg in der Kälte bis in die Berge. Als sie wieder nach draußen trat, wütete nicht nur der schreckliche Jammerwind, sondern auch ein Schneesturm. Und das mitten im Sommer! Durch Wind und Schnee kämpfte sich die Hexe vorwärts. Im Wald standen die Tiere mit hängenden Köpfen zitternd und dicht gedrängt beieinander.

Als die Hexe in ihre traurigen Augen blickte, wusste sie, dass sie so schnell wie möglich mit dem Riese sprechen musste! Angesichts der Berge dachte sie: »Warum soll ich mich abplagen und da hinauf kraxeln?« Sie murmelte einen Zauberspruch und schon landete sie oben vor des Riesen Höhle dicht unter dem Himmel. Sie trat ein. Der Riese Gerneklein lag auf seinem Bett. Er hielt seine Hände fest gegen die rechte, geschwollene Wange gepresst und wimmerte zum Gotterbarmen. Die gesamte Höhle schien zu beben. »Oooh! Die Hexe Bilsenkraut persönlich«, grummelte er kaum verständlich. »Hast ja lange gebraucht, um zu verstehen, warum ich euch den Sturm und den Schnee geschickt habe.« Er stöhnte jämmerlich. »Du musst mir helfen! Ich habe schreckliche Zahnschmerzen!«

»Was? Nur Zahnschmerzen?«, schrie Bilsenkraut aufgebracht. »Und dafür bringst du meine Tiere und die Menschen im Tal samt Bürgermeister Aktenstaub in Aufruhr und Gefahr? Ich dachte, du schickst den Jammersturm, weil du noch immer den Wunsch, bei uns zu leben, erfüllt haben möchtest!«

»Ach, vergiss den Wunsch«, sagte der Riese kleinlaut. »Befreie mich nur von den fürchterlichen Zahnschmerzen. Danach wirst du mich nie wieder sehen oder hören.«

»Versprich nichts, was du nicht halten wirst«, antwortete die Hexe. »Falls ich dir helfe, lässt du uns also in Zukunft in Ruhe«, hakte sie nach. Der Riese wollte nicken, aber der Schmerz ließ es nicht zu. Bilsenkraut schnippte mit den Fingern und schon lag ein Fläschchen mit starken Schmerztropfen in ihrer Hand. Die stellte sie neben das Lager des Riesen. »Nimm diese Tropfen dreimal täglich vor dem Essen. Und wenn du wieder einmal Zahnschmerzen hast, erschreck uns nicht mit deinem Jammerwind, sondern komm gefälligst selbst hinunter in den Kastanienwald, du fauler Kerl. Aber das sage ich dir, kleiner machen werde ich dich nie. Und bei uns leben kommt für dich auch nicht infrage!«

Die Zeit verging. Dreimal wechselte der Kastanienwald sein Blätterkleid. Alles war friedlich. Der Riese Gerneklein hielt

sein Versprechen. Man sah und hörte nichts mehr von ihm. Wahrscheinlich hatte er seine Höhle oben in den Bergen bereits verlassen und war weitergezogen.
Eines Tages jedoch verdunkelte sich die Sonne, der Wald erzitterte, die Erde unter den Füßen bebte und die Tiere verkrochen sich vor Angst in ihren Bauten. »Das kann nur der Riese sein! Er kommt!«, dachte die Hexe Bilsenkraut, rannte schnell in ihre Hütte und verschloss die Haustüre. Mit klopfendem Herzen saß sie da und wartete. Es wurde wieder hell und gleichzeitig pochte es leise an ihre Fensterscheibe. »Bilsenkraut hörst du mich? Ich bin es, Gerneklein. Ich möchte mit dir reden!« »Was willst du von mir? Hast du wieder Zahnschmerzen? Brauchst du Hilfe?«, herrschte sie ihn an. »Oder denkst du wieder an Zerstörung und Unheil?«
»Weder noch. Bitte hör mich an!«, bettelte er. »Der Winter steht bevor. Es ist so kalt dort oben in den Bergen und in meiner Höhle. Erfüll mir doch bitte meinen Wunsch und mach mich kleiner, damit ich hier bei euch leben kann. Ich könnte dir helfen, die Tiere zu versorgen, deine Hütte vom Schnee befreien und dir auch sonst …! Ach, was erzähle ich denn? Ich bin alt geworden, friedlich und sehr einsam!«
Bilsenkraut hörte die Traurigkeit in seiner Stimme und ihr gutes Herz schmolz dahin wie im Frühling der Schnee. Sie murmelte einen Zauberspruch und öffnete die Haustüre. »Komm herein!«, bat sie ihn. Erst da bemerkte der Riese Gerneklein, dass er plötzlich durch ihre Haustüre passte.
Was der einstige Riese versprochen hatte, hielt er. Er half der Hexe, war nie mehr faul und die Tiere fanden bald Vertrauen zu ihm. Gerneklein hatte sich in seinem ganzen Leben noch nie so wohl gefühlt und beide entdeckten an den langen Winterabenden das Würfelspiel für sich.

Winter

Maria Göthling

Wenn der vierte der Brüder, der Winter, vom Nordpol zurückkehrt und von seinem Bruder, dem Herbst, das Zepter der Jahreszeiten fordert, verändert dies sein Aussehen, sobald er es berührt. Herbstzeitlose, Astern und Weinreben verschwinden – das ganze Zepter wird zu Eis. Funkelnde Schneekristalle geben ihm ein prächtiges Aussehen.

Ausgeruht und voller Kraft kommt der Winter mit klirrender Kälte einher. Flüsse und Bäche gefrieren. Sein Hauch lässt den tosenden Wasserfall erstarren. An den Fensterscheiben erblühen die Eisblumen und von den Dachrinnen hängen lange Eiszapfen herab. Wenn der gestrenge Herr sein Zepter erhebt, fallen dicke, weiße Flocken vom Himmel. Wie eine Decke legen sie sich über das Land. Sie schützen die Pflanzen vor dem Frost und halten sie schön warm. Während der Regentschaft des Winters kommt die Natur zur Ruhe. Sie kann neue Kräfte sammeln und im Schlaf vom nächsten Frühling träumen.

Für die Tiere im Wald beginnt jetzt eine harte Zeit. Sie leiden oft bittere Not. Vor der Kälte sind sie zwar durch ein dickes Winterfell geschützt, aber es wird immer schwerer für sie, genügend Nahrung zu finden. Manche Tiere verkriechen sich in Höhlen oder in der Erde. Sie halten Winterschlaf. Aber leider sind nur die Wenigsten dazu in der Lage.

Die Menschen bleiben in ihren Häusern und heizen die Öfen an. Wenn sie doch einmal ins Freie kommen, sind sie dick eingemummelt.

Vor dem Haus der Familie Bauer stand ein großer Schneemann. Moritz hatte ihn zusammen mit Felix gebaut. Doch jetzt waren die beiden nirgends zu sehen.

Oma Christel dagegen saß im behaglichen Wohnzimmer. Leise klapperten die Nadeln ihres Strickzeugs. Neben ihr stand eine Wiege. Sophie, ihr jüngstes Enkelkind, lag darin

und schlief. Leo, ein Berner Sennenhund, hatte sich zu ihren Füßen lang ausgestreckt und döste.
Christel hing ihren Gedanken nach. Sie erinnerte sich daran, wie Lothar und sie sich kennen- und liebengelernt hatten. Dann kam die Hochzeit, danach die Geburt von Tobias. Schließlich die viele Arbeit im ›Rosenhaus‹, ihrer Pension, mit dessen Kauf sich Lothar einen Traum erfüllt hatte. Jetzt waren sie beide im Ruhestand. Tobias und seine Frau Ruth hatten das Geschäft übernommen. Wie schnell waren doch die Jahre vergangen.
Eben steckte Lothar seinen Kopf zur Tür herein.
»Ich gehe jetzt in den Wald, das Wild füttern«, verkündete er. »Also, mach`s gut, bis nachher!«
»Doch nicht etwa allein? Ich will nicht, dass du allein da draußen herum stapfst! Wie schnell kann dir was passieren!«
Lothar seufzte und verdrehte die Augen. Doch dann ging er zu seiner Frau. Zärtlich nahm er ihr Gesicht in seine Hände.
»Ach mein Schatz, es ist doch niemand da! Du musst auf die Lütte aufpassen. Tobias und Ruth sind im Hotel und Moritz und Felix auf der Rodelbahn.«
»Dann nimm wenigsten den Hund mit!«
»Den Hund kann ich nicht gebrauchen. Der würde nur das Wild verscheuchen. Du musst keine Angst um mich haben. In ein paar Stunden bin ich zurück.«
Christel wusste, dass sie ihren Mann nicht aufhalten konnte. Trotzdem hatte sie ein ungutes Gefühl, als er die Tür hinter sich schloss.
Lothars großer, breiter Schlitten war voll beladen. Darauf fand sich ein Sack voll Heu, Rübenschnitzel, Kartoffeln mit Schrot vermischt, Möhren und vieles mehr. Er musste kräftig ziehen, um die Last von der Stelle zu bewegen.
Der Winter hatte Lothar seit dem Verlassen des Ortes beobachtet.
»Na, wo will der denn hin?«, brummelte er in seinen Bart.
Doch dann sah er, was Lothar auf seinem Schlitten hatte.

»Hat Heu und Rüben auf seinem Schlitten. Er erbarmt sich der hungrigen Kreatur. Das gefällt mir. Das gefällt mir sogar sehr!«, setzte er die Unterhaltung mit sich selbst fort.

Lothar war in Gedanken immer noch zu Hause, bei seiner Frau.
›Meine Christel‹, dachte er, als er durch den Schnee stiefelte. ›Immer ist sie besorgt um mich.‹ Ein warmes Gefühl überkam ihn, trotz der klirrenden Kälte. ›Sie ist eigentlich das Beste, das mir passieren konnte. Wir sind älter geworden, oh ja – es gab Höhen und Tiefen in unserem Leben. Aber Christel war immer an meiner Seite, hat immer in Liebe und Treue zu mir gestanden. Was bin ich doch für ein glücklicher Mann.‹
Dann blieb er stehen, um etwas zu verschnaufen. Er ließ seine Blicke wandern. Vor seinen Augen breitete sich eine kaum berührte Schneedecke aus. Die Sonne, die heute vom Himmel schien, ließ sie glitzern und funkeln. Die Bäume bogen sich unter der weißen Last, die sie zu tragen hatten. Ihre Zweige berührten fast den Boden.
»Das Zauberland des Winters in all seiner Schönheit«, sinnierte Lothar. Er atmete tief ein und füllte seine Lungen mit der klaren, sauberen Luft, ehe er weiterging.
»Dem gefällt meine Schneelandschaft!« Der sonst so grimmige König Winter war begeistert. Da gab es doch tatsächlich einen Menschen, der sein Wirken in der Natur bewunderte!
Inzwischen war Lothar bei der überdachten Futterkrippe angekommen. Schnell entlud er seinen Schlitten, um den Tisch für die Bewohner des Waldes zu decken. Danach machte er sich, entgegen seiner sonstigen Gewohnheit, sofort auf den Heimweg. Er wusste ja, dass Christel auf ihn wartete.
Der Schlitten war jetzt leer, deshalb ging es schnell voran. Doch dann geriet Lothar ins Rutschen! Er ruderte mit den Armen, aber das nützte nichts. Lothar fiel und sein Kopf schlug auf etwas Hartem auf. Nach dem ersten Schock versuchte er, wieder aufzustehen. Doch ein glühender Schmerz schoss durch sein rechtes Bein. Qualvoll verzog er das Ge-

sicht.
›Was nun? Wer weiß, wann die mich hier finden – kann eine Weile dauern. Hoffentlich halte ich solange durch‹, überlegte er. ›Wo ist eigentlich mein Schlitten? Aua, mein Kopf!‹ Dann wurde es dunkel um ihn und er verlor das Bewusstsein ...
Entsetzt hatte der Winter das Unglück mit angesehen.
›Auf meinem Schnee ist er ausgerutscht‹, dachte er. ›Wenn ich nichts unternehme, wird er erfrieren. Aber das will ich nicht, denn dies ist ein guter Mensch. Er darf keinen Schaden nehmen!‹
König Winter schwang das Zepter der Jahreszeiten. Weiße Flocken fielen vom Himmel und bedeckten Lothar. Noch einmal erhob der Fürst seinen Herrscherstab. Diesmal verwandelten sich die Schneeflocken in wärmende, weiße Wolle.

Christel sah aus dem Fenster.
»Es wird ja schon dunkel! Wo bleibt Lothar nur so lange?«
Unruhig ging sie im Zimmer auf und ab. Auch Leo, der Berner Sennenhund, hatte sich erhoben. Jaulend kratzte er an der Tür.
»Vermisst du dein Herrchen genau so wie ich?«
Christel hielt es vor lauter Sorge nicht mehr aus. Sie ging zum Telefon und rief ihren Sohn an.
»Komm nach Hause, Tobias! Papa ist in den Wald gegangen, um das Wild zu füttern. Er müsste längst wieder hier sein! Da stimmt was nicht! Ich habe solche Angst um ihn!«, bestürmte sie ihren Sohn.
»Ruhig, ganz ruhig Mama. Ich bin in ein paar Minuten da. Vorher rufe ich noch Rainer an. Vielleicht kann er bei der Suche helfen.«
Kurze Zeit später brachen die Männer, ausgerüstet mit hellen Lampen, auf. Leo führten sie an der Leine.
»Papa, wo bist du? Kannst du uns hören?«, rief Tobias, so laut er konnte. Doch alles blieb still. Immer wieder riefen die Freunde nach Lothar. Doch so viel sie auch riefen, es kam keine Antwort.

Weiter kämpften sie sich durch den hohen Schnee. Leo hatte den Kopf am Boden und zog an der Leine. Er wusste scheinbar als Einziger, wo zu suchen war. Plötzlich blieb das Tier stehen, winselte und fing an zu scharren.
»Du bist mir vielleicht ein toller Suchhund«, spöttelte Tobias, »bleibst vor einer Schneewehe stehen! Was ist denn da, ein Kaninchen? Komm, wir müssen weiter!« Leo war jedoch nicht von der Stelle zu bewegen.
»Sei mal ruhig! Ich glaube, da war was!« Erregt fasst Rainer nach Tobias Arm. Beide schwiegen und horchten. Aber nur Leos Winseln unterbrach die Stille. Sie wollten gerade weitergehen, als sie ein leises Stöhnen hörten.
»Papa? Papa! Bist du das?«
Erneutes Stöhnen.
»Tobias, die Schneewehe! Das kam aus der Schneewehe!«
›Das hat aber gedauert. Menschen können ja so begriffsstutzig sein! Nur gut, dass der Hund dabei war, sonst wären sie über den Mann gestolpert, ohne ihn zu finden!‹, dachte der Winter und schüttelte genervt das weiße Haupt.
Als die Männer mit ihren Händen den Schnee vorsichtig zur Seite räumten, fanden sie Lothar. Sanft rüttelte Tobias ihn an der Schulter. Langsam kam er zu sich und schlug die Augen auf.
»Papa, was ist mit dir? Hast du große Schmerzen?«
»Tobias? Was ist passiert? Au!«
»Bleib ruhig liegen. Gleich kommt Hilfe. Alles wird gut!«, redete Tobias auf seinen Vater ein, während Rainer schon den medizinischen Notdienst angerufen hatte.

Zwei Wochen später lag der Patient mit einem Gipsbein zu Hause auf dem Sofa. Das Feuer im Kamin knisterte leise, Christel strickte und Leo schlief.
Moritz hatte sich einen Stuhl geholt und saß neben seinem Opa. Der erzählte dem staunenden Enkel von seinem Traum, den er draußen im Wald gehabt hatte.

»Ich habe von einem großen Mann geträumt«, begann er. »Er hatte einen weißen Bart. Auf dem Kopf trug er eine Krone aus Eis. An seinem Pelzmantel hingen viele kleine Eiszapfen. Bei jedem seiner Schritte klingelten sie leise. In der Hand hielt er ein riesiges Zepter. Schneekristalle glitzerten und funkelten daran. Er schwenkte es - da begann es zu schneien. Bald war ich von dem Schnee ganz bedeckt. Nur vor meiner Nase war ein kleines Loch geblieben. Er schwenkte es noch einmal – und die Schneeflocken wurden zu warmer, weißer Wolle …«
Staunend hörte Moritz zu. Seine Augen wurden immer größer.
Der Mann, von dem Lothar erzählte, stand derweil draußen im Garten und schaute durch das Fenster in die Stube. Er war gekommen, um zu sehen, was aus dem Menschlein, das er beschützt hatte, geworden war. Das friedliche Bild, das sich ihm bot, gefiel ihm. Es hätte ihm das Herz erwärmt – wenn er nicht der Winter gewesen wäre…
So aber lächelte der mächtige König nur und wandte sich wieder dem Walde zu. Denn noch war seine Herrschaft nicht zu Ende. Noch hatte er die Macht. Erst im März würde sein Bruder, der Frühling wieder das Zepter der Jahreszeiten von ihm fordern. Leicht würde er es diesem Luftikus nicht machen, das wusste er jetzt schon. Aber noch war es ja nicht so weit …

Geheimnisvoller Besuch in der Nacht

Michaela Schreier

»PLING!«

Was war das denn gewesen? Der kleine Henri öffnete überrascht die Augen und starrte in die Dunkelheit.

»Meine Kette!«, flüsterte er schließlich und fuhr suchend mit der Hand über den rechten Bettpfosten. Dort bewahrte er das Schmuckstück in der Nacht auf. Doch nun war es auf den Dielenboden gefallen. Die Kette war für den Jungen unheimlich wertvoll. Er hatte sie von seinem Opa geschenkt bekommen und seitdem er gestorben war, ließ er sie nicht mehr aus den Augen. Wenn die Kette in seiner Nähe war, dann fühlte es sich für Henri so an, als wäre sein Opa noch bei ihm. Das Schmuckstück musste also unbedingt wieder an seinen Platz! Daher rollte sich der Junge über die Bettkante und tastete suchend über den Boden. Doch - gerade als er die Kette zu fassen bekam, spürte er, dass etwas nicht stimmte.

Da war jemand in seinem Zimmer!

Henri rieb sich rasch die Augen und beobachtete anschließend, wie die Luft vor ihm seltsam flimmerte. Und dann - tatsächlich - konnte er in dem Flimmern eine Gestalt ausmachen! Henri schreckte ängstlich zusammen. Die Gestalt saß am Fußende seines Bettes. Ja – er konnte sie nun immer deutlicher erkennen, obwohl sie irgendwie durchsichtig zu sein schien. Sie war ziemlich groß und trug so etwas Ähnliches wie einen Umhang. Henri klopfte das Herz bis zum Hals!

Ob das ein Geist war?

Sofort musste er an die Gruselgeschichte denken, die er am Abend vor dem Zubettgehen gelesen hatte. Darin kam ein schauriger Geist vor, der mit Ketten rasselte und sich einen Spaß daraus machte, in der Nacht Menschen zu erschrecken.

Schnell zog sich Henri die Bettdecke über den Kopf. Dann nahm er seinen ganzen Mut zusammen und rief: »Geh weg,

du blöder Geist! Ich will dich hier nicht haben!«
Ganz mutig und selbstbewusst sollte das klingen. Doch in Wahrheit war Henri in diesem Moment alles andere als mutig. Er klammerte sich an seine Bettdecke und bibberte am ganzen Körper.
»Oh! Ich wollte dich nicht erschrecken!«, hörte er da eine leise Stimme. Sie klang ganz fremd, aber auch sehr freundlich. Fast hörte sie sich so an wie eine Melodie – so klar und glockenhell. Deshalb riskierte Henri einen vorsichtigen Blick und lugte unter der Decke hervor. Da sah er, dass es in seinem Zimmer plötzlich viel heller geworden war. Das wunderte den Jungen und aus lauter Neugierde zog er die Decke ganz von seinem Kopf. Nun konnte er erkennen, dass es die Gestalt auf seinem Bett war, die leuchtete und sein Zimmer in ein strahlendes Weiß tauchte.
›So schön kann kein Geist sein‹, dachte Henri und fragte staunend: »Wie machst du das?«
»Sieht toll aus, oder?«, kicherte das weiße Wesen.
Henri lächelte nun ebenfalls. Seine Angst war wie weggeblasen und es kam ihm auf einmal so vor, als würde er das Lichtwesen schon seit Langem kennen. Daher streckte er vertrauensvoll die Hand nach dem Licht aus. Seine Fingerspitzen kribbelten, als sie durch den glitzernden, weißen Schein fuhren.
»Das kitzelt!«, rief er begeistert.
»Das ist meine Energie! Schön, dass du sie spüren kannst«, erklärte Henris geheimnisvoller Gast.
»Was für eine Energie?«, wollte der Junge wissen.
»Mmh«, machte das Wesen und legte sich grübelnd einen Finger an die Stirn, »wie kann ich dir das am besten erklären? Die Erwachsenen sagen dazu ›Aura‹. Du musst wissen: Alles, die ganze Welt, das Weltall, einfach alles um uns herum besteht aus dieser lichtvollen Energie, die du jetzt hier vor dir siehst. Das ist so etwas wie ein Kraftfeld, eine Ausstrahlung. Jeder Mensch, jedes Tier und jede Pflanze hat das. Jedes Lebewesen nimmt Energie aus seiner Umgebung auf und gibt

auch wieder etwas davon ab. Wenn du gesund bist, gute Gedanken hast und von liebevollen Menschen umgeben bist, leuchtet dein Energiefeld strahlend schön und du kannst damit andere erfreuen. Wenn es dir nicht so gut geht und du nur Trübsal bläst, dann verblasst auch deine Energie und man spürt sofort, dass du traurig oder niedergeschlagen bist.«

Henri legte den Kopf schräg und versuchte, die komplizierten Worte des Lichtwesens zu verstehen.

»Also, wenn das so ist«, erwiderte er nach einer Weile, »dann geht es dir wohl richtig gut! Du leuchtest nämlich ganz hell wie eine riesige Schneeflocke, die in der Sonne glitzert! Gibst du mir denn auch etwas von diesem tollen Licht ab?«

Die weiße Gestalt vibrierte vor Lachen und schüttelte dabei seinen Umhang – oder waren das etwa Flügel? Ja! Es sah tatsächlich so aus, als hätte die Gestalt große Flügel an ihrem Rücken. Henri kniff die Augen zusammen, um in dem gleißenden Weiß genauere Formen erkennen zu können. Doch dann lauschte er schon wieder gespannt den Worten seines Besuchers.

»Natürlich gebe ich dir etwas von meinem Licht ab! Jeden Tag sogar! In den letzten Wochen bemühe ich mich ganz besonders darum, dass du fröhliche Energie von mir bekommst. Deine Aura ist nämlich zurzeit nicht ganz so leuchtend wie sonst«, erklärte das Wesen.

Henri horchte besorgt auf. »Ist das schlimm? Warum strahlt sie denn nicht mehr so schön?«

»Das ist ganz einfach zu erklären«, meinte das Lichtwesen. »Deine Gefühle sind seit einiger Zeit ziemlich durcheinander. Du bist häufig traurig, stimmt's?«

Henri nickte langsam und ließ niedergeschlagen den Kopf hängen.

»Mein Opa ist letzten Monat gestorben … Ich konnte ihn richtig gut leiden und nun fehlt er mir ganz furchtbar!« Eine einsame Träne kullerte über Henris Wange.

»Ich weiß«, flüsterte das Lichtwesen, »du fehlst ihm auch ...«

Ruckartig hob Henri den Kopf und fragte erstaunt: »Woher

weißt du das?«
»Dein Opa hat es mir erzählt!«, antwortete das Wesen wie selbstverständlich. »Du musst wissen, dass ein Stück von ihm immer bei dir ist und dich nie verlässt.«
»Das sagst du doch nur, um mich zu trösten!« Trotzig verschränkte Henri die Arme vor seiner Brust. »Opa ist tot und er kommt nie wieder zurück! Ich bin doch kein Baby mehr!«
Das weiße Lichtwesen rückte etwas näher zu dem schmollenden Jungen heran. »Du vergisst, dass die Seele unsterblich ist! Niemand verschwindet einfach so, nur, weil sein Körper stirbt. Die Energie, die leuchtende Seele, bleibt für immer.«
»Du meinst also, dass Opa jetzt so ist wie du?«, fragte Henri skeptisch.
»So ähnlich. Seiner Seele geht es jedenfalls gut und sie strahlt fast genauso kräftig wie ich!«, versicherte das Wesen.
»Ist Opas Seele im Himmel und – kann er mich von dort aus sehen?«, fragte Henri hoffnungsvoll.
»Himmel, Paradies – nenn es, wie du willst! Und ja, dein Opa kann dich sehen oder besser gesagt, spüren! Und du kannst ihn spüren! Du musst nur ganz tief in dich hineinfühlen. Dann merkst du, dass er stets bei dir ist und dir liebevolle Energie sendet.« Mit diesen Worten erhob sich das Lichtwesen und erfüllte das komplette Zimmer mit einem weißen Lichterglanz.
»Wo willst du denn hin?«, fragte Henri, als sich die Gestalt von ihm abwandte. »Bitte geh nicht!«, bettelte er und versuchte, nach dem Arm des Wesens zu greifen. Doch seine Hand glitt durch das Licht hindurch wie durch eine Wolke.
»Hab keine Sorge!«, versicherte die strahlende Gestalt. »Ich bin immer bei dir, auch wenn du mich nicht sehen kannst. Ich bin für dich da, schon seit deiner Geburt! Jeden Tag, von morgens bis abends, schütze und begleite ich dich. Da kannst du dir ganz sicher sein!« Das Strahlen wurde allmählich schwächer und bald wirkte die Gestalt, als sei sie aus durchsichtigem Glas. »Ach, bevor ich es vergesse: Dein Opa sendet dir Grüße, blumige Grüße!«

Und dann – ja dann war Henri wieder allein. Zumindest konnte er das Wesen nicht mehr sehen. Aber er spürte seine Anwesenheit noch immer und es breitete sich ein warmes, friedvolles Gefühl in ihm aus. Nun bemerkte der Junge, wie müde er eigentlich war. Also kuschelte er sich entspannt in sein Kissen. »Blumige Grüße«, murmelte er noch, bevor er in einen tiefen Schlaf fiel.

Am nächsten Morgen wachte Henri ausgeruht und zufrieden auf. Zum ersten Mal seit Wochen war er nicht mehr traurig. Im Gegenteil – er war sogar richtig fröhlich! Er erinnerte sich an das weiße Lichtwesen.
›War das ein schöner Traum!‹, dachte er und hüpfte unternehmungslustig aus dem Bett.

Nach dem Frühstück ging er mit seiner Mutter spazieren. Es war ein wunderschöner Sommertag. Deshalb beschlossen sie, zum Garten von Henris Opa zu gehen. Seit seinem Tod hatte sich niemand mehr um das Grundstück gekümmert und Henris Mutter befürchtete, dass es nun voller Unkraut sei. Doch als sie den kleinen Garten erreicht hatten, blieben die beiden staunend davor stehen. Mit so einem Anblick hatten sie nicht gerechnet! Es war kaum zu glauben, aber das gesamte Grundstück war voller bunter Wildblumen: Roter Klatschmohn, blaue Kornblumen, gelber Hahnenfuß, weiße Schafgarbe und violette Lupinen standen dicht an dicht auf dem hochgewachsenen Rasen!
»Wie schön!«, flüsterte Henris Mutter überrascht. »Wo kommen die denn plötzlich her?«
Da erinnerte sich Henri an die letzten Worte des Lichtwesens. Es war wohl doch kein Traum gewesen …
Sein Herz machte einen glücklichen Hüpfer! Dann legte er übermütig den Kopf in den Nacken und rief mit strahlendem Gesicht in Richtung Himmel: »Danke Opa! Ich hab dich auch lieb und ganz viele liebe Grüße zurück!«

»Findet sie und bringt sie mir!«
»Evoluna ist groß, wie soll das gehen?«, flüsterte Lorn.
»Hast du was gesagt?«, fragte die Schattengestalt.
»Ich ...«, Lorn zögerte.
»Nichts ich! Ich hab viel zu viel geopfert! Ihr gehört mir, vergesst das nicht oder braucht ihr eine Erinnerung?«, krächzte die Gestalt.
»Wie Ihr gebietet!«, meinten die drei einstimmig.
»Geht mir aus den Augen!«, brüllte die Gestalt im Schatten.
Ohne ein Wort zogen die Drei ihrer Wege und ließen die Gestalt unter den Bäumen zurück.
»Wie sollen wir sie finden?«, fragte Taaz, der jüngste der drei, als sie außer Hörweite waren.
»Das ist dein Problem, wir haben unsere Mittel und Wege!«, meinten Moriana und Lorn von oben herab und ließen Taaz stehen.
Lorns Leben stand auf dem Spiel. Er hatte sich von seinem eigenen Volk abgewendet und einen hohen Preis bezahlt. Jetzt gab es kein Zurück mehr. Moriana konnte man nicht trauen und Taz würde sowieso das erste Opfer werden.

»König Syvon, es ist ein Mädchen!«
»Eine Tochter. Ich habe eine Tochter!«, freute sich König Syvon.
»Kommt, eure Gemahlin wartet auf euch!«, rief die Traumwächterin.
Syvon eilte. Irgendetwas stimmte nicht. Er hatte es an Malas Stimme gemerkt. Mala war von den Traumwächtern geschickt worden, um Königin Salina bei der Geburt zu unterstützen.
»Mein Licht, wie geht es dir?«, Syvon merkte, wie geschwächt Salina war.

»Ich werde es nicht schaffen!«, quälte sich Salina.
»Nein! Du darfst nicht erlöschen!«, rief Syvon.
»Die Dunkelheit holt jeden. Doch unsere Tochter wird unser beider Licht in die Welt tragen!«
Syvon weinte.
»Tränen müssen nicht sein! Sieh dir unser Licht an! Sie strahlt so schön!«, flüsterte Salina voller Stolz.
Syvon ging zur schwebenden Wiege, wo seine Tochter lag. Die kleinen schwebenden Lichtwesen über der Wiege machten dem Regenbogenkönig den Weg frei. Da lag sie, die Regenbogenprinzessin. Das Farbenreich über den Wolken hatte eine neue Thronfolgerin.
Der König verliebte sich in die aquamarinblauen Augen seiner kleinen Prinzessin. Vorsichtig nahm er sie aus der Wiege.
»Sie ist wunderschön!«, sagte er. »Mein Licht ...« Syvon stoppte, da Freude und Trauer ihn übermannten. »Welchen Namen wollen wir ihr geben?« Syvon schob seine Trauer zur Seite und legte seine Tochter in Salinas Arme.
»Sunyva! Wie gefällt dir dieser Name, mein Herz?«, fragte Salina leise.
»Er ist wunderschön und strahlend!« Der Regenbogenkönig legte sich zu seiner kleinen Familie. Die Sonnenstrahlen fielen durch die riesigen Kristalle, welche die Wände des Palastes bildeten. Das Gemach der Königin erstrahlte in allen Regenbogenfarben.
»Sie ist so zart, schütze sie gut, mein Herz!«, sagte Salins leise.
»Das werde ich, mein Licht, ihr wird nie Böses widerfahren!« Kaum hatte Sylvon den Schwur geleistet, erloschen Salinas Augen.

»Sie ist zur Welt gekommen!«, stellte Moriana fest.
»Woher willst du das wissen?«, fragte Lorn.
»Das Licht hat sich geändert!«, meinte Moriana leise.
»Ich sehe nichts Neues!«, rief Lorn.
»Mit dem hier könntest selbst du es sehen!« Moriana hielt einen durchsichtigen Kristall in die Luft.

»Ein Stück Regenbogenkristall! Woher hast du es?«
»Ich hab meine Wege!«, erwiderte Moriana geheimnisvoll.
»Kannst du mir einen kleinen Kristallsplitter leihen?«, fragte Lorn mit einem Grinsen im Gesicht.
»Wenn du dir eine Glatze scherst, ziehe ich es vielleicht in Erwägung!«, scherzte Moriana. Sie war nicht mehr dieselbe, seit dem sie vom Temulin zurück ins Leben gebracht wurde. Die Liebe der Beiden konnte der Tod nicht trennen, doch Temulin hatte eine Schwelle überschritten, von der es kein Zurück mehr gab. Morianas Körper war zwar zurück, doch ihre Seele hatte sich in Dunkelheit verwandelt.
»Also arbeiten wir zusammen?«, fragte Lorn.
Moriana schenkte ihm nur ein Lächeln und ging weiter.
»Ich brauch dich nicht. Ich werde die Kleine auch alleine finden!«

Syvon stand am Balkon des Regenbogenpalastes. Auch wenn seine Königin gerade in die Dunkelheit gegangen war, wollte er, dass seine Untertanen heute die Geburt ihrer neuen Regenbogenprinzessin feierten. Die kleinen Lichtwesen leuchteten in allen Regenbogenfarben. Die die ihre Flügelchen bekommen hatten, schwirrten in den verschiedenen Formationen vor dem Balkon herum.
»Meine Lieben, heute ist ein großer Tag, begrüßt eure neue Prinzessin Sunyva!«, rief der Regenbogenkönig mit fester Stimme.
»Wollt ihr das wirklich tun?«, fragte die Traumwächterin Hintergrund.
»Sie haben es sich verdient!«, flüsterte Syvon leise. Das Fest ging weiter und der Jubel wurde unermesslich, als der Regenbogenkönig seine kleine Sunyva seinen Untertarnen präsentierte.
Das Königreich des Regenbogens lag hoch über den Wolken Evolunas. Inmitten des Wolkenreiches lag der Regenbogenpalast, der aus durchsichtigen Kristallen erbaut worden war. Drum herum wuchsen Wolkenblumen, aus deren flauschigen

Blüten die weichsten Gewänder gemacht wurden. Es war ein friedliches Land.
Die Untertanen des Regenbogenkönigs wohnten direkt unter dem Palast. Ihre kleinen glockenförmigen Häuser hingen an zarten Spinoafäden unter der Wolke. So hatten sie einen einzigartigen Blick auf die fabelhaften Ereignisse Evolunas. Sie hatten nicht viele Aufgaben, ihre Hauptbeschäftigung lag meist darin, Regenbogenstaub zu suchen, der sich immer morgens beim Sonnenaufgang bildete. Der Regenbogenstaub war wichtig, da König Syvon mit dessen Hilfe sein Reich vor den Blicken Fremder schützen konnte.
»Wann willst du ihnen sagen, dass ihre Königin gestorben ist?«, fragte die Mala.
»Wenn ich es für richtig halte!«, rief Syvon mit erboster Stimme.
»Du kannst gehen, deine Dienste werden hier nicht mehr benötigt!«, fügte Syvon noch hinzu.
»Es liegt mir nicht daran, dich zu erbosen, doch ich habe geschworen das Licht zu beschützen!«
»Wovor willst du es schützen? Wir sind in keiner Gefahr. Unser Reich liegt unsichtbar oben über den Wolken und ist in Sicherheit. Wir haben keine Feinde!«, meinte der König wieder etwas gefasster.
»Keine die du siehst, doch Evoluna ist nicht mehr so, wie es einst war. Eine Dunkelheit baut sich immer mehr auf und es liegt an uns, das Licht in unserer Welt zu bewahren.«
»Es mag sein. Doch die Dunkelheit kann das Licht nicht auslöschen. Evoluna ist groß und die Völker sind wehrhaft und stark. Die Dunkelheit hat hier keinen Platz und das weiß sie auch.«, sagte der Regenbogenkönig, während er Sunyva in ihre Wiege legte.
»Ich hoffe, du hast recht!«

Taaz näherte sich der Wüste der Sehnsüchte. Sein Leben stand auf dem Spiel, würde er sich Temulin widersetzen. Es war nicht seine Natur, ein unschuldiges Mädchen zu finden

und es dem sicheren Tod zu übergeben. Er hatte niemanden. Und die Wüste der Sehnsüchte war der letzte Ort, an dem er sich befinden wollte.
Taaz hatte die Idee, das Licht des Lebens über den Wolken zu suchen. So stellte er sich dumm an und wartete, bis Moriana und Lorn ihrer Wege gezogen waren, bis er aufbrach. Es gab nur einen Weg, in das Wolkenreich zu gelangen, er wusste, er musste den verkehrt fließenden Wasserfall finden.
Taaz zögerte, den ersten Schritt in die Wüste zu setzten. Dafür hatte er viel zu viele Sehnsüchte. Die Wüste spielte ihr Spiel und kaum war Taaz einige Meter gegangen, sah er auch schon in der Ferne einige Gestalten auf sich zukommen.

Die Nacht brach herein und die Sterne erhellten den Himmel über dem Kristallpalast. Alle schliefen, außer König Syvon. Mit Sunyva im Arm saß er am Fenster und schaute zu den Sternen empor. Die Lichter ließen ihn an seine große Liebe denken. Wo mochte sie sein? Konnte die Dunkelheit die beiden wirklich trennen? Er wusste keine Antwort auf die Fragen, die ihn schmerzten. Nur Sunyvas Wärme hielt ihn davon ab, sich ganz in der Dunkelheit des Schmerzes zu verlieren. Die Tage und Nächte vergingen und Sunyva entwickelte sich. Zuerst ein Lachen, dann ein Wort, und kaum, dass sich der König versah, machte die kleine Prinzessin ihren ersten Schritt.
Mala brach auf, um die drohende Gefahr zu suchen und abzuwenden, sofern es ihre Kräfte zuließen.
Sunyva wurde stets von mehreren Getreuen begleitet. Die kleine Prinzessin hatte viel Spaß, mit den kleinen fliegenden Lichtwesen zu spielen. Das Land ihres Vaters bot ihr Sicherheit und sie tobte frei.
Doch während Sunyvas Herz immer mehr erstrahlte, verblasste das ihres Vaters und die Farben begannen zu schwinden. Eine weiße Leere fing an sich in ihm auszubreiten ...

Der weiße Spiegel

Peter Marquardt

Die Geschichte, die ich im weiteren Verlauf erzählen möchte, habe ich nicht erlebt, was ich aus mehreren Gründen stark bedauere. Möglicherweise, würde sie dann auch einen anderen Ausgang genommen haben.
Nein, diese Sache ist mir vor einiger Zeit zugetragen worden und ich hatte sie lange aus dem Gedächtnis verbannt, weil sie, doch zu unglaubwürdig klang, um sie auszuposaunen, ohne sich der Lächerlichkeit preiszugeben.
Möglicherweise wäre sie für immer in den Windungen meines Gehirns verschollen geblieben, wenn ich nicht grade an jenem Tag auf seltsame Art daran erinnert worden wäre.
Ich ging ein wenig widerstrebend, ich verspürte nämlich trotz des herrlichen Wetters nicht die geringste Lust zu selbigen, mit meinen beiden Hunden, Anna und Lucas, auf unsere nachmittägliche Runde. An einer Ecke im Park, gleich neben dem Spielplatz, gibt es eine kleine Eisdiele.
Wegen des Spielplatzes ist ihre Lage, zumindest im Sommer, Gold wert.
Im Anschluss einer kurzweiligen Wartezeit unter tosendem Kinderlärm, erkundigte sich, der stets freundliche Eisdielenbesitzer nach meinen Wünschen.
Ich meinerseits frage mich jedes Mal, warum er das tut, da ich ständig das Gleiche verlange. Auch diesmal wechselten, wie immer nach Beantwortung seiner Frage durch mich, zwei Euro und im Gegenzug zwei Kugeln Stracciatellaeis ihren Besitzer.
Eigentlich hatte ich beabsichtigt, den Rundgang, am Spielplatz vorbei, im Park fortzusetzen.
Ganz spontan änderte ich diesen Gedanken, überquerte die Straße und gelangte auf den Hauptplatz unseres Wohnviertels. Ein großer, unbebauter, gepflasterter Platz, von dem die Leute behaupteten, dass sich darunter ein alter U-Bahnhof befindet, der nie in Betrieb genommen worden

war. Manchmal wird er für ein kleines Fest genutzt. Heute jedoch war er leer.
Die Nachmittagssonne schickte ihre ersten kräftigen Strahlen vom blauen Maihimmel herunter, erwärmte die Luft auf das Angenehmste und ließ mir das Stracciatellaeis in dicken, zähen Tropfen, an der Waffel entlang, auf die Hand fließen.
Hastig leckte ich den klebrig süßen Gaumenfreudenspender ab, als ein greller Lichtblitz meine Augen traf.
Mitten auf dem Platz gewahrte ich einen großen rechteckigen Spiegel in einem weißen Rahmen, der dort, auf zwei ausklappbaren Beinen, ein wenig verloren und anscheinend ohne Sinn, dastand.
Da ich kein besonderes Ziel verfolgte, ging ich darauf zu. Zu meinem Erstaunen bemerkte ich in diesem Augenblick, scheinbar wie aus dem nichts, gleich daneben, ein solchermaßen schönes Mädchen, wie ich sie, ich schwöre es, noch nie im Leben, gesehen zuhaben meinte. Sie saß dort auf den Steinen und tat zumindest so, als bemerke sie mich nicht.
Ich musste sie wohl eine Zeitlang verwundert angestarrt haben, denn schließlich lächelte sie mich an und sagte: »Hallo?« Es klang eher nach einer Frage, als einer Begrüßung.
Ein wenig von dem geschmolzenen Eis tropfte mir auf die Schuhe. Unfähig auch nur den Blick von ihr zu wenden, brachte ich hervor: »Was machen sie denn mit einem Spiegel hier auf diesem Platz?«
Noch ehe sie antwortete, wusste ich, was sie sagen würde: Ich warte hier auf einen Mann, wir kennen uns nicht, aber er wird mich an dem Spiegel erkennen.« Es war, als brächte ihr Lächeln mein Eis zusätzlich zum Schmelzen. Ich hatte es längst aufgegeben, das Heruntertropfen der süßen Flüssigkeit zu verhindern.
Mit einem Schlag fiel mir diese Geschichte wieder ein und ich fragte: »Sie werden ihm den Spiegel verkaufen, denke ich?«
Sie nickte, nun ein wenig traurig: »Wenn er mir fünfundzwanzig Euro dafür zahlen möchte.«
Natürlich war mir, durch das Wissen um jene mysteriöse

Erzählung klar, dass ich, als älterer Herr hier wohl kaum in Frage käme. So wünschte ich ihr, nicht ohne Wehmut, einen guten Tag und ging, die Reste meines Eises leckend, meiner Wege. Nur die Geschichte, die ich bis zu diesem Zeitpunkt noch für so unglaubwürdig gehalten hatte, war mir nun dermaßen im Hirn festgesetzt, dass ich nicht anders konnte, als sie endlich zum Besten zu geben. So begann ich, nachdem ich zu Hause angekommen war, sofort damit, sie niederzuschreiben, und tat das folgendermaßen:

.

Es war einmal vor vielen Jahren, damals gab es hier noch um einiges mehr Wald und nur wenige kleine Dörfer, da lebte in dieser Gegend, ein junger Schmied. Da ich seinen wahren Namen nicht weiß, nennen wir ihn aus gutem Grund, Thomas.

In der Tat hatte er mit dem Jünger Jesus, welcher den gleichen Namen trug, zumindest Eines gemeinsam; er zweifelte an jedem und an allem.

»Siehst du«, pflegte er oft zu sagen, wenn ich mit der Zange ein glühendes Stück Eisen verbiege ist es krumm. Wenn es dann kalt ist, bekommt es keiner mehr gerade. Daran glaube ich. An nichts weiter.«

Eines Tages, es war im Monat Mai, die Sonne schickte ihre ersten wärmenden Strahlen zur Erde, die Luft war erfüllt vom geschäftigen Summen der Bienen, hatte Thomas einige Schmiedestücke an den Gutshof auszuliefern. Er hatte die Eisenstücke über die Schulter gelegt und lief mit weitausholenden Schritten, munter vor sich hinpfeifend, die holprige Straße entlang.

Da plötzlich blendete ein Lichtstrahl seine Augen. Er schirmte sie mit der Hand ab und suchte so nach der Quelle des Lichts. Er hatte sie auch bald gefunden.

Ein großer, viereckiger Spiegel in einem weißen Rahmen stand an zwei ausklappbaren Füßen gelehnt, mitten auf der einsamen Straße und reflektierte das Sonnenlicht so, das es ihm in die Augen stach.

Thomas machte ein paar Schritte zur Seite, bis ihn die Sonne nicht mehr blendete und sah nun, dass neben dem Spiegel ein wunderschönes Mädchen auf einem Stein saß, die ihn abwartend anschaute.
»He, was machst du hier«, fragte er sie.
»Ich warte auf einen Liebsten.«
»Auf *einen* Liebsten oder auf deinen Liebsten?«
Sie lachte ein perlendes Lachen, das sie ihm noch schöner erschienen lies: »Du Dummkopf, hast du es nicht verstanden? Auf *einen* Liebsten.«
»Und wer soll das sein?«, wollte er wissen.
»Der, welcher mir als Erstes ein Silberstück für meinen Spiegel gibt.«
Thomas drehte sich ein wenig der Kopf: »Das verstehe ich nicht.«
Wieder ließ sie ihr perlendes Lachen hören: »Dann gib mir ein Silberstück für meinen Spiegel und du wirst mein Liebster sein.«
Sie war ein wunderschönes Mädchen, mit langen blonden Zöpfen und lustigen blauen Augen. Ihre geschwungenen Lippen waren von kirschroter Farbe und das Näschen zierten einige freche Sommersprossen. Sie neigte leicht den Kopf und sah ihn herausfordernd an.
Da konnte er nicht widerstehen. Er griff in seine Weste und holte ein Silberstück heraus, das er ihr sogleich hinhielt.
Als sie danach greifen wollte, zog er es rasch zurück: »Dass du mir es auch ernst meinst mit deinen Worten«, sagte er gewohnheitsgemäß zweifelnd.
Sie lachte nun nicht mehr und erwiderte: »Das du auch an mich glaubst, selbst wenn ich nicht bei dir bin.«
Sie ergriff eilends seine Hand und zog das Silberstück heraus. Kaum jedoch hatte sie es ergattert, löste sie sich vor seinen Augen in Luft auf und war verschwunden.
Verwirrt schaute Thomas umher, doch sie war fort; und ach, der Spiegel hatte sich verändert. Seine kristallene Oberfläche war nun stumpf und weis. Wertlos wie ein altes Brett stand er da.

»Verdammt, verdammt, verdammt«, rief Thomas zornig und warf seine Schmiedestücke für den Gutshof, wütend auf die Erde, »ich hätte es wissen müssen. Mein schönes Silber, fort ist es.«
Wie er noch so lamentierte, lässt ihn ein Geräusch herumfahren. Direkt hinter ihm auf der Straße stand ein alter Mann, ganz in schwarz gewandet und schaut ihn mit schräg geneigtem Haupt an: »Mir scheint, du hast ein Problem«, sagte er.
Der junge Schmied seufzte: »Wenn du wüsstest. Man hat mich um ein Silberstück geprellt, wegen diesem wertlosen Ding hier.« Er wies mit seinem Kopf in Richtung des weißen Bretts, das einmal ein Spiegel gewesen sein sollte.
Der Alte trat ein wenig näher und nickte: »Ein schönes Stück«, sagte er, nachdem er es einige Male umrundet hatte, »und nur ein Silberstück hat es dich gekostet?«
Thomas glaubte, seinen Ohren nicht trauen zu können: »Nur ein Silberstück«, fragte er zweifelnd.
»Ja, ich halte das in Anbetracht dieser prächtigen Arbeit für geschenkt.«
Nun ging auch Thomas um den weißen Spiegel herum. Ein Brett, ein weißes Brett. Von hinten entdeckte er zudem einige dunkle Flecke auf der weißen Farbe, die ganz nach Schimmel aussahen. Allerdings schoss ihm da ein Gedanke durch den Kopf: »Du findest das Ding hier also schön? Besser gesagt, sogar prächtig?«
Der Alte nickte wortlos.
»Nun«, fuhr er, jetzt mit einem listigen Ausdruck im Gesicht, fort, ich würde dir dieses prächtige Stück für nur zwei Silberlinge überlassen. Was sagst du dazu?«
Der Alte strahlte. Dann aber verfinsterte sich sein Antlitz: Sagtest du nicht, du hättest es für nur ein Silberstück gekauft? Ich biete dir ein Silberstück und acht Kupferlinge.«
»Nein, nein, nein«, rief Thomas aus, »das ist zu wenig!«
Sie feilschten, bis die Dunkelheit hereingebrochen war, schließlich wechselten ein Silberstück und vier Kupferlinge den Besitzer.

Bevor sie ihren Handel jedoch abschlossen, sagte der Fremde: »Ich habe eine Bedingung. Wenn wir uns jetzt einig werden und danach sieht es ja aus, möchte ich, dass du den Spiegel mit zu dir nachhause nimmst. Ich hole ihn mir morgen, gleich nach Sonnenaufgang, bei dir ab.«
»Gut, so soll es sein«, sagte Thomas, und schlug die Hand, die ihm der Alte reichte, ein. Schließlich steckte er das Geld in die Weste, nahm das weiße Brett und die Schmiedestücke und machte sich auf den Heimweg.
Zu Hause lehnte er den weißen Spiegel, der ja nun kein Spiegel mehr war, achtlos an die Wand und wollte sich grade zur Nachtruhe fertigmachen, als ihn eine sanfte Stimme herumfahren ließ: »Hallo, wie ich sehe, hast du auf mich gewartet.«
Das schöne Mädchen aus dem Wald stand vor ihm und hob ihm sehnsüchtig die Arme entgegen.
Das weiße Brett an der Wand war nun wieder ein Spiegel mit glänzend weißem Rahmen, der in der Dunkelheit in mattem Blau erstrahlte und das schlichte Zimmer des Schmieds wie ein Märchenschloss erscheinen ließ.
Kaum jedoch, dass sie ihn berührte, erlosch das strahlende Licht und ihre Gesichtszüge zeigten erst einen fragenden, dann einen zornigen Ausdruck. Sie hielt die Münzen des Alten in der Hand und fuhr ihn an: »Du hast nicht an mich geglaubt, mir nicht vertraut, Du hast mich für dieses bisschen Geld verkauft. Daran sollst du dein Leben lang denken.«
Wie durch ein Zauber, wahrscheinlich war es auch einer, verschwand sie in dem Spiegel. Der wurde erneut zu dem unansehnlichen weißen Brett und das Mädchen wurde von ihm nie wieder gesehen.
Pünktlich am nächsten Morgen kam der Alte um sein neues Eigentum abzuholen und dem armen Thomas halfen kein Betteln und kein Flehen und auch kein Geld. Der Mann in schwarz war nicht zu erweichen, den Kauf rückgängig zu machen. So zog er zufrieden pfeifend mit dem weißen Spiegel davon.

Thomas der Schmied, heiratete nur wenige Monate später die Tochter eines wohlhabenden Kaufmanns. Sie war kaum minder schön als die junge Frau aus dem Spiegel. Nur änderte dies sich leider schneller, als ihm lieb sein konnte. Nicht nur, dass Pellerie, so hieß seine Gemahlin, ständig an Leibesfülle zunahm, nein, sie erwies sich auch als eine Meisterin des Herrschens, die es durchaus verstand, ihren Forderungen mit Gewalt Nachdruck zu verleihen. Alsbald hatte sie es geschafft jeglichen Zweifel, allen voran dem, wer das Sagen im Haus hatte, aus Thomas herauszutreiben.
Und wenn sie nicht gestorben ist, so prügelt sie ihn heute noch.

Kaum jedoch, dass ich diese Geschichte beendet hatte, fiel mir meine nachmittägliche Begegnung ein.
Der Abend war kühl und so zog ich mir meinen schwarzen Mantel über und setzte den dazu passenden Hut auf. Ich nahm meine beiden kleinen Hunde an die Leine und ging zu unserem Platz. Ich glaubte, meinen Augen nicht trauen zu können. Dort, wo am Nachmittag das Mädchen gesessen hatte, stand immer noch der Spiegel mit dem weißen Rahmen.
Ein junger Mann lief ziemlich aufgeregt davor auf und ab. Seine Mine war stinksauer und seine Gesichtszüge grimmig.
Ich lüftete meinen Hut, wünschte ihm einen guten Abend und sagte: »Junger Mann, sie sehen unglücklich aus.«
Er warf mir einen Blick zu, als würde er mich fressen wollen oder zumindest mir den Hals umdrehen.
Vorsichtshalber wich ich einen Schritt zurück.
»Schwanzgesteuert, verstehste? Ich bin ein hirnloser Ochse und habe dieses Teil hier«, er wies auf den Spiegel, »von dem Geld gekauft, für das ich eigentlich meine Klamotten aus der Reinigung holen wollte.« Wie zur Bestätigung seiner Unzurechnungsfähigkeit schlug er sich mit der Hand vor die Stirn.
»Fünfundzwanzig Euro«, fragte ich.

Er nickte und sah mich verwundert an.
»Ich habe die junge Frau heute Nachmittag schon hier getroffen und sie hat mir diesen Preis genannt«, beeilte ich mich, zu beteuern, bevor er mich zu ihrem Komplizen erklären würde. »Ein schönes Stück«, wagte ich hinzuzufügen.
Abrupt blieb er stehen: »Das olle Ding hier?«
Ich nickte. Bevor er etwas sagen konnte, machte ich ihm ein Angebot: »Ich gebe ihnen dreißig Euro dafür.«
»Und das sofort?«
Ich nickte bestätigend, zog meine Börse heraus und reichte ihm drei Zehner. Er hatte wohl keine Lust zu handeln. Hastig ergriff er die Scheine und lief davon, ohne sich noch einmal umzuwenden.
»Kannst du mir mal sagen, was du mit diesem alten Spiegel willst?«, blaffte mich meine Frau an, als ich mit meiner neuesten Errungenschaft nach Hause kam.
Ich stellte ihn vorsichtig in mein Zimmer. Gleich neben dem Fenster, so dass auch die Sonne mal raufscheinen konnte.
Zu meiner Frau, die mir gefolgt war, meinte ich: »Hier soll er stehenbleiben. Ein würdiger Platz für etwas, an das man glauben will.«
Sie drehte sich um und blaffte im Hinausgehen schroff: »Du wirst immer schrulliger, je älter du wirst.«
Ich strich über den weißen Spiegel und sagte: »Der Mensch stirbt mit seinen Träumen.«

Eisbären und Blaubeeren

Gerhard Roth

Es war einmal ein junger Eisbär, der lebte hoch oben im Norden, wo die Sonne im Sommer auch in der Nacht scheint und es im Winter selbst am Tag dunkel ist.

Genau da wohnte der Eisbär. Aber er lachte nie, hopste auch niemals übermütig von Eisscholle zu Eisscholle und legte sich nie auf den Rücken, um in die Mitternachtssonne zu blinzeln.

Sein einziges Vergnügen bestand darin, dass er sich seine Pfoten auf die geschlossenen Augen drückte und vorstellte, dass die grünen und gelben und roten und orangefarbenen Punkte die Polarlichter im Winter sein sollten.

Aber sonst war er ganz allein.

Dieser junge Eisbär hatte nämlich ein ganz blaues Fell und eine ganz weiße Zunge. Und das war genau umgekehrt zu den anderen Eisbären. Die hatten ein ganz weißes Fell und eine blaue Zunge.

Meistens saß der Eisbär am Rande seiner Eisscholle abseits von den andern und lutschte an einem Stück Eis. Und wenn die andern sich über ihn lustig machten, schmeckte das Eis ziemlich bitter.

So verging Jahr um Jahr und der blaue Eisbär wurde immer größer, bis er schließlich erwachsen war.

Die anderen Eisbären hatten sich längst zusammen gefunden, je eine Eisbärfrau und ein Eisbärmann und hatten schon Eisbärkinder. Nur der blaue Eisbär mit der weißen Zunge nicht.

Und wie er so eines Tages wieder abseits auf seiner Eisscholle saß und bitteres Eis lutschte, beschloss er, fortzugehen.

Er blickte noch einmal zu den anderen hinüber, die mit ihren Kindern auf einer schrägen Scholle Rutschbahn spielten, wollte winken, tat es aber doch nicht und machte sich einfach auf die Pfoten.

Er ging immer weiter nach Süden in der Hoffnung, etwas

Besseres zu finden. Und wenn er Hunger hatte, aß er genießbare Pilze oder würzige Kräuter oder er legte sich einfach ins Gras und ließ sich die Sonne auf den blauen Bauch scheinen. Hier war niemand, der ihn auslachte. Und wenn er müde wurde, suchte er sich ein Schlafplätzchen in kuscheligem Moos unter einer Tanne.

Aber je weiter er nach Süden kam, um so wärmer schien die Sonne, sein blaues Fell speicherte die Sonnenstrahlen und gab sie nicht mehr ab. Somit fing der Eisbär zu schwitzen an. Er schwitzte so stark, dass er sich öfter mit der Pfote über die Stirn wischte und am liebsten seinen blauen Pelz ausgezogen hätte.

Und wie er so da lag und vor sich hin schwitzte, hörte er plötzlich ein Rumpeln. Ein Gewitter, dachte er und hielt schon nach einem trockenen Unterschlupf Ausschau. Eigentlich machten ihm Gewitter nicht viel aus, aber so in der Fremde … Denn man wisse ja nie, dachte er und suchte weiter. Dann fing es stärker an, zu rumpeln, und es hörte sich an, als würden Felsen zu Tal rollen. Zum dritten Mal rumpelte es und dieses Mal klang es nach einem Erdbeben und es war bedrohlich nahe.

Da fiel es dem Eisbär ein, als wären Eisschollen von ihm gefallen. Er hatte Hunger. Einen gewaltigen Hunger, sozusagen einen Bärenhunger.

Er sah sich eine ganze Weile um, schnupperte hier und roch da, drehte sogar ein paar alte Baumstümpfe um, ob er nicht vielleicht eine Honigwabe finden würde.

Nichts.

Absolut nichts.

Nicht einmal das allerkleinste Bärennichts.

Da lief er noch tiefer in den Wald auf der Suche nach irgendetwas Essbarem, das noch besser wäre als das absolute Nichts, aber so sehr er sich auch mühte, außer ein paar matschigen, einsamen Pilzen fand er nichts.

Da fing der Eisbär übellaunig zu brummen an, knotterte vor sich hin und kaute vor Hunger an seinen Pfotennägeln. Ein fürchterliches Unwetter kam auch noch auf, es platschte wie aus vollen Eimern und der Eisbär hatte jetzt eine richtige Stinkwut, weil sein Pelz noch nässer als nass wurde und es in seinem Magen noch immer rumpelte.

Er suchte nach einer freundlichen, trockenen Höhle, fand aber keine und wurde immer wütender. Auf alles. Auf das Unwetter, auf die blöden Bäume, auf die anderen Eisbären, die jetzt im hohen Norden auf den Eisschollen Rutschbahn spielten, auf die Rehe und Hasen, auf sein blaues Fell und seine weiße Zunge, auf die ganze Welt und auf sich selbst.

Auch als das Unwetter nachließ und die helle Sonne wieder schien, besänftigte es ihn nicht. Er knurrte ziemlich bedrohlich, sodass alle Tiere einen großen Bogen um ihn machten.

Und wie er so übellaunig durch den Wald stapfte, sah er an ziemlich niedrigen Büschen ganz viele weiße Beeren. Zuerst dachte er, dass es Schneebeeren wären. Die hatten ihm nämlich noch nie geschmeckt. Weil sie ziemlich bitter waren und gar nicht süß.

Aber dann war es ihm wegen seines Hungers ziemlich egal. Er riss ein paar von ihnen ab und stopfte sie sich in den Mund. Gerade wollte er sie wieder ausspucken, als er fand, dass sie ganz wunderbar süß schmeckten.

Dann gab es kein Halten mehr. Er raste durch die niedrigen Büsche und aß alle weißen Schneebeeren, die er finden konnte. Das Rumpeln in seinem Magen hörte mit einem Male auf und er merkte, wie sich seine Wut in ein gefälliges Nichts auflöste. Zufrieden und satt legte er sich auf eine Wiese inmitten von Glockenblumen und Butterblümchen und schlief ein mit seinem vollen Beerenbauch.

Nach einer ganzen Weile, die ihm vorkam wie ein kleiner Winterschlaf, wachte er auf und hatte einen schrecklichen Durst. Solch einen schrecklichen Durst wie ihn nicht einmal ein Hunger machen kann.

Er ging an einen See und trank von den vielen kleinen Wellen. Da erblickte er sein Spiegelbild in der Badebucht und stellte erstaunt fest, dass er ein paar weiße Stellen in seinem

Pelz hatte.
»Das ist ja ein Ding!«, dachte er. Und er konnte es sich zuerst nicht erklären, woher die weißen Stellen kamen.
Und je mehr er sich betrachtete, umso mehr überkam ihn eine Gewissheit. »Ob die etwa von den weißen Schneebeeren kommen sollten?«, dachte der Blaubär.
Dann wollte er es natürlich ganz genau wissen und rollte sich vorsichtig durch die Büsche mit den weißen Schneebeeren. Und mit jedem Rollen bekam sein Pelz noch mehr weiße Stellen, er betrachtete sich wieder im Wasserspiegel und freute sich und dann rollte er mit juchzendem Brummen im ganzen Wald herum, bis er schneeweiß geworden war.
Er ging erneut zum Wasser und betrachtete sich. Der ehemals blaue Eisbär konnte es in der Tat nicht glauben.
Er war so blütenweiß wie eine schneeweiße Rose. Nur dass er nicht so gut duftete. Aber das machte nichts. Dann ging er wieder zu dem Seewasser, trank davon und als er seinen Mund betrachtete, wurde er noch blässer als blass: Seine Zunge war immer noch ganz weiß!
Er sah also doch nicht aus wie ein richtiger Eisbär!
Da wurde er wieder übellaunig und fing erneut zu knottern an.
Jetzt war ihm alles egal, selbst wenn er seinen blauen Pelz wieder gehabt hätte. Denn richtige Eisbären haben ein weißes Fell und eine blaue Zunge! Zum Donnerknotter!
Missmutig stapfte er durch den Wald und konnte sich nicht mehr einkriegen vor lauter Zorn. Selbst die freundliche Höhle ging ihm auf den Keks.
»Blöde Höhle!«, dachte er. »Selbst wenn du noch so trocken bist. Na und!«
Vor der blöden Höhle standen ein paar Büsche und vor lauter Enttäuschung und Wut wollte er ein paar Beeren essen, aber er fand keine. Er bückte sich mit lautem Knurren, um genauer hinzusehen. Nichts. Nicht einmal die kleinste Weißbeere sah er, um seinen Wuthunger zu stillen. Da hob er die Büsche mit seinen Pfoten ein wenig hoch, um darunter zu

gucken.
Da!
Was war das?
Er blinzelte mit seinen zornigen Augen. Er konnte es beinahe nicht glauben!
Die Weißbeeren waren blau geworden!
Überall waren Beeren, aber sie waren nicht mehr weiß!
Deswegen hatte sie der Bär nicht gesehen.
Sie hatten die Farbe seines Pelzes angenommen!
Der gesamte Wald war voller Blaubeeren!
Da kam dem Eisbär eine glänzende Idee!
Er pflückte so viele von den blauen Beeren, wie in seine Pfoten hinein gingen, lutschte sie ganz lange auf seiner Zunge und spuckte sie wieder aus. Dann eilte er schnurstracks zum Wasser und streckte sich die Zunge heraus.
Blau! Blau! Blau!
Jetzt war er ein kompletter Eisbär mit allen dazugehörigen Farben!
Er rannte voller Stolz und Übermut durch den Wald, pflückte eine Glockenblume und steckte sie sich lachend hinters Ohr, pfiff sich eins und sang danach: »Schön ist es, auf der Welt zu sein, tagaus, tagein!«
Und wie er so pfiff und sang, kam er an einem schwedischen See vorbei mit einem roten Haus an seinem Ufer. Und als er sich gerade weiter trollen wollte, kam ein kleines Mädchen in einem gestreiften Badeanzug aus der Tür und rannte zur Badebucht, um aus dem feinkörnigen Sand Burgen zu bauen.
Da winkte der Eisbär und streckte seine blaue Zunge heraus.
Das Mädchen winkte zurück und streckte auch seine Zunge heraus. Sie war blau.
»Ich habe Blaubeeren zum Nachtisch gegessen, Herr Eisbär!«, rief das Mädchen. »Sogar mit Zucker drauf!«
Der Eisbär lachte, winkte und hatte Verständnis dafür und tänzelte vergnügt durch den Wald. Und je weiter er nach Norden tänzelte, umso kälter wurde es und dann hörte er zu schwitzen auf und es dauerte gar nicht mehr so lange, da

überquerte er den Polarbärkreis, und dann sah er hoch oben im Norden, wo im Sommer die Sonne auch in der Nacht scheint und es im Winter auch am Tage dunkel ist, die ersten weißen Eisschollen.

Da freute sich der Eisbär ganz gewaltig.

Das erste Eis, das er lutschte, schmeckte ziemlich süß und dann dachte er daran, dass er sich eine Eisbärdame mit der schönsten blauen Zunge auf der Nordhalbkugel suchen würde und mit ihr kuscheln und eine Höhle bauen und Eisbärkinder bekommen würde mit ganz zartweißem Pelz und einer tiefblauen Zunge.

Die Legende der weißen Wölfin

Sebastian Görlitzer

Eine alte Legende zu Zeiten der Indianer besagt, dass sich fernab aller Moderne, als die Menschen die Natur noch zu schätzen wussten, eine Geschichte zugetragen haben muss, die von einer Freundschaft zu einem weißen Wolf erzählt. Wild und rau war dieses Land, das durch seine einzigartige Landschaft überzeugte. Viele Goldgräber und Abenteurer suchten ihr Glück, doch nicht alle fanden das, wonach sie suchten. Jack war ein junger Mann, dessen Leben in seiner Heimat im ursprünglichen Amerika zwar sehr lebhaft, doch zugleich auch sehr einsam war. Einsam war er allerdings auch hier, was ihn auf seinem Weg allerdings nicht hinderte. Später lernte er Glenn kennen und schloss die weiße Wölfin in sein Herz. Sie war von ihrem Rudel verstoßen worden, glaubte Jack. Doch in Wirklichkeit war sie eine Art Botschafterin der Natur. Das sollte er aber erst noch erfahren. Sie war es gewohnt, allein durch die Wildnis zu streifen. Doch als sie die Begegnung mit Jack machte, der damals gerade einmal den zweiten Tag in der Wildnis unterwegs war, wusste sie sich bei ihm behütet. Sie wurde an seiner Seite zu einer treuen Begleiterin. Wohin der Weg sie beide führen sollte, war bislang ungewiss. Je länger sie gemeinsam unterwegs waren, umso mehr fühlten sie sich miteinander verbunden. Es war für die zwei wie eine Art Sicherheit. Er konnte ihr nicht viel bieten, doch sie nahm alles dankbar an und nichts war für sie selbstverständlich. Und Jack erging es genauso. Gemeinsam war vieles einfacher. Das bewies die Freundschaft zwischen Mensch und Tier schon damals. Jack saß gerade mit Glenn am Lagerfeuer. Es war ein langer und anstrengender Tag gewesen und er streichelte sanft ihr weiches Fell. Am nächsten Tag nahm er sich vor, zu den Flüssen zu gelangen, um seine Feldflasche aufzufüllen und weiter ins Gebirge vorzudringen. Es war noch eine weite Strecke, bis sie endlich ankommen würden. Als das Lagerfeuer heruntergebrannt war, legten sie sich schlafen. Sie wollten im Morgengrauen aufbrechen. Es war eine ruhige Nacht. Hin und wieder raschelte es im Dickicht. Das mussten die nachtaktiven Tiere sein, vermutete Jack und verschwendete keinen Gedanken daran, aufzustehen. Er schlief bis zum nächsten Morgen durch. Beim ersten Sonnenstrahl wachte Jack auf, streckte sich und schaute nach Glenn. Dabei stellte er erschrocken fest, dass sie verschwunden war. Sie wäre nicht ohne ihn davon gegangen, das war ihm die letzten Tage klargeworden. Aber es schien, als wäre sie es diesmal doch. Er stand auf und rief sie. Nichts. Nur der Wind war zu hören. Er packte seine Sachen und zog allein weiter. Er hoffte darauf, sie unterwegs irgendwo zu treffen. Vielleicht hatte sie Hunger und war auf die Jagd gegangen. Doch der Tag verging ohne ein Lebenszeichen von ihr. Dann kam er zu einem Dorf. Ein unangenehmes Gefühl überkam ihn. Er sah Lehmhütten, die offensichtlich schon vor vielen Jahren erbaut wurden, aber keine Menschenseele weit und breit. Vor den Eingängen der Häuser standen Keramiktöpfe und Selbstgefertigte Vasen. Kurz darauf entdeckte er sie. Glenn, die weiße Wölfin, eingesperrt in einem viel zu engen Käfig. »Wilderer«, flüsterte er leise. Gleich darauf spürte er eine kräftige, männliche Hand auf seiner rechten Schulter liegen. »Eindringling, folge uns«, wurde Jack unhöflich von einem Typen hinter ihm aufgefordert. Er gehorchte und wurde ins Dorf geführt. Anschließend stand er vor einem anderen, der noch gefährlicher aussah. Der musterte Jack. Mit einem spöttischen Lächeln und einer abweisenden Handbewegung befahl er den anderen Männern, ihn wegzubringen. Es schien, als wüssten sie, was sie zu tun hatten. Denn in der Nähe einer der heruntergekommenen Lehmhütten fesselten sie ihn an einen Pfahl und ließen ihn allein. Ein kleiner Trost für ihn war, dass er in der Nähe des Käfigs saß, aus dem Glenn ihn jetzt neugierig ansah. Diesen gewohnt zuversichtlichen Blick, der dann folgte, kannte er von ihr. Sie schien ihm sagen zu wollen: vertrau mir. Jack hatte keine Angst, noch war er besorgt. Stattdessen war er zu allem bereit, wenn sie es nur war. Seine treue Freundin war schließlich auch sehr klug. Als es am Abend dunkel wurde und die Männer sich schlafen legten, war auch Jack beinahe eingeschlafen. Glenn hingegen begann laut und für sie untypisch zu heulen. Es klang nicht nach dem Heulen, welches man von Wölfen kannte. Es hatte etwas sehr Mystisches an sich. Doch nur die weiße Wölfin kannte die Stimme der Natur, mit der sie jetzt viele der Tiere des Dschungels herbeirief. Und genau das passierte. Erst kamen zwei schwarze Panther, die Jack von den Fesseln befreiten. Er vertraute den Wildkatzen und verhielt sich ruhig. Immerhin waren sie von Glenn gerufen worden. Sowie er frei war, eilte er zu ihr an den Käfig und öffnete das Schloss. Es war kein Leichtes für ihn, doch nach drei Versuchen war die weiße Wölfin frei. Ein paar der Männer, die von den Geräuschen wach geworden waren, riefen die anderen zusammen. Dann fielen aber die Affen des Dschungels, die sich leise herangeschlichen hatten, über sie her. Dagegen konnten auch die Waffen, die sie bei sich trugen, nichts ausrichten. Hilflos standen sie da und wussten nicht, was um sie herum geschah oder woher die ganzen Affen kamen, die durch ihr Kreischen das gesamte Dorf munter werden ließ und die Wilderer mit schweren Steinbrocken und anderen harten Gegenständen bewarfen. Und ehe sich die Männer versahen und bevor sie sich in Sicherheit bringen konnten, kam ein ganzer Trupp Elefanten daher und trampelte auch das letzte Gebäude nieder. Wie die Männer das sahen, ließen sie ihre Waffen fallen und flüchteten, ohne weiter darüber nachzudenken, eilends aus dem Dorf. Sie rannten nicht in den Dschungel, sondern zu den Flüssen und weiter in Richtung der Gebirge, um sich dort zu verstecken. Doch sie wurden niemals wieder in der Nähe des ehemaligen Dorfes gesehen. Es war sogar so, als ob sie vom Erdboden verschluckt worden waren. Jack und Glenn hielten zusammen und konnten sich mithilfe der Dschungeltiere befreien. Damit jedoch trennten sich die Wege der Freunde nicht, denn diese ganz besondere Freundschaft zwischen Mensch und Wolf blieb weiterhin bestehen.

Irgendwann wurde Jack sesshaft und lebte mit seiner Frau, seinen beiden Kindern und natürlich auch mit Glenn in einem Holzhaus, das er mitten in der Wildnis gebaut hatte. Er liebte die Wildnis genauso wie seine Frau und zog seine Kinder mit dem Respekt zur Natur auf. Er lehrte sie alles über das Verhalten der Tiere und, mehr noch, er zeigte ihnen, wie wichtig es ist, jedes Lebewesen zu schätzen, und wie bedeutend es ist, andere Lebewesen nicht aus Spaß zu töten. Es gelang ihm, seine Kinder mit der Natur vertraut zu machen, und sah dabei zu, wie diese mit den Wölfen, den Bären, den Vögeln, den Insekten und all den anderen Tieren in tiefer Freundschaft zueinander lebten. Genauso wie er und Glenn es taten. Und die Kinder gaben ihr Wissen später an ihre eigenen Kinder weiter. Und so wurde diese Geschichte bis heute an die kommenden Generationen weitergegeben.

Die AutorInnen

In alphabetischer Reihenfolge

Artur Belja ist ein lebensfroher Autor und Künstler, der seit jungen Jahren im Rollstuhl sitzt. Durch sein Handicap entwickelte er ein besonderes Gespür für die Feinheiten des Lebens, die er in seinen Geschichten und Bildern auf unvergleichliche Weise widerspiegelt.

Sally Bertram lebt und arbeitet in Wien. Im Alter von 12 Jahren veröffentlicht sie ihre ersten eigenen Gedichte und kleinen Geschichten in verschiedenen Zeitschriften. Heute schreibt sie unter anderem regelmäßig Kurzgeschichten für das Projekt „Jedes Wort ein Atemzug" vom Verein „Respekt für Dich“. Nebenbei ist sie als Übersetzerin (Englisch) tätig.
Veröffentlichungen:
2010 „Der Versuch eines normalen Lebens“ (Roman)
2013 „Mord nach Manuskript“ (Krimi)
2014 „Ideenreich“ (Gedichtband)
2015 „Nur ein Gedanke“ (Textsammlung mit Co-Autorin Karin Pfolz)

Andrea C. Beutel. Jahrgang 1963, wohnt in Vierraden, ist verheiratet und hat einen Sohn. Die Liebe zum Schreiben wurde ihr von Ihren Eltern mitgegeben.
Seit 1997 leitet sie „Schreib- und Dichterwerkstatt Flitzi“. Ab 2007 ist sie auch als Lektorin tätig. Seit 2011 ist sie als Jurymitglied bei verschiedenen Literaturwettbewerben tätig.
Veröffentlichungen: 2001 das Kinderbuch „Der Wassertropfen Tropf”.
„Alles Liebe“ (2011). In Vorbereitung ist zurzeit ihr Roman „Glücksfeen fliegen nicht“.

Nicole Bleck, 1967 in Essen geboren. Sie lebt seit 2009 mit ihrem Mann in der Dominikanischen Republik.
Im selben Jahr begann sie als Autodidakt mit der Fotografie. Sie ist ständig bestrebt, sich in der Fotografie und der Bearbeitung weiter zu entwickeln.
Nicole arbeitet als freie Fotografin und ist seit 2015 für die

Covergestaltung im Karina Verlag tätig.
Unter www.hispaniola-fineart.com findet man eine Auswahl ihrer Arbeiten.

Stella Delaney. Geboren im fränkischen Weinland, lebt Stella nach einem längeren Zwischenstopp in England inzwischen in der Schweiz - Winterthur. Hauptberuflich arbeitet sie als Lehrerin für Englisch und Allgemeinbildung.
Ihre Werke lassen sich am besten als eine Mischung aus Spannungsliteratur und Beziehungsgeschichte beschreiben, gelegentlich düster und melancholisch, aber nie ganz ohne Hoffnungsschimmer. Mehr unter: www.stelladelaney.net.

Werner Diefenthal. Geboren 1963 im Rheinland, wohnhaft seit 2000 in Oberfranken. Ursprünglich ein ehrlicher Handwerker habe ich lange Jahre im Qualitätsmanagement gearbeitet. Nebenbei habe ich angefangen zu schreiben, mein erster Roman »Das Schwert der Druiden« ist seit Herbst 2010 auf dem Markt. Vorher habe ich an einer Anthologie »Kleine Reisen« mitgearbeitet, dessen Erlös voll an ViaNiños e.V. ging.
Nach meiner Verrentung aus gesundheitlichen Gründen habe ich mich neu orientiert und konzentriere mich hauptsächlich auf das Schreiben. Mit meiner Partnerin Martina Noble habe ich mittlerweile 5 Bücher fertiggestellt. Die »Henker - Trilogie; Der Henker von Rothenburg« sowie die »O´Leary Saga«, bestehend aus »Engelsklinge« und »Todesatem«, ein dritter bzw. vierter Teil sind in Arbeit.

Veronika M. Dutz, geboren in Hanau. Nach ihrer kaufmännischen Ausbildung arbeitete sie in verschiedenen Bereichen. Literatur begeistert und begleitet sie schon ihr ganzes Leben. Sie reist leidenschaftlich gern, doch nie ohne ein gutes Buch im Gepäck. Sie ist eine der Gewinnerinnen des Astioks-Schreibwettbewerbs – »Anders sein«.
Veronika M. Dutz – Google+
https://plus.google.com/115498548949862271987

Die Autorin **T.B. Ems** wurde 1960 in Esslingen am Neckar geboren. Sie wohnt seit 1983 in Baden Württemberg. Außer dem Schreiben widmet sie sich gerne ihren vier Enkelkindern. Ihr Hobby: Malen mit Acrylfarben auf Leinwand.
Bereits als Ebook erschienen:
»Trilogie Gilde der Hüter«
»INZEST! Carl und seine Töchter«
»Vampirprinz«
»Gefangen«
Der Psychothriller »Daphne die Psychopathin« wird demnächst auf den Markt kommen.

Christine Erdiç, wurde 1961 in Deutschland geboren. Seit 1986 ist sie verheiratet, hat zwei Töchter und lebt seit dem Millenium in der Türkei. Unter anderem gab sie Sprachtraining an der Universität von Izmir, machte Übersetzungen und verfasste Berichte für die Türkische Allgemeine, eine ehemalige Zeitschrift in deutscher Sprache und gibt heute noch private Deutschstunden.
Mehr über die Autorin und ihre Werke unter http://christineerdic.jimdo.com/
Bisher veröffentlichte Bücher:
Nepomucks Abenteuer; Zauberhafte Gerichte aus der Koboldküche; Geschichten aus dem Reich der Hexen, Elfen und Kobolde; Glücksschmiede, Tipps für mehr Glück und Erfolg; Willkommen im Luhg Holiday; Mystica Venezia

Dagmar Finger. »Ich schreibe mit Herz und Seele für Herz und Seele«, sagt Dagmar Finger, von Beruf Erzieherin, über sich selber.
Sie ist mit Prosa und Lyrik in zahlreichen Anthologien vertreten und hat Erfolg als Kinderbuchautorin. Auch in zahlreichen Theaterstücken zeigt sie sich für Text Regie und Kulissen verantwortlich.
Veröffentlichungen u.a.: Kinderbücher „die Tränen der Muschel“ und „Manchmal ist alles ganz anders“.

Kurzgeschichtenbuch „Seiltanz durch ein Jahr“
Beim Meerbuschliteraturpreis stand sie mit dem Gedicht. »So still« im Finale.
»Mit meinen Texten die Menschen erreichen, indem Emotionen und Fantasien den Weg in ihr Herz finden, das bedeutet für mich Schreiben«.
Ihr größtes Kompliment bekam sie mit den Worten:
»Sie schreibt nicht für Kinder oder Erwachsene, Dagmar Finger schreibt für Menschen«.

Sandra Karin Foltin wurde 1969 in Köln geboren. Wuchs im Rheinland auf, wohnt jetzt mit ihrem Mann und drei Kindern im Münsterland. Sie arbeitet als Krankenschwester, Freiberuflich hat sie eine eigene Praxis für Hypnose und Therapeutic Touch. Ihr Spezialgebiet ist die Arbeit mit Eltern autistischer Kinder.
Aktuell arbeitet sie an ihrem ersten Roman, dem Psychothriller ›Goldgräberin‹ und der Kurzkrimigeschichtensammlung ›Dorfgeschichten‹.
Zudem schreibt sie einige Kurzgeschichten für diverse Anthologien, deren Erlös für gute Zwecke gespendet wird.
Info: www.sandra-karin-foltin.de

Leopold Fröhlich. 1963 wurde er in Österreich, Nähe Wien, geboren. Er arbeitet bei einer renommierten Maschinenbaufirma. Seit 2012 schreibt er als Leopold F Romane und Gedichte, die er auf der Autorenplattform „Mystorys.de“ veröffentlicht.

Sebastian Görlitzer, am 02.07.1982 in Karl-Marx-Stadt geboren, lebt heute in seiner Geburtsstadt Chemnitz. Im Jahr 2002 schloss er seine Ausbildung zur Bürokraft erfolgreich ab und arbeitete danach für ein Jahr im Amtsgericht, als Justizangestellter im Schreibdienst.
Er schreibt unterschiedliche Geschichten, darunter auch Kurzgeschichten. 2014 ist sein Kinderbuch ›Benji der Braunbär‹ beim Karina-Verlag erschienen. Außerdem arbeitet er

ehrenamtlich beim Stadtteilmagazin (Marmorhut) und arbeitet ebenfalls ehrenamtlich in einem Alten- und Pflegeheim in Chemnitz sowie bei der Mobilen Behindertenhilfe.

Maria Göthling. 1954 in Worbis geboren. Aufgewachsen ist sie in dem Eichsfelddorf Weißenborn - Lüderode. Dort lebt sie mit ihrer Familie auch heute noch. Sie schreibt Geschichten für Kinder und Erwachsene. Es ist ihr wichtig, nicht nur zu unterhalten, sondern die Leser auch an den Erfahrungen, die sie im Leben gemacht hat, teilhaben zu lassen. Veröffentlichungen: Im Eichsfelder Heimatheft sind die Erzählungen: »Heidi und das Christkind«, »Peterle«, »Glück gehabt«, »Der Lindenbaum und die Prinzessin« und »Der Lindenbaum« erschienen 2015 »Die Kinder der Pusteblume gehen auf die Reise«, Kinderbuch beim Fabuloso Verlag erschienen. 2015 »Hilfeschrei eines Autos« Anthologie Nr. 5 der Creativo »Wohin dich die Sehnsucht treibt«, 2015 »Wo ist der Regen?« Kinderbuch mit Bildern zum Ausmalen beim Fabuloso Verlag, 2016 »Die besondere Gabe« in der Anthologie »Magisches, Mystisches« im Karina Verlag Wien

Mein Name ist **Angelika Groß** - geboren 1953 in NRW - ich habe Kinder, einen Mann und mich. Auf meinem Grabkreuz wird eines Tages stehen: Angst war ihr ständiger Begleiter.
Ich lebe, wiederum auch nicht, kämpfte jeden Tag aufs Neue, fühlen, denken, wunderbar für mich ein seltenes Glück. Durch meine Angsterkrankung ist mein Leben sehr eingeschränkt.
So habe ich eines Tages wieder meine Kreativität entdeckt.
Das Schreiben, Malen, Fotografieren erfüllt nun mein Leben.
Es hat ein neuer Abschnitt begonnen.

Verena Grüneweg lebt in Norden. Sie ist Mutter von zwei erwachsenen Töchtern. Seit vielen Jahren arbeitet sie hauptberuflich als Floristin. Das Schreiben ist ihre Leidenschaft.

Ihre Geschichten und Gedichte umfassen Bereiche wie Fantasie, Erfahrungen und Frauenliteratur.
Für sie sind ihre geschriebenen Worte „Seelenpflaster".
Viele ihrer Geschichten sind in etlichen Anthologien erschienen. Unter anderem in der Serie „Jedes Wort ein Atemzug".
Veröffentlichungen:

- „Hexenschatten", 2014, mit Karin Pfolz
- „Verloren im Leben", 2015, mit Karin Pfolz
- „Malvadins Zauber ‚WUSCH'", 2015
- „Tödlicher Bestseller", erscheint 2016, mit Karin Pfolz

Marlies Hanelt. Geboren 4.12.1953 Berlin Charlottenburg. 2009/10 in fünf Anthologien für diverse soziale Projekte mitgeschrieben.
2015 erste Publikation im Genre Horror/SF beim Mondschein Corona Verlag.
Ebenfalls 2015 erschien ein erotisches Horror e-book über Redlight Publishing. Weitere in den Genres Horror, Erotik, Crime - (als Serie), folgen. Schreiben ist für mich Leidenschaft pur, die ich auch exzessiv auf meinem Blog und Homepages mithin auslebe.
Ich sage immer, wenn die Fantasien fliegen, besitzen sie Flügel. Man findet mich ebenfalls auf Facebook und Amazon.

Steve W. Hengy lebt in Görzig, Sachsen und ist glücklich verheiratet und Vater. Der Jung-Autor bewegte die Menschen bereits mit seiner ersten veröffentlichen Kurzgeschichte „Kassandras Tränen", welche von der Künstlerin Karin Pfolz bei der Eröffnung zu „GewaltFreiLeben" 2014 im Europahaus in Wien präsentiert wurde. Sein Deput-Buch „Aus den Chroniken des Dr. Alexander Damm" wird ca. Ende 2016 im Karina-Verlag erscheinen.

Marena Jovic, wurde am 30. April 1970 in Wismar an der Ostsee geboren. in ihrem Elternhaus nahe ihrer Geburtsstadt. Das Lesen war eher ihre Leidenschaft, mit Schreiben hatte sie nicht viel am Hut. Das änderte sich jedoch, seit sie eine Kurzgeschichte für die Anthologie »Sommer und mehr« des Autoren - Netzwerkes verfasst hat. Jetzt lässt sie eigene Ideen im Kopf entstehen und bringt diese auf Papier.
Mehr über die Autorin:
https://www.facebook.com/marena.jovic

Michaela Kaiser ist 1955 in Berlin geboren und lebte bisher überwiegend im Ausland. Ihr abwechslungsreiches und abenteuerreiches Leben hat sie nun hinter sich gelassen und ist im schönen Münsterland sesshaft geworden. Verschiedene Publikationen, Kurzgeschichten und biografische Romane, von ihr sind bereits erschienen, u.a. im Karina Verlag, bei ETS und im Verlag Roter Drache.
www.michaelakaiser.jimdo.com

Mag.a Bernadette Maria Kaufmann, geboren 1978 in Graz: Studium der Kommunikationswissenschaft an der Universität Salzburg. Freie Autorin und Publizistin. Verschiedene literarische und publizistische Veröffentlichungen. Derzeit Arbeit am nächsten Buch.

Beate Kidd wurde 1971 in Regensburg geboren und lebt mit ihrer Familie noch heute dort. Bücher haben in ihrem Leben schon immer eine sehr wichtige Rolle gespielt. Erste Schreibversuche unternahm sie mit nicht einmal 10 Jahren.
www.beatekidd.de
Veröffentlichungen Print:
Geschichten aus dem Funkelwald - Nillo und der Leuchtsirup (Dezember 2015)
Geschichten aus dem Funkelwald - Nillo und die Rankelpflanze (Mai 2016)
Veröffentlichungen eBook:

Geschichten aus dem Funkelwald - Nillo und der Leuchtsirup (Januar 2016)
Stories from the Sparkling Forest - Nillo and the Luminous Potion (Februar 2016)

Florian Knisatschek, lebt auf einem alten Bauernhof in der Einsamkeit des südlichen Burgenlandes. Seine Texte sind witzig und ausgesprochen unterhaltsam. Einige wurden durch von ihm geschriebene Drehbücher als Film umgesetzt, wie »Out of Wulkaprodersdorf«, »Waffenrad« und »Starring«.
Mit seinen Kurzgeschichten tourte Knisatschek von 2000 bis 2010 durch Österreich und erfreute die Hörer von Radio Orange.
Seine einzigartigen Texte sind nun gesammelt in dem Buch »Seltene Zwiebeln im Kongo« im Karina Verlag, Vienna erschienen.
Knisatschek ist einfach Knisatschek, mit seiner eigenen interessanten Welt und einer erfrischenden tiefgründigen Sicht auf die Dinge.
Mehr Infos: http://florian-knisatschek.webnode.com/

Markus Kohler. Geboren 1964 in Backnang/Baden-Württemberg und schon seit frühester Kindheit den Büchern und dem Schreiben zugetan. Ich besitze ein Antiquariat „Markus Bücherkiste“, in dem Events, wie Lesungen, Konzerte und Theater stattfinden. Bei so viel Umgang mit dem geschriebenen Wort blieb es nun mal nicht aus, auch selbst einmal die Griffel zu spitzen. 2016 folgen noch sehr viele Projekte, u.a. mein Märchen „Die Froschprinzen“ (Karina-Verlag) und mein Thriller „Tod? Ich bin da!“ Des Weiteren werde ich in mehreren Anthologien zu finden sein.
Bisherige Veröffentlichungen:
Mitautor bei:
„Flügel-Trilogie“, „Winterliche Erzählungen“
9-teilige Serie „Farbspiel“
Autorenstammtisch- Das Buch – Band 1 (als Herausgeber)

(alle Karina-Verlag, Wien)
Böse Clowns, (Sarturia-Verlag)
Amper Kochbuch, (Edition Trailor-Spot-Verlag)
Fleisch 3, (ELDUR Verlag)

Ursula Kötz-Tintelnot. Ich stell mich mal vor: Ich schreibe, ja was denn sonst, wer heute nicht schreibt, hat seine Selbstachtung verloren, oder malt. Also, ich male auch, stehe ergo praktisch beidfüßig im Pfuhl der Gemütserforschung. Wenn ich nicht schreibe, oder male, höre ich Opern. Vorzugsweise Bel Canto; Bellini, Puccini Rossini, aber auch Verdi. Dabei lässt sich so herrlich weinen.
Wenn euch das als Vorstellung nicht genügt und jemand wissen will, was ich schreibe, das ist auf meiner Seite nachzulesen. Also auf! Weg von der Langeweile, ab in: http://ursulatintelnot.jimdo.com/

Katharina Kraemer. Geboren 1964, aufgewachsen am Niederrhein lebt die Autorin mit ihrer Lebenspartnerin und zwei Hunden heute im Süden Ungarns. Eine Vielzahl an Geschichten ist entstanden, mal nachdenklich, mal humorvoll. Im Selbstverlag sind vier E-books erschienen. Einige ihrer Kurzgeschichten und Gedichte wurden in Anthologien in Deutschland und Österreich abgedruckt. »Der geschenkte Tag«, Anthologie von Verlag 3.0, Februar 2016, ist die bislang letzte Veröffentlichung in einer Anthologie. Die Fertigstellung ihres Romans (Biografie eines transsexuellen Lebens) ist für 2016 geplant.

Evelyn Kühne wurde 1970 in Radebeul bei Dresden geboren. Nach einer Krebserkrankung begann sie als Krankheitsverarbeitung mit dem Schreiben, für sie eine Art von Therapie. Sie verfasst Kurzgeschichten und Fantasy, momentan schreibt sie gerade an ihrem ersten Krimi. Heute lebt sie in einem kleinen Dorf in der Nähe von Meißen.

Waltraut Lang wurde 1960 in Nesse, Kreis Cuxhaven geboren. Ihr ganzes Leben wurde sie vom geschriebenen Wort begleitet, doch durch ihre beruflichen Anforderungen als Übersetzerin (Englisch-Französisch-Deutsch) musste sie diese in den Hintergrund stellen. Seit 2014 hat sie nun die Möglichkeit, ihre Worte auch zu veröffentlichen.
Webseite: www.langwaltraut.jimdo.com
Social Media: www.facebook.com/Autorin.Waltraut.Lang
Google+: https://plus.google.com/collection/0ry_o
Blog: http://waltrauts-bunte-lyrik-wiese.blogspot.com/

Peter Marquardt, Jahrgang 1949, wurde in Berlin geboren. Er hat bei der Deutschen Reichsbahn gelernt und danach fünfzehn Jahre lang S-Bahnen gefahren. Während der Wendezeit absolvierte er die Meisterschule für Logistik und leitete in der Folgezeit verschiedene Materiallager.
Er sagt von sich selber: »Mir stecken so viel Geschichten im Hals, die müssen alle raus, bevor ich daran ersticke.« Derzeit steht sein erstes Kinderbuch, beim Karina-Verlag Wien, vor der Veröffentlichung.

Roland Moser, wurde 1961 in Thun/BE (Schweiz) geboren und ist im schönen Gürbetal/BE aufgewachsen. Seit 1980 lebt er wieder in seiner Geburtsstadt und arbeitet dort als Sachbearbeiter bei der Stadtverwaltung. In seinem Erstlingswerk mit dem Titel: »Bi z Gragges hinge« beschreibt der Autor Alltagsituationen von zwei älteren Leuten, Graggens, irgendwo im Emmental. In den berndeutschen Texten findet sich herrlicher Humor gepaart mit tiefsinnigen Gedanken wieder.

Sabrina Nikolai wurde 1987 geboren und wuch in schwierigen Familienverhältnissen auf. In dieser Zeit, in der sie nicht wusste wo genau sie mit ihren Gedanken und Gefühlen hin sollte, schrieb sie ein Tagebuch. Nach Jahren des Schreibens veränderten sich ihre Worte zu ersten Gedichten, in denen sich Melancholie und Hoffnung widerspiegeln. Aufgrund eines damaligen schlechten Umfeldes vernichtete sie ihre Exemplare und gab das Schreiben auf. Mittlerweile ist sie verheiratet und fing 2011 wieder mit dem Schreiben ihrer Gedichte an. Ihr Betrag in der Anthologie "Ein weißes Blatt Papier" ist ihr Beginn, ihre Gedanken zu veröffentlichen.

Freimund Pankow, geb. 1944 in Kassel, verheiratet, zwei erwachsene Kinder, 4 Enkelkinder, lebt als Lehrer i.R. in Göttingen.
Veröffentlichungen: Schultheaterstücke, Lyrik, Kurzgeschichten, Märchen in Anthologien und Online-Foren, der Lyrikband „Findlinge" erscheint demnächst im Lyrik Verlag Göttingen.

Ich, **Luzie Irene Pein**, wurde 1950 in Lippstadt, Nordrhein-Westfalen, auch "Klein-Venedig" genannt, geboren. Ein Sohn wurde mir geschenkt. Scheidung (2009) nach 36Jahren von einem alkoholkranken Mann, dadurch angefangen zu schreiben. Ich schreibe, was mich das Leben gelehrt hat. Veröffentlichungen 2009: Einfache- Verständliche- Ehrliche Emotionen
2014: Lebendigkeit- Bedarf der Liebe,
2016: Mein Buch der Geschichten und Gedichte 1
2016: Frösche – Hühner und andere Sati(e)re.

Ilona Penna, geboren am 19.09.1964 in Heidenheim an der Brenz. Später, als Mutter von sechs Kindern, hielt sie ihr facettenreiches Leben in lyrischen Versen fest.
Im Dezember 2014 eröffnete die alleinerziehende Mutter eine kleine Textagentur, in der sie verschiedene Artikel und kleine Fortsetzungsgeschichten wie z.B. »Fräulein Suppengrün ermittelt« schreibt, die in der 50+Life, Seniorenblick und Freizeit-Life, Südniedersachsen und Nordhessen veröffentlicht werden. Fink Ferdinand, eine kleine amüsante Kindergeschichte, die sie im sozialen Netzwerk veröffentlichte, brachte ihr begeisterte Leser.

Heute schreibt sie zwischen Kindererziehung,
Kochtopf und Job, Thriller mit sehr scharfem Pfeffer gewürzt.

Andreas Petz wurde 1962 in Stuttgart geboren. Zwei Jahre verbrachte er bei der Marine, die ihn um die halbe Welt führte. Anschließend bildete er sich nach der Tagesarbeit weiter und ist seit über 25 Jahren im Finanzbereich tätig.
Das Schreiben war schon immer ein Hobby von ihm, Gedichte, Liedtexte, Kurzgeschichten und Erzählungen. Mittlerweile sind schon einige Bücher von ihm erschienen, die gerne gelesen werden.
Andreas Petz ist geschieden, hat zwei erwachsene Kinder und lebt heute in Gammesfeld, dem Ort mit der kleinsten Bank Deutschlands.

Karin Pfolz, Teamleader: Die Autorin und Malerin lebt und arbeitet in Wien. Für ihre Kindergeschichten wurde sie 2011 und 2012 mit dem „Sparefroh-Preis-Österreich" ausgezeichnet. Sie unterstützt mit ihren Büchern die „Autonomen österreichischen Frauenhäuser", hält Gewaltpräventionsworkshops an Schulen und spricht in den Medien offen über das Tabu-Thema familiärer Gewalt. Zahlreiche Fernseh- und Radiointerviews begleiten sie auf ihrem Weg gegen Gewalt.
Seit 2014 ist sie Vorstandsvorsitzende des Vereins „Respekt für Dich – AutorInnen gegen Gewalt" und Geschäftsführerin von Karina-Verlag und Modern-Publishing, Vienna. Sie hat ebenfalls 2014 die Aktionen „Jedes Wort ein Atemzug" und 2015 „Nicht umsonst" ins Leben gerufen und leitet diese Projekte.
Veröffentlichungen:
„Manchmal erdrückt es mich, das Leben", Roman
„Du lügst dich durch mein Leben", Thriller
„Hexenschatten", Thriller
„Verloren im Leben", Thriller, gemeinsam mit Verena Grüneweg

„Nur ein Gedanke", Literatur, gemeinsam mit Sally Bertram
„Die Reise der Bücher", Kinderbuch, mit Ruth M. Fuchs und Bettina Lippenberger
„Gemalte Geschichten", Kinderbuch
„Kleine Mutmachgeschichten", Kinderbuch, mit Britta Kummer, Christine Erdic und Heidi Dahlsen
„Olivenöl Kochbuch", Kochbuch, mit Rudi Treiber
„Vergessene Flügel", Thriller-Trilogie, gemeinsam mit 60 Autoren
„Jedes Wort ein Atemzug", Anthologie-Serie
„Tödlicher Bestseller", Thriller, mit Verena Grüneweg
„Kathy, das freche Schlossgespenst", Kinderbuch
http://karinpfolz.webnode.com … www.karinaverlag.at

Sara Puland (Pseudonym) geboren und aufgewachsen in Bendorf am Rhein. Die Verwaltungsangestellte wohnt in der Nähe von Bonn.
In den Anthologien des Karina-Verlages erschienen: »Manou und die sieben Helden«, »Dreamtravell« sowie »Sybilles Erwachen« und ein Kapitel in der Trilogie »Vergessene Flügel – Verborgene Flügel – Vollendete Flügel«.
Im Elvea - Verlag existiert eine Protagonistin in dem Projekt »Die geheime Invasion«, im Weihnachtsmagazin 2015 »Das verpasste Weihnachten«
Im Leseratten-Verlag fand die Geschichte »Die Katze war schuld« in der Anthologie »Der Tag der toten Katze« ihren Platz
Eine weitere Kurzgeschichte gibt es in der Anthologie »Kurze Geschichten für Zwischendurch«

Sandra Pulletz. Die Autorin wurde 1981 in Graz geboren, wo sie noch immer lebt. Seit einigen Jahren schreibt sie Kurzgeschichten, in denen sich meist alles um die Liebe dreht. Auch Kinder- und Jugendliteratur hat es ihr angetan.
Derzeit arbeitet sie an ihrem ersten Jugendroman.
Facebookseite: www.facebook.com/sandra.pulletz
Homepage: https://sasapull.wordpress.com/

Gerhard Roth, Jahrgang 48
Eigentlich bin ich Matrose und Bootsmann. Aber das Wasser war mir zu nass. Anschließend Havarieinspektor. Die Schiffe waren mir zu kaputt. Und dann lernte ich Schriftstellerei. Beinahe wäre ich dabei verhungert. So ging ich zur Wasserschutzpolizei. War mir zu militärisch. Weiter über Finanzamt, Post-Operator, und schließlich Krankenpfleger. Dreißig Jahre lang.
Und dann bin ich noch Theaterstückeschreiber und Kinderbuchautor und Lyriker und Poet und Reimedrechsler und Wortverwechsler und Geschichtenschreiber.

Erich Röthlisberger, 1961, wohnhaft in Münchenbuchsee/Schweiz, begann vor Jahren als freier Mitarbeiter bei einer Regionalzeitung zu arbeiten. Das brachte ihn auf die Idee, aus seinen unterschiedlichen Reportagen ein Taschenbuch zu machen.
Er schrieb je ein Buch über die letzte Lebensspanne seiner Eltern. In letzter Zeit wurden einige Kurzgeschichten von ihm in Anthologien veröffentlicht. Schreiben ist, nebst dem Fotografieren eine seiner größten Leidenschaften.
www.fotoerich.ch

Bo Sauer (Pseudonym) wurde 1955 in Dortmund geboren und wuchs im sogenannten ›Ruhrpott‹ auf. Seit einigen Jahren bringt er kleine Texte und Kurzgeschichten zu Papier, in denen er eigene Lebenserfahrungen literarisch authentisch verarbeitet. Vor circa einem halben Jahr hat er sich einem Autorenstammtisch in Soest angeschlossen. Und so sind einige seiner Werke in der gerade erschienen Anthologie »Der Autorenstammtisch – Das Buch, Band 1« von Markus Kohler, Karina-Publishing, Vienna, veröffentlicht.

Marianne Schaefer wurde am 12.01.1938 in Landsberg/Warthe geboren. Nach der Vertreibung aus der Heimat verbrachte sie ihre Kindheit in Mittelfranken.

Sie arbeitete als Glasbläserin, Keramikmalerin, Verwaltungsangestellte und bis zum Ruhestand in einem Heim für geistig und körperlich behinderte Menschen. Sie ist verheiratet, hat drei Kinder, neun Enkelkinder und sieben Urenkel. Seit Jahren schreibt sie Geschichten für Erwachsene und Märchen für Kinder, die in verschiedenen Anthologien veröffentlicht wurden.
»Sami, der kleine Elefant«
»Annegret und der Zaubersee«
»Schneeflocken außer Rand und Band«
»Der zerbrochene Spiegel«
»Sieben goldene Tränen« erscheint in Kürze

Michael Schönberg, wurde 1955 in Düsseldorf geboren. Als sich das Ende der beruflichen Karriere abzeichnete, setzte er diese Gabe in Wort und Schrift um. So entstand der Roman »Blond ja. Dumm nein.«.
Für öffentliche Vorlesungen schrieb er Kurzgeschichten, die er dann in einem Buch veröffentlichte. Es erschien unter dem Titel »Michaels Kurzgeschichten«. Mit seinem Buch »Für die Liebe ist man nie zu alt« hat er sich einen Herzenswunsch erfüllt, um ältere Menschen zu ermutigen, vor der Liebe im Alter nicht zurückzuschrecken, da er selbst noch mal das Glück hatte, die Liebe neu zu erleben. Besondere Freude hatte er an der Mitwirkung bei der Buchreihe »Jedes Wort ein Atemzug« von Karin Pfolz im Jahre 2015. Insgesamt haben dort 143 Autoren/innen mitgearbeitet und kostenlos Kurzgeschichten zu Verfügung gestellt. Der Erlös aus diesen Werken unterstützt das Projekt »Respekt für Dich - Autoren gegen Gewalt«.
In drei Büchern, »Geschichten aus aller Welt, Teil 1 und 2« sowie »Thriller und Kriminelles » hat er seine Geschichten einbringen dürfen.
In Kürze wird sein zweites Kurzgeschichten-Buch »Kurzstrecke« erscheinen.

Mein Name ist **Michaela Schreier**, ich bin Baujahr 1973 und lebe mit Mann, Sohn und Hund in Duderstadt. Mein erstes Kinderbuch »Das Jesusding« ist im Jahr 2011 erschienen. Das zweite, »Krokolines Geschichten-Ei«, folgte im Januar 2013. Im Frühjahr 2015 kam der Gruselgeschichten-Band »Nimm dich vor den Muurspöök in Acht!«auf den Markt. Derzeit schreibe ich an einer Krokoline-Fortsetzung und einem Fantasy-Jugend-Roman. Hauptberuflich arbeite ich als freie Texterin im Schreibbüro meines Mannes (www.schreibbuero-frank-schreier.de). Und so ganz nebenbei ;-) bin ich noch als ehrenamtliche Lesepatin und pädagogische Mitarbeiterin in den regionalen Grundschulen unterwegs.

Elfride Stehle (Pseudonym) schreibt und veröffentlicht seit 2012 Gedichte und Geschichten in verschiedenen Anthologien.
Die 1949 in Cottbus geborene Autorin lebt seit 1974 mit ihrem Mann und ihren drei Kindern in Bautzen.
Inzwischen haben ihre Gedichte und Geschichten sogar schon den Weg in zwei Bücher gefunden.
Für Herbst 2016 plant Elfride Stehle ihr drittes Buch unter dem Arbeitstitel »Wenn Worte anklopfen...«. Wieder mit Gedichten und verschiedenen Geschichten. Auch ein Kurzgeschichtenband ist in Arbeit. Dem Schreiben von Lyrik bleibt die Autorin aber treu.

Asmodina Tear ist das Pseudonym einer jungen Autorin. Geboren 1985 in Helmstedt (Niedersachsen), wandte sie sich schon im Alter von 9 Jahren dem Lesen von Erwachsenen-Literatur zu, was mit 15 Jahren zu ihrer ersten Begegnung mit Anne Rice führte. Seit dieser Zeit waren Vampire ihre favorisierten Charaktere. Nach einer Ausbildung im Verwaltungsdienst und dem Erlernen von drei asiatischen Sprachen entschied sie sich endgültig für das Schreiben und verfasst sowohl Gedichte als auch Kurzgeschichten und Romane.

Werner Thieke wurde 1950 in Berlin geboren, fuhr in jungen Jahren zur See und hatte von 1988 an eine eigene Fleischerei. Nach einer Krebserkrankung gab er Ende 90 sein Geschäft auf. Angeregt durch ein Gespräch mit einem Krankenhauspsychologen begann er, zu schreiben.
Veröffentlichungen: (siehe die Anthologien der Reihe »Jedes Wort ein Atemzug 2«, »Sonnen- und Reisegeschichten« und »Wintergeschichten« vom Karina Verlag), für wohltätige Zwecke. 2015 »Pia und die Feriendetektive«.

Rudi Treiber war Lehrer, ist Musiker, Maler, Olivenbauer und Schreiber - als Schriftsteller will er sich nicht bezeichnen – und dies alles mit einer Leidenschaft und Konsequenz, die viele verblüfft. Mit seinen Worten zeigt er die Fehler, Irrtümer und Irrglauben seiner Mitmenschen auf. Nimmt sich kein Blatt vor den Mund, um seine Meinung zu vertreten.
http://treiber.magix.net
www.ruditreiber.at
Derzeit sind im Karina-Verlag erschienen:
Das Diktat des Durchschnitts 2014
Das Olivenölkochbuch 2015
Das Liederbuch 2015

»Tilli Ulenspeel« (Pseudonym) Geboren 1957 in Oberhausen - jetzt mit ihrem Mann glücklich in Ostfriesland in der Nähe von Norddeich an der Küste lebend, begann sie mit dem Schreiben schon in jungen Jahren. Ihr soziales Engagement lässt sie ihre Augen und Ohren für menschliche Bedürfnisse, Schwächen und Stärken offen halten. So findet man in ihrem Blog unter www.tilliulenspeel.blogspot.de viele ihrer Kurzgeschichten, die immer eine unterschwellige Botschaft an unsere Gesellschaft haben, genau wie ihr männliches Pendant »Till Eulenspiegel«.
Ihr Motto lautet: »Ich schreibe, also bin ich.«

Alexander Urban. Seit ca. 12 Jahren widmet er sich vor allem dem Genre Horror, Fantasy und (Auto-) Biografisches ... und was ihm sonst noch so einfällt.
Wohnt im Ruhrgebiet und ist Single aus Überzeugung.

Petra Weise. Ich wurde 1954 in Freiberg/Sachsen geboren und lebe seit 1997 in Chemnitz.
Als Hausfrau und Mutter nutzte ich meine viele freie Zeit, um die „Schule des Schreibens“ in Hamburg zu absolvieren und Kurzgeschichten zu schreiben. 15 dieser Kurzgeschichten veröffentlichte ich im Jahr 2014 unter dem Titel „Eine verhängnisvolle Diagnose“ über den BoD-Verlag. Danach erschienen auf gleichem Weg „Mein Hund Benno“, „Liebeslügen“ und „Ein halbes Leben“. www.petraweise.jimdo.com

Tamara Wiegand. Sie schreibt Lyrik, Krimis, Biografisches, Gay, Horror und Fantasy.
Kommt aus dem Ruhrgebiet und wohnt jetzt im Rheinland. Tamara Wiegand veröffentlichte bereits mehrere Kurzgeschichten in den Anthologien des Karina-Verlages.

Renate Zawrel, 1959 in Wien geboren, seit 1993 in Oberösterreich daheim.
Seit 2016 Mitarbeiterin im Karina-Verlag.
Publikationen bisher: Il Vesuvio (Novum Verlag), Krimi-Trilogie DAMENDOPPEL (Sarturia), Bijela kuća-Schattenglück (Sarturia), Märchenhafte Schatzkiste (Sarturia), Kurzgeschichten RESPEKT FÜR DICH-Bücher (Karina-Verlag), vertreten in allen Bänden der FLÜGEL-Trilogie (Karina-Verlag)
Infos: www.buchseite.net

Weiß

Rot

Gelb

Blau

Die Serie

FARBSPIEL

besteht aus neun Teilen. Jeder Teil enthält Geschichten über die jeweilige Farbe.

Gemeinsam wirken sie dann wie ein lesbarer Regenbogen im Bücherregal.

Folgende Farben enthält die Serie:

- Weiß
- Gelb
- Rot
- Violett
- Blau
- Grün
- Braun
- Grau
- Schwarz

Die Autorinnen und Autoren wünsche den Leserinnen und Lesern eine phantasievolle Reise in die Welt der Farben.

Ihr Team von
Karina-Publishing, Vienna

Ein Werk, an dem 60 Künstlerinnen und Künstler der ganzen Welt beteiligt waren.
Die gesamte Schreibzeit bis zum Erscheinungstag des letzten Bandes betrug nur sechs Monate. Doch an Spannung ist es kaum zu überbieten.

Die Story erzählt die Geschichte von Samantha, die - hin und hergerissen zwischen Wirklichkeit und Phantasie - die Leser von Anfang bis zum Ende fesselt.

Erhältlich bei: http://www.karinaverlag.at

„Jedes Wort ein Atemzug"
Buchserie der AutorInnen von „Respekt für Dich"

Ein gemeinsames Buchprojekt gegen Gewalt, initiiert von der Österreichischen Autorin Karin Pfolz, soll den gemeinsamen Weg Europas gegen Gewalt zeigen.
Hunderte Autorinnen und Autoren aus ganz Europa beteiligen sich daran.
Der Erlös aus den Büchern fließt in die Gewaltopferhilfe.
„Mit diesem Buchprojekt wird die Idee der Europaratskonvention unterstützt, wonach Gewalt an Frauen und Kindern kein Tabuthema mehr ist", so Gisela Wurm (Vizepräsidentin des Europarates und Vorsitzende des Ausschusses für Gleichbehandlung und Nichtdiskriminierung).
Die Bücher sind europaweit im guten Buchhandel erhältlich, bei Amazon, Thalia und anderen E-Stores und bei

http://www.karinaverlag.at

Karina Publishing
Vienna